教育哲學

華人應用哲學取向

鈕則誠◎著

一種科際對話的嘗試——代序

　　本書的寫作是一系列教學相長的歷程，代表著一種科際對話的嘗試。二○○一年秋季，我以哲學學者的身分，加入教育系所講授「教育哲學」、「生命教育」等課程，得以傳承與擴充哲學的慧命。但是正如美國教育學家諾丁（Nel Noddings）所言，「教育哲學」（philosophy of education）主要是在教育系所或師範院校開授，一般哲學系所很少講到這門課，因此哲學界反而對它無甚瞭解。

　　我從考進哲學系當學生到成為哲學教師，至今已有三十一年，先後是以科學哲學（philosophy of science）及應用哲學（applied philosophy）為職志，而這些方面的學術工作都需要具備跨學科的哲學視角。長期以來，我始終是臺灣少數從事跨學科研究的哲學學者。當我發現鮮有同行願意耕耘教育哲學的園地，乃不揣淺陋提筆上陣動手書寫。我無意在眾多優秀論著中再添一椿，而是懷抱著誠心對話的態度，以我的哲學觀點與見解，提出對教育學術的後設探究（meta-study）。

　　簡單地說，我的嘗試是採取華人應用哲學取向，批判地檢視西方與中國哲學的內容，找出與教育學術銜接的交會點。此種努力的結果，並非直接利用既有的中西哲學觀點以解決教育實踐問題，而是運用後設的應用哲學觀點去重構教育理論問題，屬於釐清問題的嘗試。哲學原本具有提出問題、解決問題、釐清問題和消除問題等四種功能，後兩種均屬後設功能。

在連續擔任二十年大學教師，尤其是長期講授人文類科課程後，我逐漸意識到不必勉強去追求放諸四海皆準的學問，從而肯定人文學與社會科學有可能只是「局部知識」（local knowledge）。鑒於時下教育哲學著作所反映出西方論述的多元性，我希望融會貫通寫一部反映民族文化、適於華人世界的教育哲學著作。大陸教育學界似乎多談科學少論哲學，臺灣的教育哲學則日益出現考試引導教學的現象。我寄望本書的寫作能夠激勵大陸學者涉足教育哲學的探究興趣，並提供臺灣學子在師資培育氛圍中擺脫應試教育的情意體驗。

感謝揚智文化事業公司的閻富萍小姐及陳怡華小姐對本書的規劃與編輯，但願它能為華人教育學界帶來「不同的聲音」。此外，石遠秀小姐在文書處理方面的協助功不可沒，這是我們共同合作的第二本書。飲水思源，我在此謹對科學哲學的啟蒙老師武長德教授（1926-1995）致上懷念之意，願他的英靈永得天主眷顧。

鈕則誠

二○○四年五月

目 錄

導　論

引言

　　《教育哲學——華人應用哲學取向》一書嘗試站在「華人應用哲學」的立足點，後設地檢視西方與中國的哲學論述，釐清其中與「教育學」（pedagogy）相關的概念，對之進行批判思考與意義詮釋，從而讓讀者能夠通過哲學視角，反思教育議題。本書將所檢視的「西方哲學」分為上古（ancient）、中古（Middle Ages）、近代（current）、現代（modern）、當代（contemporary）等五個時期，同時又依「時代精神」（ethos）區別出「前科學的」或「傳統的」（十七世紀中葉以前，包括上古、中古及近代前期）、「科學的」或「現代的」（十七世紀中葉至二十世紀中葉，包括近代後期、現代、當代前期），以及「後科學的」或「後現代的」（當代後期）等三大類性質。至於「中國哲學」則僅討論先秦時期的儒家與道家。

　　十七世紀出現「科學革命」，科學逐漸與哲學分家（Cohen, 1985）。此後三個世紀，哲學論述不是受到科學思想的影響，轉而亦步亦趨地追隨科學；便是竭力維繫傳統，對科學發展不聞不問。二十世紀後期，較「科學的哲學」更具批判視野的「後科學的哲學」，愈發關心科學實踐所產生的問題，乃試圖以「應用哲學」名義，後設批判地與科學展開對話（Almond & Hill, 1991）。歷經三百多年的辯證，哲學從「前科學性」的「解決問題」功能，轉向「科學性」的「提出問題」功能，再發展到「後科學性」的「釐清問題」功能，體現出一系列哲學知識的消長。

　　既有的教育哲學大都為教育學家所提出來的哲學論述，

由於當今教育學屬於社會科學，教育哲學便有可能成爲科學哲學家波普（Karl Popper, 1902-1994）所指形成「科學知識的哲學臆測」，亦即「有待科學測試的哲學假說」（Popper, 1969）。此種教育哲學可看作是「爲教育的哲學」（philosophy for education），亦即「教育的哲學」（educational philosophy）或「教育理論」（educational theory），它是建立在先驗（a priori）基礎上的思辨性（speculative）教育觀點。

　　「爲教育的哲學」只是教育哲學的四種概念之一，另外三種分別爲：「教育中的哲學」（philosophy in education），目的是對教育的判斷進行邏輯分析，相當於教育理則學（logic of education）；「關於教育的哲學」（philosophy about education），反映出具有哲學旨趣的教育議題，例如教育知識學（epistemology of education）、教育倫理學（ethics of education）等；「教育學哲學」（philosophy of pedagogy），以後設探究構成教育知識的相關概念與理論。此種四元分類法源自醫學哲學的探究（Engelhardt & Wildes, 1995），本書的寫作精神主要歸於第四種取向，亦即使用應用哲學觀點，自縱向的「哲學史」途徑與橫向的「哲學概論」途徑交織考察，以釐清與教育知識相關的重要概念及理論，希望有助於建構一套適用於華人社會的「華人哲學教育學」（Chinese philosopical pedagogy）。

第一節　爲教育的哲學

一、思辨探討

在華人社會中，「教育」二字乃對應於英文 "education" 一詞。漢字「教」、「育」分別具有「上施下效」、「養子作善」之意，反映出上一代教導下一代使其日益精進的可能。至於 "education" 的拉丁字源則包括「引出」、「培育」等意義，展現了教育的歷程或功能（歐陽教，1995；吳明清，2002）。這種字義上的解釋，大體跟我們每個人一生的成長與學習經驗相互呼應，於是我們可以如此說：受教育是人生中重要的過程和體驗，「教育」概念因此不是先驗的而是經驗的。

學習、受教育等過程，幾乎成爲人們常識（common sense）的一部分，但是仍舊有例外。像心智不全、精神異常的人，就可能出現學習障礙，教育的功能因而無從發揮。如今全球各地多少都在實施強迫性的義務教育，即使是少數無法正常受教育的人，也嘗試施以特殊教育。教育必須普及、人人都有可能受教育等等想法，恐怕就不見得是經驗的產物了。但昭偉（2002）即曾對強迫教育進行概念分析，並將他的論著納入一冊稱爲《思辯的教育哲學》專書中。

「思辯」或「思辨」常予人「冥思空想」之感，但也有「深思熟慮」之意，它的特色是在思維中推論，而不必多方借助於感官經驗。教育作爲一種社會實踐，其實有許多作法是來自思辨探討的結果。像我們對於人類心靈結構的假設，

不同的觀點可能影響不同的教育實踐（郭實渝，2001）。然而即使以心靈結構而論，完全脫離經驗的思辨也的確不可思議。希臘大哲亞里斯多德（Aristotle, 384-322 B.C.）就在這一點上，跟他的老師柏拉圖（Plato, 427-347 B.C.）意見相左，反映出「吾愛吾師，吾更愛眞理」的擇善固執。

持平地看，思辨性的教育理念還是具有標竿作用，像提出教育目的、設計教育方針等。教育目的在指示「爲誰培養人」、「培養什麼樣的人」，教育方針則導引「怎樣培養人」（趙宏義，2002）。而於這些教育目的背後，至少存在著一種設想的人格狀態或特徵，它可以從受教育的個體身上反映出來，亦即通過教育而實現這種狀態或特徵（胡勁松，2001）。此外，「教育」與「訓練」的差別，也需要通過哲學思考加以分判。而一項更基本的分判，即是有關「何者屬於教育哲學」的認定。像哈姆（Hamm, 1993）即基於「教育中的哲學」觀點，指出「教育理論」與「教育哲學」是兩回事；而本書則將「教育理論」視爲「爲教育的哲學」之一部分。這些分判無疑來自思辨探討而非經驗觀察。

二、學科建構

「爲教育的哲學」試圖發掘教育實踐背後的基本哲學原理原則，這是一種建立於先驗基礎上的教育學，可以稱爲「思辨教育學」（speculative pedagogy）。教育哲學在這層意義上即是「教育的哲學」或「教育理論」，是教育學家或哲學家所提出的哲學性理念，而非科學性觀察。

嚴格說來，教育學成爲一門獨立學問，應該歸功於一系

列的哲學家，被提出來年代最早的是十六、十七世紀之交的培根（Francis Bacon, 1561-1626），然後是十八世紀的康德（Immanuel Kant, 1724-1804）。不過眞正的里程碑，則反映在繼承康德之哲學教席的赫爾巴特（Johann Herbart, 1776-1841）身上，他於一八○六年出版《普通教育學》（*General Pedagogy*），被公認是第一本現代教育學著作（石中英，2002）。而他所建構的普通教育學，則是從倫理學觀點以決定教育目的，並自心理學觀點來發展教育方法，由此樹立一門科學學科（梁福鎭，2002）。

必須說明的是，教育學創立於兩百年前的十九世紀初期，當時心理學尙屬於哲學的一支，今日意義下的社會科學亦未成形，所謂「教育科學」（educational science）其實仍然是哲學。這種教育學的性質爲思辨的和規範的（normative），近於倫理學，指向「師範」（normal）的規準。由於赫爾巴特的教育學係以哲學中的倫理學和心理學爲依據，而倫理學至今雖仍屬哲學的一支，心理學卻於十九世紀中葉以後逐漸走向科學的道路，並在一八七九年通過建立實驗室，成爲一門獨立的經驗科學（empirical science）學科（車文博，2002）。實驗心理學或科學心理學對教育學帶來的衝擊，正是促進「實驗教育學」及「科學教育學」（scientific pedagogy）的發展，從而開創出具有描述性質的（descriptive）經驗性教育科學（Brezinka, 1992），這便是今日教育學作爲一門社會科學學科的根源。

從事教育工作和管理工作皆爲時下年輕人心之所嚮，兩者也都有一大片讓有志者發揮所長的寬廣空間。從知識建構的角度看，爲解決下游管理實務問題而發展出中游的管理

學，其上游的基礎學問則包括經濟學、統計學等。以此類比於教育，下游的教育實務與中游的教育學相互激盪，上游則以人文學之中的歷史學與哲學，以及社會科學中的心理學與社會學，分別提供一道道活水源頭。

　　值得注意的是，臺灣的教育學術發展，較偏向英美傳統的「教育科學」路數，少談歐陸傳統的「教育學」。由於 "pedagogy" 的原意是「兒童教育」，有人嫌其涵蓋面不足，乃另創 "educology" 一詞用以指涉教育學理（Brezinka, 1992），但並未廣泛流傳。兩岸華人教育學者對教育科學的興趣似乎有志一同，至於臺灣教育學界早年受到英國分析哲學影響，形成長期討論教育哲學的傳統，其內容可歸於下節要介紹的「教育中的哲學」。

第二節　教育中的哲學

一、邏輯分析

　　西方哲學從古希臘時代的亞里斯多德開始，便展開對思維方法的探討，從而形成了哲學的基礎分支學科——「理則學」或「邏輯」；前者為孫中山（1866-1925）的意譯，後者為章士釗（1881-1973）的音譯，指的是同一件事。邏輯之於哲學一如數學之於科學，屬於學術研究的基本工具。傳統上，哲學是用反映思維內容各種概念的日常語言加以表達，邏輯即針對這種表達形式進行檢驗，以確保概念陳述無

誤。而科學則使用經過嚴格定義的數學及其他術語或人工語言，來對自然現象與社會現象從事描述和推論。

在社會科學諸學科中，有兩百多年歷史的經濟學，其數學化程度最高，各種數學模式羅列其中，予人嚴謹科學之感。至於同樣擁有兩百年歷史的教育學，除了效法心理學走進實驗室以外，多數學理還是以日常語言形式呈現。由於不同學者常依自己的意思使用相同的概念，遂產生多樣的差異與混亂。德國教育學家布列欽卡（Wolfgang Brezinka）曾比較歐美六國學者就「教育」一詞的界定，發現其中出現南轅北轍的使用，令人莫衷一是（胡勁松，2001）。這種情形使得一些具有邏輯旨趣的學者砥思改善之道，「教育中的哲學」便概括了這方面的成果。

「教育中的哲學」主要是對各種概念紛歧的教育判斷從事邏輯分析，以釐清教育論述中的科學推理性質，進而確認其為有系統、有條理的社會科學學科。此種意義下的教育哲學可視為教育理則學或教育邏輯，以其作為形式的分析工具，展示教育理念與實踐中的邏輯結構，並指導教育資料的使用。因為受到英美分析哲學運動的啟示，教育哲學內這種取向主要發生在英語國家中。影響所及，使得教育哲學的任務，從著重對教育目的及過程的討論，轉向分析教育實踐中重要概念的邏輯性質（簡成熙，1995）。

「教育中的哲學」發展是十分晚近的事情，大約成形於一九六〇年代，時間上相當接近「科學的哲學」轉向「後科學的哲學」之前沿。這種教育哲學取向，屬於關心特殊知識形式，例如教育知識的思維方法之討論，而非探究一般知識背景問題（劉貴傑，1995）。由於教育理則學注重概念分

析，而概念必須藉由語言或文字加以表達，此方面的哲學討論遂予人咬文嚼字、吹毛求疵之感，彷彿見樹不見林。不過教育實踐離不開人與人的交流溝通，經由概念分析釐清彼此要溝通的問題也很重要，而這便需要清明理智下的「批判思考」（critical thinking）。

二、批判思考

「批判思考」必須與「批判論」（critical theory）意義下的「批判教育學」（critical pedagogy）清楚分判，兩者實來自極為不同的哲學傳統。西方哲學至二十世紀逐漸形成英美學派（Anglo-Saxon schools）與歐陸學派（Continental schools）之分，主要受到十七世紀以降科學發展的影響（Radnitzky, 1973）。英美學派標幟出「邏輯經驗論」（logical empiricism）觀點，看重理性的邏輯分析和經驗的實在檢證，批判思考的目的即針對於此。

另一方面，歐陸哲學則分別在「理論思辨的」和「社會關注的」兩種不同立足點上，走出「現象學─詮釋學」和「辯證法─批判論」兩大進路；前者深化了「主觀知識」，後者體現出「社會解放」（鈕則誠，2003）。「批判論」追隨馬克斯主義精神，具有深厚的社會變革精神，落實在教育實踐中，有意凸顯強調教育活動的時空背景，即其歷史文化社會脈絡，並以此質疑分析哲學傳統有所不足（Carr, 1995）。

如果「批判論」教育實踐著眼於「宏觀的社會變革」，「批判思考」教育實踐可說著眼於「微觀的心靈改革」，後者大都用於個人日常生活的去蕪存菁。批判思考追隨西方長遠

的理性態度和包容精神，此與美國人堅持的自由社會理想相互呼應，使得批判思考在美國被廣泛提倡，因而大為流行。美國哲學界所策劃的「非形式邏輯運動」（Informal Logic Movement），對推廣批判思考具有推波助瀾的效果，事實上，許多有關批判思考的教學內容即屬於非形式邏輯（Siegel, 1988）。

在具體的教育實踐中，批判思考對於科學教育的功能尤其明顯。它是科學實驗操作過程中做判斷與抉擇的重要思考過程，若能加以識別並形成指標，即可據此設計科學教育的評量策略（歐姿妤、梁偉明，2003）。至於一般性的學習，批判思考也扮演起有分量的角色。尤其當舉世皆推崇科技的時代，具有價值判斷的「好」的思考，即是合乎科學推理的思考，它可作為一切信仰主張和行動的保證。

不過這種彰顯「批判性思考」的教育理念，不能無視於「創造性思考」（creative thinking）的存在。有些學者將這兩種思考視為異質的，無法相容；也有人主張把兩者看成思維的兩種面向（aspect），不可偏廢（Bailin & Siegel, 2003）。從廣義的教育哲學反思，批判思考可以當作制式教育的基本訓練，它能使學生習得扎實的思考工夫，卻不應就此畫地自限。

第三節　有關教育的哲學

一、推陳出新

　　對教育論述的邏輯思考和概念分析，雖然可以正本清源，但常予人畫地自限之感。從歷史上考察，「教育中的哲學」應運而生，多少因為「為教育的哲學」眾說紛紜，令人莫衷一是，乃有正本清源的必要。但是後者的哲學見解卻在前者的分析中被掃除一空，大破爾後未立，缺少推陳出新的成果，不免令人覺得遺憾。

　　好在分析哲學的流風大都只及於英語國家，歐陸國家的鮮活哲思則從未停止。受到科學發展的影響，思辨性教育哲學的內容早已從「前科學的哲學」轉化為「科學的哲學」，援引許多科學證據用以支持哲學論述，像是心理學關於人格（personality）和品格（character）的論點，便會直接涉及教與學的活動（Carr, 2003）。這種「科學的哲學」探究，不斷衝擊英語國家的哲學共同體，迫使其從抽象的邏輯中回歸現實生活，遂開展出「應用哲學」的新路數（Almond & Hill, 1991）。

　　哲學的基本分支學科包括哲學史、理則學、形上學、知識學、倫理學、美學等六科，以及宗教哲學與科學哲學兩大議題，它們與教育學的對話，將分別呈現為本書第一章至第十四章。而本書副標題則顯示，全書係本著「華人應用哲學」取向來寫作。教育哲學一如政治哲學、經濟哲學、社會哲學等，屬於應用哲學的範圍，關心在教育範圍內的哲學層次問

題（黃藿，2002）。「應用哲學」興起於一九八〇年代的英國，美國人一開始並不接受此一稱謂，寧願講「實用哲學」或「實踐哲學」（practical philosophy）。後來「應用倫理學」在美國勃興，乃逐漸與應用哲學接軌，至今已成為應用哲學中最受矚目的一環（DeMarco & Fox, 1986）。

如果應用哲學只是把傳統哲學的討論應用到教育問題上，充其量仍屬於「為教育的哲學」。「為教育的哲學」伴隨著科學發展，從「前科學的」走向「科學的」路數，卻未見對科學加以批判。正是在「批判科學」這層意義上，「有關教育的哲學」走出了自己的道路，逐漸從「科學的」轉化為「後科學的」哲學途徑。

應用哲學即標幟著「後科學」與「後現代」的時代精神，秉持批判性觀點和立場，對科學學科派生的哲學問題加以檢視。「批判性」源自批判思考而非批判論，本書的探究起點因此傾向英美傳統，但是已經從分析哲學式「教育中的哲學」走向應用哲學式「有關教育的哲學」。基於應用倫理學成為應用哲學的主要論述，應用哲學取向的教育哲學關注於教育倫理學也是理所當然。

二、科際對話

「教育倫理學」不同於「倫理教育」或「道德教育」；後二者將倫理行為和道德實踐當作核心課題教導給學生，前者則探討具有科學性質的教育實踐中之倫理議題，例如美國女性主義教育學家諾丁的「關懷倫理學」（ethics of care）如何應用於教育實踐中（Noddings, 1984；方志華，2000）。當

然，通過教育倫理學的考察後，像關懷倫理學之類論點同樣有助於道德教育（方志華，2003）。

　　教育倫理學類似管理倫理學或醫學倫理學，屬於跨學科的「人文與科學對話」之努力，需要理性批判的能力和開放心胸（open-minded）的修養。教育倫理學可視爲哲學與教育學的科際對話。如今教育學的知識內涵，除了教育史和教育哲學兩方面的人文學考察外，幾乎可以完全歸於社會科學。教育學一如管理學或醫學，乃是應用科學學科，具有豐富的操作性內涵，但同時也形成許多價值性爭議，存在於各種師生關係、買賣關係或醫病關係之中，有待應用倫理學加以檢視並予批判。

　　「關於教育的哲學」是傳統哲學問題通過科學洗禮後所形成的新面貌，它反映出教育中明顯可見的哲學議題，可視爲教育理論與實務的哲學旨趣之總和。現代教育學創始者赫爾巴特曾指出，「無教學的教育」和「無教育的教學」都不可能存在。在他的知識建構中，教學的基礎知識是心理學，而教育的基礎知識則是哲學（李其龍，1991）。由於赫爾巴特清楚交代他是以「實踐哲學」來處理教育問題，並將道德教育當作教育的根本目的（詹棟樑，1989），這可說是當代教育倫理學的嚆矢。

　　應用哲學與教育科學的對話其實不止教育倫理學一端，「教育知識學」的探究也有時代意義。教育知識學探討傳授與學習知識的教育活動主體——教師與學生，如何傳遞與接納知識，以及知識的性質等議題。在教育界最爲大家所熟知的即是瑞士學者皮亞傑（Jean Piaget, 1896-1980），他以心理學家的身分，在哲學素材中發掘新義，使得哲學中的知識學

和科學中的心理學產生交流對話，為教育活動帶來新的啟發（Noddings, 1998）。

知識學論述從「前科學的哲學」轉化為「科學的哲學」，陸續自心理學、認知科學（cognitive science）、神經科學（neuroscience）等學科之中汲取資源，甚至形成神經哲學（neurophilosophy）此一新興學科（Churchland, 1986; 2002）。這些新穎知識，無不是「關於教育的哲學」的豐富議題。

第四節　教育學哲學

一、科學哲學

一如前示，「教育哲學」一詞至少具有四種意義，它們分別代表一種或一組哲學取向：「為教育的哲學」反映出思辨性教育哲學之「前科學的」與「科學的」觀點；「教育中的哲學」呈現為教育理則學；「關於教育的哲學」主要著眼於倫理學和知識學方面；本節所介紹的「教育學哲學」則處理教育學的科學哲學議題。

「科學哲學」也像「教育哲學」一樣，是個具有多義的辭彙。根據科學哲學史學家羅西（John Losee）（1987）的分判，科學哲學也有四種意義：作為「科學的哲學」、科學陳述的概念分析、科學發展的社會考察，以及作為二階判準（second-order criteriology）的後設探究（Losee, 1987）。這

四種意義與教育哲學的四種意義大致吻合。本書寫作出發點即是第四種意義的「教育學哲學」，對包含「教育科學」在內的廣義「教育學」進行科學哲學考察。如果科學是對現象事實或活動的一階「說明」（explanation），科學哲學便屬於對此說明的二階「詮釋」（interpretation），又可稱為「後設科學」（metascience）（Radnitzky, 1973）。

　　在科學哲學研究方面，女性主義科學哲學家哈丁（Sandra Harding）所分判的三層議題相當能夠一以貫之，很值得參考：「研究方法」（research method）——蒐集論據的技術、「方法學」（methodology）——指引研究進行的理論與分析、「知識學」——有關知識的理論（Harding, 1987）。其中「研究方法」是個別科學的操作技術；「知識學」為一般哲學的研究旨趣；而介於其中的「方法學」議題則表現出「應用哲學」的功能，具有承先啓後的「人文與科學對話」意義。因此本書在此後第一、二兩篇的章節裏，將分別從「哲學史」和「哲學概論」所鋪陳的內容中，提示出與教育學相關的理念加以討論，作為對教育學研究背後的方法學之探究。

　　研究方法層面的議題，主要由教育學者加以解決；知識學層面的議題屬於「關於教育的哲學」，我們不予處理。本書的寫作方向將集中在「教育學哲學」，以應用哲學之「後科學的哲學」觀點，批判地檢視「前科學的哲學」以及「科學的哲學」之中，足以和教育學對話的方法學立場，譬如許多教育哲學論著常常討論到的各種「主義」（-ism）。對各種主義考察所形成的「教育理論」，雖然被教育學者視為學科主體性發展的過渡階段（吳靖國，2000）。但是我們還是希

望自人文領域的哲學，通過對「主義」的解讀，尋求與社會科學領域的教育學積極對話。

二、後設探究

　　人文學與社會科學具有成為「局部知識」的特質，不必然要放諸四海皆準。本書的寫作理想是提出一套「華人應用哲學」論述，讓兩岸教育學者注意到「教育學哲學」的存在，進而討論它、關心它。大陸的教育學長期受到前蘇聯影響，雖然面臨改革開放衝擊，但是直到開放後留學美國的「海歸派」大量回流，才逐漸看見教育學中馬列傳統向英美傳統轉軌的跡象。其時間大約在上世紀末，至今未超過十年。相形之下，臺灣的教育學像其他社會科學學科一樣，自一九七〇年代便陸續有許多留美學者返來登上大學講堂，表現出對英美傳統的繼承與傳播。時至今日，兩岸教育學者已經可以站在相同的知識基礎上，共同關心屬於華人社會的教育學建構。

　　英美傳統的教育學無疑被歸於一門社會科學學科。對科學學科的後設探究除了「科學哲學」外，至少還包括「科學史」和「科學社會學」兩部分，有時還加上「科學心理學」，它們共同構成一套範圍較廣的「科學學」（science studies）（Giere, 1989）。科學學的內涵與教育學的基礎學科極為類似，一般談到教育學基礎，即指教育史、教育哲學、教育心理學和教育社會學。

　　不過其中仍然稍有一點不同之處，那便是「科學心理學」（psychology of science）是指站在心理學立場後設地考察科

學活動，而一般所見的「教育心理學」（educational psychology）則多指站在教育立場所涉入的心理層面考察。前者以心理學爲主體，對科學家做研究的心理歷程進行探究；後者則因爲受到赫爾巴特影響，是取心理學爲教育學所用。當然跨學科的探究不必然要形成體用之爭，彼此誠心對話方有意義。

　　「教育哲學」在臺灣正面臨著一種極其微妙的局面，一方面它是極少數具有哲學興趣的教育學者鑽研之課題，一方面它又是廣大修習各類教育學程的師資生檢定考試之必考科目。學術界的冷門學科同時也是師資班和碩士班的熱門考科，寫作本書的旨趣便需要慎重其事。大體而言，本書的定位是偏向學理引介的教科書，而非準備考試的參考書，希望讀者在一開始閱讀時即能體察此點。總之，我們對讀者的建言是：「爭一時，也爭千秋。」眞正的哲學學習雖然不一定有立竿見影的效果，卻可能蘊涵潛移默化的價值。希望大家都能受用。

——— 主體反思 ———

1. 時下多數大學教師皆擁有博士學位，而他們取得的學位常稱為「哲學博士」，請問這種現象有何歷史文化淵源？

2. 近代以前許多西方哲學家同時也是科學家或數學家，你可不可以舉一些例證加以說明？

3. 如果說中國哲學也曾經發展出科學思想，就像李約瑟多年研究所肯定的，請問那是何種科學？

4. 中文「教育哲學」一詞至少可以反映出四種意義，請根據文獻考察分別舉例闡述之。

5. 你所學習的「教育心理學」是一階說明還是二階詮釋，為什麼？

6. 你覺得知道一大堆「主義」，對當一名中小學教師是否有意義？

心靈會客室

老師說

　　我從來沒想到自己會當老師，一部分原因是我從來不認爲自己是好學生。當然我也不算壞學生，但在老師的心目中我遠遠不屬於好學生，也因此我跟老師的距離一向很遙遠，遠到不敢想有一天會成爲老師。早年中小學老師都是師範畢業生，「師範」兩個字常讓我聯想到「模範生」，那也是一個對我而言遙不可及的名詞。唯一感覺距離接近的是師範大學，因爲我從三歲到十一歲那九年間，正好住在臺灣師範大學後面的巷子裏。

　　師大是家人經常帶我前往散步的地方，古樸的建築彷彿看見老師莊嚴的臉，聽到神聖般的話語。老師口中的言說，對孩提時代的我是多麼沉重啊！當時我沒有學過「字字珠璣」這句成語，卻不懷疑老師說的都是對的，逢人也會理直氣壯地告訴他，這是「老師說的」。後來我當上老師，卻時常懷疑自己說的到底對不對？不是我對自己沒信心，而是我站在如瀚海般的知識面前必須學會謙虛。

　　回想當老師二十一年，雖然占了我人生的五分之二，卻仍覺得學海無涯。考大學時曾經希望進入教育心理系，並非我一時動念想去教導別人，而是我對自己的心理很好奇，也很困擾。結果教心系沒念成，進的是哲學系。沒想到頭一回上課，老師說的竟然令我感到一頭霧水，此後困擾便更多了。各式各樣的困擾和難題伴隨著我讀完博士，頂著「哲學博士」的帽子走出去，似乎只有教書一途。長期以來，我的教學生涯多少有些「教學相長」的味道，一邊教一邊學，一邊傳道授業一邊解自己的惑。

　　學哲學與教哲學都是一條孤單的路，老師說哲學起於懷疑，於是我開始懷疑老師說過的話。輪到我自己上場，我甚至懷疑自己說的學生到底聽懂、聽進去沒有？我就這麼跌跌撞撞教了許多年的哲學課，倒也相

安無事。直到三年以前意外地踏進教育系所，教起一門叫作「教育哲學」的課，面對一大群未來的中學老師，我再度感受到老師話語言說的沉重，而這個老師竟然是我自己！

當老師可能是我偶然走向學術生涯的必然結果，但是成為「師資培育」的教師卻讓我有些惶恐。因為我的「老師說」將來多少會成為學生們的「老師說」，你說我該怎麼說？老實說，我還真的不敢說。也許我應該在努力寫這本《教育哲學》的時候認真想一想吧！

參考文獻

方志華（2000）。**諾丁關懷倫理學之理論發展與教育實踐**。臺北：臺灣師範大學教育學系博士論文。

方志華（2003）。關懷倫理學的道德教育法。**鵝湖**，29（4），頁33-43。

石中英（2002）。教育與教育學。載於石中英等編寫，**教育學基礎**（頁1-28）。北京：教育科學。

但昭偉（2002）。**思辯的教育哲學**。臺北：師大書苑。

吳明清（2002）。教育的意義、目的與功能。載於楊國賜主編，**新世紀的教育學概論——科際整合導向**（頁1-30）。臺北：學富。

吳靖國（2000）。**教育理論**。臺北：師大書苑。

李其龍（譯）（1991）。**普通教育學**（J. F. Herbart著）。臺北：五南。

車文博（2002）。**西方心理學史**。杭州：浙江教育。

胡勁松（譯）（2001）。**教育科學的基本概念：分析、批判和建議**（W. Brezinka著）。上海：華東師範大學。

梁福鎮（2002）。普通教育學內涵探究。**教育科學期刊**，2（1），頁98-122。

郭實渝（2001）。形上學與教育。載於歐陽教主編，**教育哲學**（頁37-59）。高雄：麗文。

鈕則誠（2003）。**護理科學哲學**。臺北：華杏。

黃　藿（2002）。何謂教育哲學？哲學對教育的功用。載於黃藿、但昭偉編著，**教育哲學**（頁1-22）。臺北：空中大學。

詹棟樑（1989）。**赫爾巴特教育思想之研究**。臺北：水牛。

趙宏義（2002）。教育目的。載於石中英等編寫，**教育學基礎**（頁55-83）。北京：教育科學。

劉貴傑（譯）（1995）。**教育的邏輯**（P. H. Hirst與R. S. Peters合著）。臺北：五南。

歐姿妤、梁偉明（2003）。批判性思考之科學教育教學評量。**耕莘學報年刊**，1（1），頁97-102。

歐陽教（1995）。教育的概念分析。載於黃光雄主編，**教育概論**（增訂

版）（頁3-29）。臺北：師大書苑。

簡成熙（譯）（1995）。**教育概念分析導論**（J. F. Soltis著）。臺北：五南。

Almond, B., & Hill, D. (Eds.) (1991). *Applied philosophy: Morals and meta-physics in contemporary debate*. London: Routledge.

Bailin, S., & Siegel, H. (2003). Critical thinking. In N. Blake, P. Smeyers, R. Smith, & P. Standish (Eds.), *The Blackwell guide to the philosophy of education* (pp.181-193). Oxford: Blackwell.

Brezinka, W. (1992). *Philosophy of educational knowledge: An introduction to the foundations of science of education, philosophy of education and practical pedagogics*. Dordrecht, The Netherlands: Kluwer.

Carr, D. (2003). *Making sense of education: An introduction to the philosophy and theory of education and teaching*. London: RoutledgeFalmer.

Carr, W. (1995). *For education: Towards critical educational inquiry*. Buckingham: Open University Press.

Churchland, P. S. (1986). *Neurophilosophy: Toward a unified science of the mind-brain*. Cambridge, Massachusetts: The MIT Press.

Churchland, P. S. (2002). *Brain-Wise: Studies in neurophilosophy*. Cambridge, Massachusetts: The MIT Press.

Cohen, I. B. (1985). *Revolution in science*. Cambridge, Massachusetts: Harvard University Press.

DeMarco, J. P., & Fox, R. M. (Eds.) (1986). *New directions in ethics: The challenge of applied ethics*. New York: Routledge and Kegan Paul.

Engelhardt, H. T., Jr., & Wildes, K. W. (1995). Philosophy of medicine. In W. T. Reich (Ed.), *Encyclopedia of bioethics* (rev. ed.) (pp.1680-1684). New York: Simon & Schuster Macmillan.

Giere, R. N. (1989). The units of analysis of science studies. In S. Fuller, M. DeMey, & T. Shinn (Eds.), *The cognitive turn: Sociological and psychological perspectives on science* (pp. 3-11). Dordrecht, The Netherlands: Kluwer.

Hamm, C. M. (1993). *Philosophical issues in education: An introduction*.

Philadelphia: Falmer.

Harding, S. (1987). Introduction: Is there a feminist method? In S. Harding (Ed.), *Feminism and methodology: Social science issues* (pp.1-14). Bloomington: Indiana University Press.

Losee, J. (1987). *A historical introduction to the philosophy of science* (2nd ed.). Oxford: Oxford University Press.

Noddings, N. (1984). *Caring: A feminine approach to ethics and moral education*. Berkeley: University of California Press.

Noddings, N. (1998). *Philosophy of education*. Boulder, Colorado: Westview.

Popper, K. R. (1969). *Conjectures and refutations: The growth of scientific knowledge*. London: Routledge and Kegan Paul.

Radnitzky, G. (1973). *Contemporary schools of metascience* (2nd ed.). Chicago: Henry Regnery.

Siegel, H. (1988). *Educating reason: Rationality, critical thinking and education*. New York: Routledge.

第一篇

「哲學史」途徑

第一章

西方上古哲學——「知識」與「理性」

引言

從第二章起，我們將嘗試鋪陳一系列關鍵性哲學論題，作為教育學的「方法學」觀點，用以提供考察「研究方法」立足點的參照。為使問題討論馭繁於簡，本書把歐陸的「教育學」與英美的「教育科學」視為一道連續統（continuum），定位為一門社會科學學科，從而將全書寫作的起點，視為「後科學的」應用哲學意義下之「科學方法學」（methodology of science）探究。楊深坑（1998）指出，科學方法學同時兼具有規範性與描述性的特質，教育學方法學受此影響，遂以教育研究中的主體與客體之間關係，以及教育理論與實踐之間關係作為中心議題。例如教育學在德國的發展，即有人文科學與實徵主義的消長趨勢。

必須說明的是，「科學」一辭也有英美學派與歐陸學派之分。在英語國家中，「科學」包括「自然科學」以及效法自然科學的「社會科學」兩大領域，而與此相對的另一知識領域乃是「人文學」（humanities）。海峽兩岸學界目前大都師法美國，較傾向此種三分法，本書亦暫時採行之。至於以德、法兩國為主的歐陸學派，「科學」的意義相當於全方位的「知識」，採用的是「自然科學」與「人文科學」（human science）二分的作法（Cohen, 1994），本書則希望加以提倡。

作為社會科學學科的教育學，其研究重心有三：教師、教學、學習（Watkins & Mortimore, 1999）。針對這些教育實踐課題，發展出相應的教育理論，而教育理論必須經得起科學性的經驗測試（empirical test），方才得以立足。教育理論

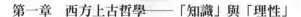

基本上是哲學性的思辨臆測，它經常反映出學者的個人信念。從個人信念步向普及知識，需要不斷地進行概念分析工作，歐陽教（1973）將其視爲「教育哲學的哲學」，亦即方法學檢討。本書各章即從作爲「基源問題」或「中心議題」的概念分析著手。

第一節　概念分析

　　從哲學史上進行考察，所面對的即是個別哲學家或一個學派的思想理論，它們根本上是對某些問題所提出的解答，勞思光（1980）稱這些問題爲「基源問題」。自哲學史的材料內去尋找基源問題，屬於回溯性研究，重點在於還原理論。在西方上古哲學史之中，有兩大基源問題對往後的教育理論與實踐影響深遠，那便是「知識」和「理性」的問題。

　　西方哲學意義下的「知識」源遠流長。上古希臘羅馬時代自西方哲學之父泰利斯（Thales, 624-548 B.C.）誕生之年，至西羅馬帝國滅亡的西元後四七六年，總共一千一百年，期間對知識性質提出討論最重要的哲學家，無疑要推柏拉圖與亞里斯多德師徒二人。在希臘哲學家眼中，眞知屬於普遍「知識」（episteme），而非個人「意見」（doxa）。柏拉圖稱這種眞正知識的最高形式爲「智慧」（sophia）；更早的畢達格拉斯（Pythagoras, 570-495 B.C.）已經把哲學看作是「愛好智慧」（philo-sophia）的學問。至於亞里斯多德則視眞知爲有關萬事萬物「第一原理」或「第一原因」的知識，把握眞知主要通過「理性」（ratio）（Reese, 1980）。

　　希臘時代的知識內涵較偏重「抽象理論」（theoria），而與「日常知能」（phronesis）及「實用技藝」（techne）有所區別（Angeles, 1981）。在亞里斯多德看來，實用技藝可以生產事物，例如蓋房子；日常知能可以改善生活，例如倫理學；抽象理論則讓人們在分辨事象的「知其然」背後得以「知其所以然」（Wedin, 2001）。正是在此一「知其所以然」的層面，師徒二人走出了不同的道路。為追溯有關知識的基源問題，我們必須上溯到他們的師祖——蘇格拉底（Socrates, 469-399 B.C.）。

　　據說蘇格拉底的母親為助產士，或許是受此影響，他把自己從事哲學工作的方法稱作「助產法」（maieutics）。他不傳授知識，而是在論辯（dialectic）中讓他人承認無知，進而助其「發現」並「引出」（elicit）原本即擁有的智慧（趙敦華，2002）。蘇格拉底把這種內在性、智慧型的知識，與倫理道德相提並論，形成有名的「知德合一」論述。他由個人「德行」（arete）追溯到普遍的「善」（agathon）概念，從而對其弟子柏拉圖所看重的先天知識有所啟發（鄔昆如，1971）。柏拉圖認為真正的知識是「以理性為基礎、可以確證本身為真」的知識，它與基於感官經驗的個人意見大異其趣，後者完全無法判斷自己是真是假（葛力，2001）。對希臘三哲而言，「真」、「善」、「美」都是普遍概念，唯有通過超越感官知覺的理性思維方能如實把握。

　　眾所周知，柏拉圖的「理型」（edios）學說獨樹一幟，影響深遠。當代大哲懷海德（Alfred Whitehead, 1861-1947）甚至認為，整部西方哲學史不過是柏拉圖哲學的註腳。這話雖有些言過其實，卻不無深意。因為偉大哲學家的獨到之

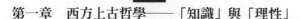

處，即在於發人所未發。「理型說」可以分為「理念」（idea）與「型相」（form）兩種互補意義來看：理念是指在理性之外而能夠被理性所認識的真實「存有」（being），型相則指這種存有向人的理性顯示其為普遍的真理（趙敦華，2002）。由此可見理型與理性的緊密關聯；理性作為人心獨具的認識官能（faculty），方得以觀照外於人心的理型世界。

　　柏拉圖受到老師蘇格拉底以論辯方式催生人們真知的影響，相當看重由此導出的辯證法（dialectics），並將它視為理性認識理型世界的思維方法，亦即邏輯。柏拉圖不但推崇邏輯思考，也講究數學推論，但看輕觀察現象世界的感官經驗，後者是他與徒弟亞里斯多德的主要分野（Reese, 1980）。用現在的說法來比喻，柏拉圖只願意做數學家，亞里斯多德卻表現為精通數學的科學家。後者不反對老師用理性去貼近高高在上的理型世界，卻相信萬丈高樓平地起，經驗知識同樣不可或缺。

　　不過亞里斯多德雖然對現象世界的觀察貢獻良多，其哲學思想核心還是以理性為宗的「第一哲學」——「形上學」（metaphysics）。所以我們大致可以這樣看：「理性」無疑是西方上古哲學的基源問題，至於與「理性」相對的「經驗」，則必須等到文藝復興以後，由培根所提倡的「歸納法」與「實驗精神」加以彰顯，而成為近代哲學的基源問題。

　　理性地思考乃是合乎邏輯的思考，古希臘時期把理性思考視為「人之異於禽獸」的特質。像亞里斯多德為「人」所下的定義即是：「有理性的、有感覺的、有生命的、有物質的存在物」，至於動物的定義必須去除「理性」此一條件，植物的定義則缺少「理性」、「感覺」等條件……依此類推

（鄔昆如，1971）。

　　理性作爲人類獨具的認識官能，足以推理（reasoning）
及辨認（identify）諸事萬物。中世紀以後則自理性中又區分
出理智（intellectus），主張理智是思辨、抽象、推論的基
礎，而理性則普及化爲先於理智且爲人們共同具備的常識觀
點（a commonsense view）（Angeles, 1981）。理性從「企及
智慧」走向「普及常識」，並不意味被通俗化，而是一種意
義上的擴充。

第二節　　批判思考

　　在大致勾勒出西方上古哲學基源問題中，對後世教育學
術發展深具啓發意義的兩大問題後，我們將進一步嘗試後設
地對古代哲人的觀點從事批判思考。批判思考在本書中不只
限於邏輯分析式的內在理路探討，更及於應用哲學式的外在
脈絡考察。類似於「科學學」或「後設科學」，是對科學進
行哲學、歷史學、社會學、心理學等方面的綜合性研究，應
用哲學在此可說是一「哲學學」或「後設哲學」視角，目的
則爲呈現相關議題的時空背景和當前意義，作爲下一節「意
義詮釋」的材料。

　　西方上古時期涵蓋時期甚長，共有一千一百年，本書去
蕪存菁，僅討論西元前五、四世紀間希臘三哲的思想。至於
此後的希臘化時期和羅馬時期，主要的發展是希臘哲學向外
傳播，並銜接上拉丁文化，以致中古時期的哲學思想多用拉
丁文表達（趙敦華，2002）。

　　希臘三哲繼承前賢的「愛智」精神而追求眞知，事實上整個西方上古哲學的求知精神可以用一句話來涵蓋，那就是「以不變應萬變」。當代中國哲學家唐君毅（1909-1978）曾表示，哲學主要便是探討「宇宙」與「人生」的問題。古希臘哲學家關心宇宙奧秘與人生實踐，希望從變化無常的現象背後，發掘出永恆不變的規律，眞知的內容大體上即屬於這些不變的道理。在渾沌（chaos）中發現秩序（order）、在多樣事物（diversity）中找尋單一原型（archetype）的努力，自希臘神話一直延伸至希臘哲學，已然構成一套獨特的希臘式宇宙觀與人生觀（王又如，1997）。

　　蘇格拉底認爲知識是先天擁有而非後天獲得的，學習並非汲取知識而是喚回原有的知識（任鍾印，1995）。柏拉圖則建構起一個永恆不變、絕對眞實、不生不滅的「理型世界」，知識只能在理型世界中找到，學習即是對知識的回憶（王天一，1995）。到了亞里斯多德卻反其道而行，認爲記憶來自感官經驗，人們自個別經驗中抽象出普遍原理，因而形成知識（李文奎，1995）。綜觀希臘三哲對知識的看法，我們可以評論說，他們幾乎開啓了後世知識學的兩大傳統：「理性主義」（rationalism）和「經驗主義」（empiricism）。不過照一般哲學史的寫法，將這兩大「主義」相提並論，大都納入近代而非古代哲學，並以「歐陸理性主義」和「英國經驗主義」分別予以定位，演變至今則形成爲「歐陸學派」和「英美學派」的後設科學觀點（Radnitzky, 1973）。

　　「教育哲學」在臺灣被列爲師資班和碩士班的重要考試科目，以應試爲目的的補習教育遂應運而生，而在坊間形成一套標準論述，將許多「主義」依序臚列以便記誦。最常被

提到的即爲理性主義、經驗主義、批評主義（criticism）與實驗主義（experimentalism），其代表人物分別爲柏拉圖、培根、康德及杜威（John Dewey, 1859-1952）。而在介紹理性主義的章節中，又常將亞里斯多德列入。此一分判雖非一般哲學史所慣用，卻多少反映出柏拉圖和亞里斯多德都非常看重理性的作用。

今日的理則學大致分爲「演繹法」和「歸納法」兩部分，並未將「辯證法」納入。其中演繹法講求理性推論，歸納法需要經驗考察；哲學史通常將後者的提倡歸功於培根，至於前者則以亞里斯多德爲宗。作爲哲學家的亞里斯多德雖然正視感官經驗的作用，卻不以此爲框架，而將自己的主要哲學貢獻建立在理性思辨之上，著名的「質形論」（hylo-morphism）和「四因說」即爲理性知識的典型。

「質形論」指出任何實在的（real）事物皆由「質料」（hyle; matter）與「形式」（morphe; form）組合而成。將「質形論」納入物理現象與活動的討論，便導出了「四因說」。「四因說」主張事物的運動具有四種原因：質料因、形式因、動力因、目的因；質料因歸於「質料」，形式因、動力因和目的因則歸於「形式」。經驗性的「物理學」（physics）問題，在此由思辨性的「後設物理學」（meta-physics）加以解決，顯示亞里斯多德重理性的傾向。

從哲學史和思想史考察，亞里斯多德無疑是古希臘時代在學術上集大成的人，他所關心的事物較老師柏拉圖廣泛得多，今日的自然科學、社會科學以及人文學三大知識領域之內皆有他的身影。不過在他的心目中，探究知識最高境界的「第一哲學」或「神學」（theology），才是理性思辨的最重要

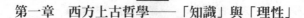

任務。此處所稱的「神學」雖然屬於無宗教色彩的「後設物理學」或「形上學」，卻為中古時期形上學與基督宗教神學的結盟開闢了寬廣道路（趙敦華，2002）。

理性思辨的後設物理學解決了經驗世界中無生命事物的物理問題，也有助於考察有生命事物的心理問題。對亞里斯多德而言，這乃是有關「靈魂」（psyche）的學問，亦即「心理學」（psychology）。心理學研究靈魂的活動，而靈魂活動屬於一種特殊的運動，可以通過形上學來解決。今日心理學在傳統上與哲學的淵源即基於此，而哲學通過心理學影響及教育學的建構亦有所本。

第三節　意義詮釋

在西方哲學史的評價中，柏拉圖屬於「原創型」哲學家，發人所未發；亞里斯多德則屬於「系統型」哲學家，為知識奠基。從「教育學哲學」的立足點回顧整部西方哲學史，亞里斯多德在人類知識發展上的貢獻相當具有關鍵性，產生承先啟後、繼往開來的效果。他把知識分為抽象理論、日常知能和實用技藝三大類，「抽象理論」的意義較接近真知，包括數學、理則學、形上學、物理學以及自然哲學（natural philosophy）諸學科；「日常知能」向個體與群體提供生活實踐綱領，包括倫理學與政治學等；「實用技藝」涵蓋了藝術創作與製造工藝等一切技能，也包括文學與美學等。亞里斯多德對知識的界定較柏拉圖寬廣許多，像物理學、生物學、心理學等自然哲學方面的知識，便構成後世的

自然科學諸學科。但是經驗世界的知識始終不受柏拉圖青睞，有學者認為這是師徒二人在氣質上的重大差異所致（胡平，1998）。

亞里斯多德所建構的知識系統，反映出希臘時期的知識全貌。但是他畢竟是柏拉圖的學生，曾經在老師所創設和主持的「學園」（academy）中長期學習。學園式教育對後世學術活動的影響，無疑較一名傑出學生的知識探索興趣更大也更深。雖然亞里斯多德的著述反映出他對宇宙與人生知識的廣博興趣，但就教育實踐而言，柏拉圖仍舊是後世學科（discipline）分化與課程（curriculum）設計的主要啟蒙者。柏拉圖所體現的學科課程論，確立起羅馬時期和中世紀的「七藝」，包括「三學」：文法學、修辭學、辯證法，以及「四科」：算術、幾何、天文、音樂（鍾啟泉，2001）。

至於亞里斯多德的系統知識觀，則要等到十五、十六世紀的「文藝復興」，以及十七世紀的「科學革命」出現後，才真正綻放出耀眼的光芒。值得一提的是，近代文藝復興的主要貢獻乃是恢復古希臘的理性之光，以擺脫中世紀所看重的信仰之光，進而彰顯人本精神。中世紀基督教會當道，相信地球是宇宙的中心，遂援引亞里斯多德的「地球中心宇宙觀」為理論基礎，而「科學革命」正是以「日心說」（heliocentricism）取代「地心說」（geocentricism）的知識革命（Lawrence, 1985）。舊有「典範」（paradigm）被新穎典範所取代，象徵著科學知識的成長。亞里斯多德用理性去觀照的知識，被經驗性證據所駁斥（refute），顯示出知識的開放性（openness）較獨斷性（dogmatism）更適於成為教育實踐的內涵與精神。

　　「看重理性」與「獨尊理性」是兩回事，就跟「個人主義」（individualism）與「唯我主義」（egoism）大異其趣一樣，必須明辨其中的差別。倘若柏拉圖傳統是「獨尊理性」的典型，亞里斯多德傳統只能說是「看重理性」的代表。對前者而言，「理性」與「經驗」呈現對立狀態，而在後者心目中則屬互補。當我們站在現今立場看，「理性思辨」與「感性經驗」可說是相輔相成的作用，缺一不可，應當無所偏廢。但是古希臘哲學卻對其表現為高下之分，即使是亞里斯多德也不例外。

　　西方上古哲學對理性的討論，與哲學家的靈魂學說息息相關。柏拉圖把靈魂分為知、情、意三部分，「知」代表理性、「情」流於欲望，「意」則屬於受理性控制的意志性感受。到了亞里斯多德，靈魂三分說則轉變為植物魂、動物魂和人類魂三種，只有人類的靈魂具有理性作用（徐宗林，1995）。由此可見，亞里斯多德的靈魂學說已經不只是心理學，更及於生物學，他正是據此把人類定義為「有理性的動物」（趙敦華，2002）。

　　理性思維最佳表現即是「合理地」（rationally）推論，亦即邏輯論證。理性對事物的概念具有「直觀地」（intuitively）把握能力，這是亞里斯多德自其老師柏拉圖所繼承的「理型回憶說」。但是理性可以從個別事物中「抽象地」（abstractly）發現其內在的形式本質（noumenon），則屬學生的獨創觀點（葛力，2001）。哲學家對內在本質的興趣通常較對外在現象（phenomenon）來得大，今天我們把數學和理則學當作形式的學問，但是在古希臘時期，對這些形式學問還要進行更深刻的本質性探索，如此便達到形上學的境地。

像邏輯論證前提有時是自明的公理（axiom），公理反映出作為形上學對象的普遍存有，從而照見思想三大原則：同一律、矛盾律、排中律（鄔昆如，1971）。

西方上古哲學的特色，乃是通過理性之光去探究宇宙與人生的真諦。蘇格拉底強調「知德合一」，使得真理的追求與完善的生活相結合，甚至連和諧所帶來的美感也融入其中。真、善、美的境界都是「有」而非「無」，而整個形上學即是討論「有之所以為有」（being as being）的學問。從上古到中古時期，哲學充滿了形上學的氛圍，無論是理性之光還是信仰之光，都不曾對形上學質疑。直到近代以後，「人心是否真的能夠通過理性把握存有」，方才構成一系列問題，哲學便從此步入由知識學主導的階段。

第四節　綜合討論

我們一連用了三節的篇幅來說明和詮釋古希臘哲學的兩個基源問題：知識與理性，藉以觀照當前教育學的建構。雖然英國教育哲學家皮德思（Richard Peters）在一九六〇年代初期即指出，將對教育研究具有重要影響力的哲學、歷史學、心理學、社會學等四科相關論述，統整成一門學科──教育學，既不切實際也不可能（黃嘉莉、許殷宏，2002）。但是到了二十一世紀初的今天，建構獨立而成熟的「教育學」，仍然為教育學者的期盼（吳明清，2002）。理想的教育學應當是將上游基礎學科融會貫通而形成的中游學科，具有獨樹一幟的豐富主題與內容架構。以同樣是中游學科的「管

理學」爲例，如今任何一冊入門教科書皆依管理五大功能
——規劃、組織，任用、領導、控制——的主題架構來撰
寫，即象徵其「學科典範」已經大致樹立。

　　教育學的學科典範是否充分建立，在此不擬討論。倒是
有些課題無疑已經成爲教育學不可或缺的探究主題，像課
程、教學、評量、制度、政策、專業等，其中「課程論」
（curriculum）與「教學論」（instruction）更屬於核心議題。
因爲在日常的教育實踐中，人們對教育目的與方針之類問題
也許不太掛心，卻絕對不會忽略教育內容，亦即「課程」。
英文 “curriculum” 的字源有「跑道」的意思，引伸指向
「教導與學習的途徑」，必然會涉及師生之間實際「教學」的
內容（黃政傑，1995）。

　　從我們每個人自身的經驗反思，上學乃是求知的過程，
學校裏老師講授的課程即屬於一系列的知識。在英語國家
中，首先使用「課程」一辭的是英國哲學家斯賓塞（Herbert
Spencer, 1820-1903），他在達爾文（Charles Darwin, 1809-
1882）出版其劃時代名著《物種起源》的同年，即一八五九
年，也刊行了一部名爲《教育：智育、德育、體育》的專
書，其中第一篇長文的標題爲〈什麼知識最有價值？〉，他
便是在這篇探討知識類型的文章中論及課程（周艷，
2002）。斯賓塞對此的唯一標準答案乃是「科學」。由於斯賓
塞所生活的十九世紀正是社會科學大力模仿自然科學應運而
生的時代，他對科學知識的推崇，便從一種哲學觀點轉變爲
科學立場，從而形成作爲社會科學學科的教育學分支之一
「課程論」的典範（王紅宇，2003）。

　　斯賓塞的科學知識至上論，多少反映出十九世紀的教育

氛圍。到了二十世紀，高度分化的各類科學知識成為學校教育重要內容，尤其是高等教育。為了重新展開「人文與科學對話」，「通識教育」（general education）遂在大學中逐步推廣普及。

通識教育並非新創的教育活動，而是傳統教育的延伸。二十世紀的通識教育可以銜接上十九世紀的「博雅教育」（liberal education），再回溯至古希臘的「自由人教育」。英國教育哲學家赫斯特（Paul Hirst）於一九六五年出版《博雅教育與知識性質》一書，主張博雅教育的目的在於通過獲取各種獨特類型的知識，以培養理性的人。一個理性的人最大特徵在於其擁有理性心靈，而理性心靈的建立則必須靠知識的攝取。赫斯特認為人類心靈並非自然成長而須人為建構，其建構過程即是汲取不同形式知識的過程（但昭偉，2002a）。

赫斯特對博雅教育的看法不只可用於高等教育，更影響及基礎教育的實施。大體而言，他的教育主張屬於「學科知識本位」（subject-centered）的傳統教育，與上世紀甚囂塵上的「兒童本位」（child-centered）新興教育思考模式大異其趣（但昭偉，2002b）。平心而論，著眼於教師主導、知識傳授、理性發展的傳統教育，與看重學生興趣、情意啟發、快樂學習的新式教育，彼此其實各有千秋。雖然讓教師主導一切教學活動有失民主精神，但是兒童本位的學習仍有其限制性，充其量只能用於初等教育；愈往中等、高等教育實施，知識和理性的要求便愈高。

「理性」並不一定相對於「感性」的概念，它可以是感性的高度表徵。當感性希望求索、獲取時，理性則體現節

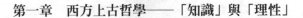

制、收斂的工夫。感性具有直觀作用，理性則歸於反省能
力，二者相輔相成，人生方能有為有守，無過與不及。

　　將人類的心靈活動二分甚至三分為感性、理性、悟性，
並不意味走向官能心理學（faculty psychology），而是為了
提供考察教育問題的方便法門（Lodge, 2001）。雖然十八世
紀康德曾經提出認知、情感、意志三分的官能心理學，以及
感性、理性、悟性三分的知識學（車文博，2002），但是到
了二十世紀，教育學者似乎傾向於把知識和理性視為方法學
議題（簡成熙，1996）。

　　本書在寫作上始終將各種哲學「基源問題」當作「教育
學哲學」的方法學層次問題處理，不擬深究其知識學問題，
更無意在形上學方面加以發揮。應用哲學在此一如應用心理
學或應用物理學，係援引理論以解決實務問題（Almond &
Hill, 1991）。下章所討論的西方中世哲學兩大基源問題——
上帝與信仰，同樣將通過應用哲學觀點加以考察，以應用於
本書所倡議的「華人哲學教育學」之西方學理建構。

──── 主體反思 ────

1. 「科學」一詞在你的心目中有何意義？教育學算不算是一門科學？又哲學算不算是科學呢？為什麼？

2. 柏拉圖哲學思想跟一般人的「常識」似乎有段距離，試對「柏拉圖式的戀愛」這種說法一探其究竟。

3. 古希臘的辯證法流傳至現代，為馬克斯使用「唯物辯證法」而廣受重視，究竟辯證法是否屬於一套思維邏輯？

4. 「心理學」的原意是「研究靈魂的學問」，你認為「靈魂」所指為何？為什麼如今心理學已不談靈魂問題？

5. 請嘗試把本章所討論許多有關「知識」的問題，放在你所接觸到的「課程」理論中對照地思考。

6. 同樣嘗試把有關「理性」的問題，放在「教學」理論中加以思考。

心靈會客室

愛智之學

三十一年前我投考大學,執意只填三種科系:哲學系、教育心理系、戲劇系,結果考上哲學系,在學校裏參加戲劇社團,也曾短暫出國念過心理學。讀哲學系時聽說哲學是「愛智之學」,是愛好智慧的學問,心中頗覺受用,卻對所學無甚助益。我嚮往的是具體可行的生活智慧,而哲學的抽象討論和咬文嚼字,卻始終讓我難以適應,甚至打算改行念心理學。好在後來獨自摸索出一條哲學道路來,開始傳授、書寫所謂「應用哲學」課題,總算感到有點「愛好智慧」的味道。

不知是誰流傳的冷笑話,形容哲學思考是在一間伸手不見五指的黑屋子找尋一隻不存在的黑貓,而哲學家則是在裏面什麼都沒找到卻大喊找到黑貓的那個人。我對此所下的註腳共十六字:「子虛烏有,空穴來風;玄之又玄,不知所云。」既指這個冷笑話,也指更冰冷的哲學。

哲學有時候的確冰冷得令人無法參與。記得許多年前有一回懷抱著極大期望,前往一所著名大學參加主題為「中國人的生死觀」學術研討會,想窺探莊子生死觀的奧秘,卻被學者們的哲學論辯澆了一頭冷水,心想莊子再生也會自嘆不如。如此說來,難道哲學家都是一群缺乏熱情的冷峻學者嗎?倒也未必。聽說長得一副不可侵犯容貌的哲學家叔本華和尼采,其實都是充滿熱情的智者,只因為他們使用哲學語言來包裝生命智慧,令人誤認為高不可攀。所以我建議大家可嘗試分辨兩種哲學:「為哲學的哲學」以及「為生活的哲學」;前者是哲學家的語言遊戲,後者才是人世間的生活智慧。

教育哲學作為一種貼近生活的哲學,其實跟你我的成長經驗息息相關。畢竟生長在臺灣,人人都受過教育。教育成為我們生活的一部分;而一旦身為學生或老師,教育幾乎更等於生活的全部。既然它與我們如此關聯,對其進行哲學反省,就不應該是空中樓閣式的思想或語言遊戲,而是人生智慧的觀照與生活藝術的提倡。所以我很樂於推薦林語堂先生的經典

名作《生活的藝術》給大家閱讀。

　　這本書原來打算取名爲《抒情哲學》，它其實是一冊很生動的情意教育讀物，可以在知識教育之外，爲我們開創一方廣闊的心靈空間。由於近年教育學術不斷向科學靠攏，我很希望教育哲學能夠爲教育探究帶來幾許人文關懷。也因爲如此，我嘗試提倡一種另類的教育哲學，讓「愛好智慧」成爲教育的主調。

參考文獻

王天一（1995）。柏拉圖。載於趙祥麟主編，**外國教育家評傳（一）**（頁
　　57-90）。臺北：桂冠。。

王又如（譯）（1997）。**西方心靈的激情**（R. Tarnas著）。臺北：正中。

王紅宇（譯）（2003）。**後現代課程觀**（W. E. Doll, Jr.著）。北京：教育科
　　學。

任鍾印（1995）。蘇格拉底。載於趙祥麟主編，**外國教育家評傳（一）**
　　（頁25-55）。臺北：桂冠。

但昭偉（2002a）。傳統教育哲學（一）——西方博雅教育及其思想。載
　　於黃藿、但昭偉編著，**教育哲學**（頁147-177）。臺北：空中大學。

但昭偉（2002b）。兒童本位的教育及其思想。載於黃藿、但昭偉編著，
　　教育哲學（頁115-146）。臺北：空中大學。

吳明清（2002）。教育的意義、目的與功能。載於楊國賜主編，**新世紀
　　的教育學概論——科際整合導向**（頁1-30）。臺北：學富。

李文奎（1995）。亞里斯多德。載於趙祥麟主編，**外國教育家評傳（一）**
　　（頁91-111）。臺北：桂冠。

車文博（2002）。**西方心理學史**。杭州：浙江教育。

周　艷（2002）。課程。載於石中英等編寫，**教育學基礎**（頁142-172）。
　　北京：教育科學。

林玉體（1980）。**西洋教育史**。臺北：文景。

胡　平（譯）（1998）。亞里斯多德。載於洪漢鼎編校，**批評的西方哲學
　　史（上）**（D. J. O'Conner著）（頁99-168）。臺北：桂冠。

徐宗林（1995）。**西洋教育史**。臺北：五南。

勞思光（1980）。**中國哲學史（第一卷）**（三版）。香港：香港中文大
　　學。

黃政傑（1995）。課程。載於黃光雄主編，**教育概論**（增訂版）（頁341-
　　363）。臺北：師大書苑。

黃嘉莉、許殷宏（譯）（2002）。評論（R. S. Peters著）。載於徐宗林編
　　校，**教育究竟是什麼**（頁16-20）。臺北：桂冠。

楊深坑（1998）。**理論‧詮釋與實踐——教育學方法論論文集（甲輯）**。
　　臺北：師大書苑。

葛　力（譯）（2001）。**西方哲學史**（增補修訂版）（F. Thilly著）。北京：商務。

鄔昆如（1971）。**西洋哲學史**。臺北：正中。

趙敦華（2002）。**西方哲學簡史**。臺北：五南。

歐陽教（1973）。**教育哲學導論**。臺北：文景。

鍾啓泉（2001）。**學科教學論基礎**。上海：華東師範大學。

簡成熙（1996）。**理性・分析・教育人**。臺北：師大書苑。

Almond, B., & Hill, D. (1991). Introduction. In B. Almond & D. Hill (Eds.), *Applied philosophy: Morals and metaphysics in contemporary debate* (pp. 1-6). London: Routledge.

Angeles, P. A. (1981). *Dictionary of philosophy*. New York: Barnes & Noble.

Cohen, I. B. (1994). An analysis of interactions between the natural sciences and the social sciences. In I. B. Cohen (Ed.), *The natural sciences and the social sciences: Some critical and historical perspectives* (pp.1-99). Dordrecht: Kluwer.

Lawrence, C. J. (1985). Aristotle's cosmology. In W. F. Bynum, E. J. Browne, & R. Porter (Eds.), *Dictionary of the history of science* (p. 26). Princeton, New Jersey: Princeton University Press.

Lodge, R. C. (2001). *Plato's theory of education*. London: Routledge.

Radnitzky, G. (1973). *Contemporary schools of metascience* (2nd ed.). Chicago: Henry Regnery.

Reese, W. L. (1980). *Dictionary of philosophy and religion: Eastern and Western thought*. Atlantic Highlands, New Jersey: Humanities.

Watkins, C., & Mortimore, P. (1999). Pedagogy: What do we know? In P. Mortimore (Ed.), *Understanding pedagogy and its impact on learning* (pp.1-19). London: Paul Chapman.

Wedin, M. V. (2001). Aristotle. In R. Audi (Ed.), *The Cambridge dictionary of philosophy* (2nd ed.) (pp. 44-51). Cambridge: Cambridge University Press.

第二章

西方中古哲學——「上帝」與「信仰」

引言

西方中古哲學即是指中世紀時期的哲學思想，一般多視中世紀涵蓋近千年，即自四七六年西羅馬帝國滅亡至一四五三年東羅馬帝國滅亡之間，本書亦承之。但也有天主教學者將耶穌誕生至一五一七年基督新教出現這一千五百年皆納入中世紀。後者的說法有其參考價值，因爲本章所探究的兩大基源問題——「上帝」與「信仰」，將主要圍繞著兩位重要天主教哲學家——聖奧古斯丁（Aurelius Augustine, 354-430）和聖多瑪斯（Thomas Aquinas, 1225-1274）——的思想進行討論，而奧古斯丁正好是中世紀之前的人物。

在哲學史的定位上，奧古斯丁發揚柏拉圖思想，成爲二至八世紀「教父哲學」（patristic philosophy）的代表；多瑪斯則繼承亞里斯多德思想，成爲八至十五世紀「士林哲學」（scholastic philosophy）的巨擘。他們的身分都是天主教神職人員，去世後皆封爲聖徒。

羅馬人把耶穌釘上十字架，卻在一百年後將基督宗教定爲國教。以唯一眞神上帝爲信仰的宗教，從此隨著強大的羅馬帝國不斷遠播。基督宗教在十一和十六世紀經歷過兩次大分裂，形成今日的天主教、東正教、基督教三分天下局面。但是三者畢竟源自同一宗教傳統，因此本書乃以「基督宗教」概括之。

當前基督宗教信徒幾占全球人口三分之一，其信仰對人類文明的保存與創新貢獻良多且影響深遠。大學教育制度即首創於十一世紀的教會，光是這一點就值得教育哲學深入考察。現今全球各地教育體制無不師法西方，西方在中世紀首

先出現大學，近代文藝復興產生中學性質的人文學校，爾後啓蒙時期則實現小學與幼兒園的國民教育（林玉體，1980）。以下即對西方人的宗教信仰及其內涵加以闡述。

第一節　概念分析

　　基督宗教信奉唯一眞神上帝，祂是世界的造物主、人類的救主，以及每個人的審判主。然而上帝並非基督徒專屬的信仰對象，祂同樣也是猶太教、伊斯蘭教信奉的神明。三大宗教甚至源於同一部宗教經典，即《舊約聖經》前五卷，通稱「梅瑟五書」或「摩西五經」（房志榮，1992）。

　　基督宗教生長於羅馬帝國的土壤中，在上古時代後期，羅馬哲學主要還是繼承希臘哲學。基督教會爲宣揚教義，並表明本身觀點的合理性，便產生了護教士（apologists），利用基督教義與希臘哲學相似之處爲宗教權利辯護，並進一步論證教義高於哲學之處（趙敦華，2002）。由於亞里斯多德稱哲學的最高境界爲「第一哲學」或「神學」，遂被護教士援引而形成基督宗教神學。

　　護教士的努力促成了教父哲學的誕生，集大成的人即是奧古斯丁。他認爲柏拉圖思想是《新約聖經》前四卷「福音書」的前身，以理性鞏固信仰，哲學與神學沒有區分（趙敦華，2002）。但是長此以往，哲學被用來爲宗教服務，於是哲學不免成爲神學的婢女（ancilla theologiae）（葛力，2001）。

　　柏拉圖的理型世界中最高級的概念稱作「善」，奧古斯

丁把上帝比作「善」，由祂賦予人類智慧，進而追求眞、善、美。從柏拉圖到奧古斯丁，皆相信唯有理性方能使人企及智慧。當基督徒使用希臘哲學中的「道」（logos）來表示上帝的話語，並進一步發展成耶穌基督「道成肉身」學說，上帝便成爲理性的指引者（Angeles, 1981）。

奧古斯丁最著名的神學哲學觀點乃是「光照說」（illumination），其大意爲：一切眞理存在於上帝之中，上帝是眞理的來源，眞理爲上帝之光，「光照」即理性獲得眞理的途徑（趙敦華，2002）。上帝的光照喚醒了人們的記憶，進而用理性去追求至善。理性和信仰殊途同歸，皆指向具有大德大能的上帝。

哲學與神學不分、哲學成爲神學婢女的局面綿延甚久，直到十三世紀多瑪斯大力發揚亞里斯多德哲學的精神後，才有所改善。多瑪斯的貢獻是將博大精深的亞里斯多德思想作爲哲學的代表，與神學共同構成探究知識的學問。但是知識仍有高下之分，依靠信仰的神學仍然位居基於理性的哲學之上。這套說法爲日後哲學與科學得以在世俗界自由發揮提供了基礎。

曾經獲得諾貝爾醫學獎的法國分子生物學家莫諾（Jacques Monod, 1910-1976），於一九七〇年代初期出版了一冊頗具爭議性的哲學論著《偶然與必然——現代生物學的自然哲學評論》。在其中他提出現代科學形成的背景，即是基督教會將「神聖領域」和「世俗領域」徹底二分，無形中讓科學家得以在不侵犯神聖領域的條件下，全心探索世俗領域（Monod, 1977）。事實上，當中世紀的教會爲神聖和世俗領域劃上一道清楚界線後，哲學與科學研究的成果，皆被視

為彰顯上帝美善的證據。究竟是合乎信仰還是異端邪說，往往取決於教會認定。像支持「日心說」的哥白尼（Nicolas Copernicus, 1473-1543）與伽利略（Galileo Galilei, 1564-1642），就必須面臨宗教法庭的制裁。在這種情況下，哲學為神學服務也就不足為奇了。

　　作為中世紀哲學的核心論述，而對後世教育發展具有重大影響的兩大基源問題——上帝與信仰，與前章所討論的知識與理性，同樣具有相輔相成的意義。尤有甚者，由理性之光所獲得的真正知識，對照於由信仰之光所呈現的完美上帝，可以讓我們體會出上古千年與中古千年的哲學傳承與輝映。奧古斯丁運用柏拉圖思想，提出上帝光照人間的看法，雖然說明了上帝作為「無限存有」的全知全能。但是身為「有限存有」的人類，又怎能如實地認識上帝呢？天啓的信仰固然是一條路，哲學的推理也有其作用。多瑪斯為證明上帝存在提出有名的「五路論證」，便展示出另外一條認識上帝的途徑。

　　如果天啓的神學意味著「上學而下達」的信仰之光，則推理的哲學便體現了「下學而上達」的理性之光。而在中世紀的基督宗教氛圍中，信仰的啓示乃是超越理性的。多瑪斯把這種超越性歸之於上帝的恩寵（grace），他努力在信仰和理性之間、神學和哲學之間搭建一道橋，並主張哲學以信仰為目的，哲學的終點即是神學的起點（鄔昆如，1971）。

　　為瞭解決信仰與理性、神學與哲學可能的衝突，多瑪斯採用的方法稱為「類比法」（analogy）。「類比」的意義乃是「部分相同、部分不同」，像上帝、人、動物、山川、樹木等皆屬於「存有」，但其內涵則不同。為認識不同存有物的內

涵，我們可以基於感官、理性或信仰，但三者不應越界，更不可混淆。多瑪斯學說自十三世紀提出以來一直流傳至今，長期受到天主教會認可與支持。二十世紀的「新士林哲學」仍蔚為顯學，是有志教育研究的人不能忽略的事實。

第二節　批判思考

　　無論是理性之光映現的終極存有，抑或信仰之光企望的天主臨在，上帝無疑是具有超越性質的唯一真神。這種信仰傳統雖然分化成不同的宗教系統，但其根本性質並未改變，亦即表現為絕對的聖、美、善、真、一，而整套神學思想便以此為本。站在神聖宗教的觀點看，「哲學的終點即是神學的起點」之說並無可厚非；然而從世俗哲學的立場想，「神學乃是信仰不堅定的結果」之結論亦非不合理。事實上，後者正是當代英國哲學家波普的看法。

　　波普是二十世紀提倡批判式理性思考最有力的哲學家，其哲學思維相當重視「區分」（demarcation）（Popper, 1976）。他的哲學主要工作就是去區分「科學」與「非科學」；科學乃是可以通過經驗測試的知識，非科學的哲學則是理性思辨的產物。人們如果運用「區分」學說去衡量神學，或許會覺得上帝明明是信仰的對象，心誠則靈，何須通過理性論證來加以鞏固？上述波普的看法正是此意。他的區分構想其實早在中世紀即已存在，且產生不少影響力，終於削弱了教會的勢力，卻相對造成大學教育的海闊天空。

　　上帝作為最高級的存有，其與渺小人類的距離必然遙

遠，「神人二元世界觀」也就難以避免。上帝的屬性
（attributes）至少包括六點：全能（omnipotence）、全知
（omniscience）、全德（omnibenevolence）、全權（sovereign-
ty）、自有（aseity）、純一（simplicity）（Wierenga, 2001），
這六點可以融攝於前述之絕對的聖、美、善、真、一。上帝
既然是絕對的神聖和完美，則任何言詮均屬多餘。中世紀後
期多瑪斯雖然努力去結合希臘哲學與基督信仰，但是並未能
說服所有的教會人士。多瑪斯希望把神聖上帝與世俗人間的
距離拉近，其他學者則不作此想，反而將之二分。多瑪斯以
後的趨勢則是信仰走向神秘、人間更加世俗（王又如，
1997）。

　　中世紀後期的士林哲學雖然涵攝了前期的教父哲學，但
是並未將之完全消融。換言之，亞里斯多德的影響力並不能
完全取代柏拉圖。如果我們把兼顧理性與經驗的亞里斯多德
視為「入世」的代表，則柏拉圖重理性輕經驗便顯得相對
「出世」。多瑪斯以後的教會將信仰歸於神聖的出世領域，而
把哲學探究納入世俗活動，終於開啟了近代的經驗主義，以
及由此而產生的科學思想。

　　在西方文明的發展中，基督宗教信仰可說是許多歐美國
家的立國精神。中古時期政教合一自不待言，即使政教分離
後，至今仍可見到美國總統是以手按《聖經》宣誓就職，同
時所有的美金、美鈔上皆印有一行「奉上主之名」（IN GOD
WE TRUST）的字句。不過退一步看，目前世界各地宗教信
仰並非只有基督宗教一端。雖然基督宗教涵蓋人口甚多，但
畢竟世上仍存在著極不相同的各種宗教傳統，彼此不可能也
沒有必要融合，較適當的作法是尋求「宗教對話」。

　　宗教對話的前提是承認「信仰的多元性」，包括容忍本身信仰以外的宗教論述，以及接納同一宗教系統內部的多元觀點。像當代美國宗教學家希克（John Hick）即認為基督宗教「道成肉身」的教義只是一個隱喻真理，而非字面真理（王志成，2003）。而在像臺灣如此信仰多元化的地區，除了具有明確界定的普世宗教信仰以外，尚有以雜糅形式呈現的新興宗教與民俗信仰。至於為多數華人所奉行的儒家或道家生活方式，更只是「內在的人生信念」，而非「超越的宗教信仰」。人生信念或宗教信仰有可能影響道德教育的實踐，對於信念或信仰的本質進行深入考察，適足以構成教育哲學的重要課題。

　　由於本章是放在西方哲學的脈絡裏討論，因此「信仰」此一基源問題還是應該回到中世紀傳統內尋求批判性的論點。多瑪斯士林哲學在歐洲大陸流行的同時，英倫三島卻出現不同的聲音；當時歐陸哲學的重鎮在巴黎大學，英國思想的根據地則位於牛津大學。牛津大學培養出兩位甚有創見的哲學家，對後世影響深遠，他們便是東・斯哥德（John Duns Scotus, 1266-1308）和奧坎（William Ockham, 1285-1347）。

　　東・斯哥德追隨奧古斯丁，主張所有理性無法顯示的真理應該由信仰來解決。他並提出「意志高於理性」的觀點，最高意志為上帝的意志。上帝的意志創造出宇宙萬物，人類則以其自由意志去信仰上帝（鄔昆如，1971）。意志哲學到了現代方趨於成熟，像叔本華（Arthur Schopenhauer, 1788-1860）的「意志主義」（voluntarism）自十九世紀以後逐漸流行。

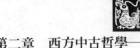

　　至於奧坎的貢獻則來自著名的「奧坎剃刀」（Ocknam's Razor）觀點：如無必要，切勿增加實質。根據此一觀點，神學命題以信仰爲依據，便無須證明和論據（趙敦華，2002）。奧坎也站在意志哲學一邊，這類非主流學者利用哲學思想做爲工具，不斷削弱教會的力量，終於促成文藝復興運動，結束中古時期而走入近代。

第三節　意義詮釋

　　西方文明具有兩大根源：希臘哲學與希伯來宗教；前者看重知識和理性，後者強調上帝與信仰。西方人普遍接受對上帝的信仰，乃是耶穌基督傳播福音的結果，其影響深遠，已不限於西方世界，更擴散全球。像今日世界到處使用以耶穌出生爲紀元的西曆，並根據《聖經》將日常作息劃分爲一週七天等，即是明顯例證。基督宗教在耶穌以後的羅馬帝國中被定爲國教，當西元五世紀西羅馬帝國滅亡，以教宗爲首的教會組織遂成爲歐洲地區維繫文明的主要力量，十一世紀以後陸續出現的大學則是教會努力的具體成就。

　　傳統哲學的實踐主要包括「爲學」與「做人」兩方面，上古時期主張知德合一，倫理學問題最終要回歸形上學去解決。中古時期哲學成爲神學的婢女，倫理學必然向神學求援。此後西方人的倫理道德問題便不斷受到基督宗教信仰的啓發，當然也難免爲信仰所節制。但是在知識學問方面，當中世紀神學掛帥的時代由盛而衰後，哲學的主力也由形上學轉向知識學。失去了以上帝爲保證的「第一哲學」支持，哲

學家必須重新追問真正的知識從何而來。至於上帝則回歸爲信仰的對象，不必再和知識與理性反覆糾纏。

當我們站在二十一世紀回顧十五世紀文藝復興以前，西方上古與中古哲學兩千多年來的發展，就不禁要承認當代大哲懷海德的說法的確有幾分道理。他指出整部西方哲學史都是柏拉圖哲學的註腳，意思是說西方哲學諸多觀點，從上古時期即已大致提出，從此不斷接受後人的批判與修補，呈現「分久必合，合久必分」的辯證發展態勢。哲學雖然在中古時期淪爲神學的婢女，然而神學一旦式微後，哲學不但恢復其鮮活的主體性，且對神學論述提出批判性的詮釋，對上帝本質的反思便是一例。

如果上帝僅僅作爲宗教信仰的對象，也許不會在哲學內引起太大爭議。但是當中世紀神學凌駕哲學之上時，神學的「獨斷性」即不免與哲學的「懷疑性」有所衝突。哲學思維訴諸邏輯論證，講究從前提到結論嚴謹無誤。神學卻先行預設「上帝存在」的結論，再回頭建構有效的前提和論證。近代哲學發展之初，雖然理性主義者笛卡兒（Rene Descartes, 1596-1650）曾以「本體論證」肯定上帝存在，但是受經驗主義影響的德國大哲康德卻發現上帝不可知（agnostic）。從此以後，上帝不必糾纏於理性認知，轉而成爲信仰生活和道德實踐的根本要求（postulate）。

中世紀思想的特色是哲學與神學相互融滲，彼此消長。而教會組織將神聖界與世俗界二分的作法，則爲後世哲學與科學的多元發展開出了道路。從「大歷史」（macro history）的觀點看，西方哲學史表現出一系列辯證發展過程：上古時期「推崇理性」是「正」，中古時期「看重信仰」是「反」，

近代時期「醞釀科學」是「合」。而本書所提出在不同時代精神下，哲學所擁有的三類性質：前科學的、科學的，以及後科學的哲學，又大體反映出「哲學主導」、「科學掛帥」、「哲學批判」三者的辯證發展。

　　這一系列大歷史考察，對教育哲學無疑有所啟發。當十三世紀對上帝的信仰達於顛峰之際，為榮耀上主而展開對宇宙奧秘的探究，帶動了學術研究，同時促進大學紛紛設立。而當十九世紀對科學的信仰達於顛峰之際，學科不斷分化，並大幅向科學靠攏，今日列入社會科學的教育學亦自哲學中應運而生。如今回顧這段大歷史，可以發現在中世紀因為對上帝的信仰，造成神聖界與世俗界的劃分，理性去為信仰服務，經驗則在世俗的現象界不斷探索。爾後通過文藝復興，哲學不再受制於神學，於是先回歸人本，再投向自然，終於走出科學的大道。

　　新興科學研究反映出傳統哲學追求真理的精神，但由於哲學只能做到思辨推理和事實陳述，科學卻可以預測未知，遂予人們極大的吸引力。像牛頓（Issac Newton, 1642-1727）的力學理論能夠預測日蝕，便讓提出天文學「星雲學說」的大哲康德相當歆羨。世人眼見科學發展之初幾乎無往不利，多少會產生「科學萬能」的心理。過去信仰上帝的熱情，一時轉而信仰科學，從而造成「科學主義」（scienticism）的蔓延。

　　信仰上帝和信仰科學在本質上可說大異其趣。前者一味「敬天」，照見人的卑微；後者追求「戡天」，相信人定勝天。在這種趨於兩極的情況下，我們主張「執中道而行，無過與不及」，此即自科學的「科學人文主義」（scientific humanism）出發，向後科學的「人文自然主義」（humanistic naturalism）求援（Angeles, 1981）。哲學家與科學家在二十世紀曾經三度提出「人文主義宣言」，希望呼籲人類從宗教信仰走向人文信念。占有全球五分之一人口的華人世界，原本即沒有西方的上帝信仰。雖然「人文主義」與「自然主義」的提法皆來自西方，但是如何在華人教育實踐中發展儒家人文主義式和道家自然主義式的義理，仍然值得進一步推敲。

第四節　綜合討論

　　眾所周知，今日全球的大學教育體制，皆源自西方世界中古時期受基督教會影響所創辦的大學。大學的形成來自基爾特（guild）組織，「基爾特」為音譯，指的是中世紀的行會組織，相當於今日的「同業公會」。中世紀的歐洲屬於封建社會，當時一般社會大眾在政治上歸領主保護，在經濟上則組成社團相互保障。由於教師傳授知識給學生類似各行各業的師徒制，傳授高等知識的師生關係遂構成一種基爾特組織，亦即大學。然而在一開始大學師生皆與教會息息相關，教師由教士出任，證書由教會頒發，其後始逐漸讓大學獨立運作（徐宗林，1995）。

　　大學出現後起先受到教會控制，後來封建主也將其權力滲入大學。教俗兩股勢力的角逐，反而讓大學受惠而得到特權，不斷自我發展（杜成憲，1997）。不過大學發展不只表現在形式上的擴充，更重要的乃是思想方面的解放。古老的大學設有文學、法學、醫學、神學四大學院，演變至今，後

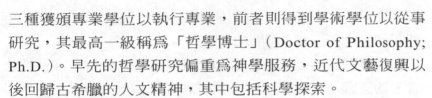

三種獲頒專業學位以執行專業，前者則得到學術學位以從事研究，其最高一級稱為「哲學博士」（Doctor of Philosophy; Ph.D.）。早先的哲學研究偏重為神學服務，近代文藝復興以後回歸古希臘的人文精神，其中包括科學探索。

　　不過中世紀大學最重要的任務，還是在於鞏固對上帝的信仰。基督宗教信仰的核心價值，乃是上帝對觸犯「原罪」的人類之「救贖」（Salvation），這是基督宗教根本教義（吳瑞誠、徐成德，2003）。圍繞此一教義的相關重要概念還包括「創造」（Creation）、「啟示」（Revelation）以及「三位一體」（Trinity）。這些概念的關聯為：上帝以其全能的力量「創造」萬物，包括人類在內；人們通過「天啟」得悉創造的奧義；至於道成肉身的「聖子」與背負「聖靈」任務的教會，皆為「聖父」上帝屬性的分享。

　　中世紀由於信仰普及，教義被當作真理在大學裏傳播。數百年過去了，大學雖然成為言論自由的殿堂，傳統信仰的真理並未褪色，反而益形彰顯。今日科技發達，世俗流行，但是宗教信仰依然興盛。敬拜上帝的基督信仰涵蓋全球十幾二十億人口，可視為西方國家的立國精神與人民的道德支柱。華人社會中信仰上帝的人口雖居少數，但是在「全球化」（globalization）大趨勢之下，教育工作者對於基督宗教和上帝信仰非但不可不知，而且應當知之較詳。唯有當教師的涵養充實，方能有效教導學生建立全方位的視野。

　　雖然中世紀的基督神學在後世哲學家眼中被視為信仰不堅定的表現，但是神學在哲學的助力下，的確讓不少人得以認識到有關上帝的奧義。不過信仰並非紙上談兵而是躬行實踐的事情。即使多瑪斯通過哲學理性的檢視，把「信仰」視

爲「知識」和「意見」之間的事物；然而從信仰本身看，可能得到完全不一樣的觀感和體認。

基督宗教傳統認爲，信仰同時具有「知識性」和「救贖性」的意義；它一方面涉及對眞理的把握，一方面更見證了救贖的可能。路德（Martin Luther, 1483-1546）在十六世紀初期推動宗教改革，強調「因信稱義」的重要，由此賦予信仰更深刻的內涵（馬樹林、孫毅，2003）。一般而言，天主教至今依舊相當重視哲學，認爲理性對於信仰有所裨益。相對地，基督教似乎更加肯定信仰的純粹性，將之直接投向神學，而不勞理性的協助。

路德式的新教信仰主張「因信稱義」，不似西方由知識主導的「知德合一」精神，反而類似東方由情意主導的「知行合一」境界。路德的信仰概念認爲，信仰不僅僅是接受福音書所提供的知識，還包括依靠對上帝堅實的信念而生活。正是這種不移的信仰，使得信徒與基督合而爲一（馬樹林、孫毅，2003）。這種觀點反映出宗教改革前後對信仰態度的重大差異，其實也體現出基督宗教演變的多元性質。因爲基督宗教繼承了希臘和希伯來兩大文明根源與傳統，這兩大傳統在後世的此消彼長，多少決定了人們對於上帝信仰的態度（章雪富、石敏敏，2003）。

十六世紀的宗教改革仍落在西方文明的氛圍中，基督宗教系統內部依然可以對不同信仰態度加以融會貫通。但是到了二十一世紀的今天，舉目所見並非單一宗教系統的發展，而是多元宗教系統紛雜並列的景象。系統間相互消融絕無可能，只有不斷尋求對話的機會，以促進彼此的瞭解，從而降低衝突的可能。站在教育立場考察，處理像「宗教信仰」或

「人生信念」這類課題，至少需要兩種類型的課程與教學交相為用：「著眼於學理的學程」（didactic programs）和「落實於體驗的學程」（experiential programs）；前者重「認知領略」，後者重「感受反思」，最好的例子便是「死亡教育」（Durlak, 1994）。這也是我們提倡「華人生命教育」的基本考量；甚至可以說，整個人文教育都應當是二者不可偏廢的。

── 主體反思 ──

1. 站在東方人的立場反思，你自認對西方的基督宗教傳統瞭解多少？能不能說出它的歷史根源與發展？

2. 試著去閱讀《聖經·約伯記》，看看自己能否體會出其中的信仰境界辯證式躍升？

3. 你對天主教哲學主張「科學的終點是哲學的起點，哲學的終點是神學的起點」有何評論？

4. 現今大學教育的體制發源於中世紀，當時受到基督教會與教義的影響甚深，你能說出這種影響的大意嗎？

5. 何謂「三位一體」、「道成肉身」？盡量用同理心去貼近上帝信仰的真諦，以尋求對西方文明的深度瞭解。

6. 不管你有無宗教信仰，認真想一想：宗教信仰對教育實踐有何利弊得失？

心靈會客室

人無「信」不立

二○○三年九月我到四川大學講學三週，主題是「華人生死文化」。大陸與臺灣的大學生一樣充滿活力，生氣盎然，而且離不開手機。修課的全部都是本科生，大約四十餘人。下課時跟他們閒聊，有兩件事情令我印象深刻。其一是所有年輕人都是一胎化的結果，完全沒有兄弟姐妹的手足觀念。其二則是人人都沒有宗教信仰，同時不認為這件事有任何重要性。

大陸自從改革開放以後開始實施一胎化，迄今正好四分之一個世紀。倘若政策堅持不變，執行貫徹始終，則再過四分之一世紀，絕大多數中國人非但沒有兄弟姐妹，連叔叔、伯伯、舅舅、阿姨、堂兄、堂弟、表姐、表妹等旁系血親，一概消失無蹤，傳統「五倫」就此少了一倫──兄弟倫，這是何其重大的事情！

倫理關係的轉型屬於世俗界的變遷，天人關係的淡薄則象徵著神聖界的式微。大陸實行社會主義制度，肯定人民有「不信仰宗教」的自由，除了傳統寺院廟宇還有中老年人上門外，年輕人無論形式或內涵上，似乎都與宗教信仰無緣。我講學的四川大學以道教學術聞名全球，但即使是主修「宗教學」的研究生，也無甚「宗教感」！

我一向把宗教信仰拆成兩件事來看：宗教是「團體活動」，信仰為「個人抉擇」。世界上有各式各樣的宗教團體，人們可以選擇皈依任何教團，或者選擇不信。身處華人社會，宗教氛圍原本即淡然而多樣，年輕人不信教或是戲言信「睡覺」，都是稀鬆平常的事。但是不信教並不表示人生不需要作為靈性支柱的生活信念。「靈性」不一定要涉及宗教意義，它更是指一種內在需要的「精神性」。我認為這便是人生圓滿的起碼條件。

　　反身而誠，我對信仰有所認同，卻不喜涉足宗教活動，看來只能也只求「自度」。倒是從上了高中有所自覺之後，一直在追求安頓人生的信念，甚至因此選擇讀哲學系。三十餘年來對於「生命情調的抉擇」，我肯定自己嚮往的是東西文化交融下的「後科學人文自然主義」。波普老年時期堅持的「科學哲學」批判性、卡繆青年時期反思的「存在主義」荒謬性，以及林語堂中年以前領悟的「道家思想」豁達性，三者作為我心靈的啓蒙作家和生活信念，交織出我的人生理念。中年的我如今願意大聲說出自己的理念，也希望年輕朋友不斷去追尋生命的夢土。

參考文獻

王又如（譯）（1997）。**西方心靈的激情**（R. Tarnas著）。臺北：正中。

王志成（2003）。中譯者序。載於陳志平、王志成合譯，**理性與信仰：宗教多元論諸問題**（J. Hick著）（頁序1-4）。成都：四川人民。

吳瑞誠、徐成德（合譯）（2003）。**基督教神學思想史**（R. E. Olson著）。北京：北京大學。

杜成憲（1997）。古代中外學校制度的發展道路。載於孫培青、任鍾印主編，**中外教育比較史綱（古代卷）**（頁138-181）。濟南：山東教育。

房志榮（1992）。猶太教。載於房志榮主編，**宗教與人生（下冊）**（頁113-143）。臺北：空中大學。

林玉體（1980）。**西洋教育史**。臺北：文景。

徐宗林（1995）。**西洋教育史**。臺北：五南。

馬樹林、孫　毅（合譯）（2003）。**基督教概論**（A. E. McGrath著）。北京：北京大學。

章雪富、石敏敏（2003）。**早期基督教的演變及多元傳統**。北京：社會科學文獻。

葛　力（譯）（2001）。**西方哲學史**（增補修訂版）（F. Thilly著）。北京：商務。

鄔昆如（1971）。**西洋哲學史**。臺北：正中。

趙敦華（2002）。**西方哲學簡史**。臺北：五南。

Angeles, P. A. (1981). *Dictionary of philosophy.* New York: Barnes & Noble.

Durlak, J. A. (1994). Changing death attitudes through death education. In R. A. Neimeyer (Ed.), *Death anxiety handbook: Research, instrumentation, and application* (pp.243-260). Washington, D.C.: Taylor & Francis.

Monod, J. (1977). *Chance and necessity: An essay on the natural philosophy of modern biology.* Glasgow: Collins / Fount.

Popper, K. R. (1976). *Unended quest: An intellectual autobiography.* La Salle, Illinois: Open Court.

Wierenga, E. R. (2001). Divine attributes. In R. Audi (Ed.), *The Cambridge dictionary of philosophy* (2nd ed.) (p. 240). Cambridge: Cambridge University Press.

第三章

西方近代哲學——「經驗」與「啟蒙」

引言

　　西方近代哲學的涵蓋時間大約四百年，即自一四五三年東羅馬帝國滅亡開始，至著名建構大體系的哲學家黑格爾（Georg Wilhelm Friedrich Hegel, 1770-1831）去世爲止。其間包括十五世紀「文藝復興」、十六世紀「哲學革命」、十七世紀「科學革命」，以及十八世紀「啓蒙運動」等重要階段。本書提出近代哲學對教育學建構具有影響力的兩大基源問題——「經驗」與「啓蒙」，作爲考察的核心議題。至於本時期代表性哲學家，則推英國的培根和德國的康德二人。

　　經驗與理性的相對意義，早在古希臘時期即已呈現。柏拉圖走的是輕經驗、重理性的道路，亞里斯多德則開啓先經驗、後理性的途徑。中世紀的教父哲學和士林哲學分別追隨柏拉圖與亞里斯多德的路線，但是讓哲學爲神學服務。近代哲學通過文藝復興的「復古」過程，重新鞏固了哲學的主體性。再經由「創新」的哲學革命與科學革命，把科學與技術推上人類文明舞臺，並且成爲主要角色。而當經驗科學開始大放異彩後，經驗與理性的關係也產生微妙的轉變。

　　理性作用的特色在於抽象思辨，經驗活動的性質在於具體感知。亞里斯多德雖然不忽視經驗活動，卻認爲它是理性作用的條件；經驗在此只有認知意義，理性才具備形上本質。因此亞里斯多德即使爲許多自然科學學科做出開端性的研究，但是他堅持使用演繹邏輯進行推論，使得他始終停留在思辨哲學的層次。非要等到培根促成哲學革命，提倡歸納邏輯與實驗方法，經驗科學研究方正式起步。自此以後，經驗體現出一種本質意義，形成經驗主義；理性反而演變爲認

知取向，在啟蒙運動中宣示為一股強烈的信念。

第一節　概念分析

　　擺脫掉中世紀的神學影響後，哲學先重拾古代的人文精神，再開創近代的科學文明。事實上，十七世紀科學革命發生以前，自然科學即是自然哲學。從自然哲學走向自然科學，革命首先出現在哲學中，培根的歷史貢獻便是促成哲學革命（王又如，1997）。培根有一句名言──「知識即力量」，為後世所傳誦。這句話肯定知識可以對現實世界產生作用，也反映出他希望把真理應用於人類福祉的一貫目標（葛力，2001）。

　　培根不是科學家，但是他嘗試把哲學改造得更接近經驗科學；而當自然科學與社會科學大體成形後，這類嚮往科學的哲學取向也不斷發揚光大，即出現本書所分判的「科學的哲學」。二十世紀上半葉「科學的哲學」甚囂塵上（Reichenbach, 1968），下半葉則見以批判為己任的應用哲學應運而生。應用哲學乃是對「科學的哲學」採取批判、融會卻非否定立場的「後科學的哲學」，本書便由此出發，希望有助於建構一套「華人哲學教育學」。

　　培根對亞里斯多德的推理方法表示不滿，遂以亞氏演繹邏輯著作《工具論》（*Organon*）為批判對象，撰成歸納邏輯著作《新工具論》（*Novum Organum*）。培根提倡以歸納邏輯為宗的實驗方法，實驗方法離不開感官經驗，卻不能只停留在感覺層次，它依然需要理性的指引。從這種結合感覺與理

性的態度看，培根與其後的經驗主義者的觀點不盡相同，他只想把哲學帶往實用的道路走去，卻不因此看輕理性（趙敦華，2002）。

培根以後的經驗主義者不相信理性思辨，認為形上學不可能、本體不可知，遂走向「懷疑主義」（skepticism），這其實還是一種哲學態度。培根作為哲學家，卻採取科學態度治學。科學知識無疑奠基於人類感覺經驗之上，不能光憑冥思玄想；但是缺乏理性加以釐清，同樣無法形成知識。培根的貢獻不只在哲學史上，更及於思想史方面。他以自己當時的崇高社會地位登高一呼，提倡實用的科學知識，無形中把長期居於次要地位的經驗活動，提高至理性作用同一水平，這點無疑對教育實踐極具啟發意義。教育的理想是培養手腦並用、知行兼顧的靈活人才，而非四體不動、五穀不分的無用書生。與理性相輔相成的經驗一旦受到重視，「起而行」、「做中學」始有可能。

從文藝復興、哲學革命、科學革命到啟蒙運動，西方哲學走出了它在人類文明史上輝煌的一頁。尤其是十八世紀的啟蒙運動，不但表現為思想上的大突破，更為社會與政治實踐帶來革新的動力。啟蒙運動的最大特色，是對人類理性充滿無比信心，在這點上它是復古的，直追古希臘和羅馬對理性的崇高信念。不過十八世紀的理性觀與兩千年前的觀點大異其趣，畢竟近代後期已經看見經驗科學的萌芽，不能無視其存在。因此我們可以大致如此說：古代的理性觀屬於形上學，具有本質意義；近代的理性觀歸於知識學，反映心理信念。事實上，啟蒙時期的理性觀是相當世俗的、懷疑的、經驗的，以及務實的（Brittan, 2001）。

啟蒙時期的代表人物之一乃是康德，他不但為哲學史上

的恢宏人物，也對教育思想貢獻良多。康德自認對他影響最大的兩位思想家即是牛頓和盧梭（Jean-Jacques Rousseau, 1712-1778）；牛頓發現了外在宇宙的規律，盧梭則認識到內心世界的本性。在教育思想方面，康德受到盧梭思想影響極深，卻在是否接受「自然主義」教育觀上出現歧見。康德重視的是人文而非自然的「道德理想主義」（moral ideal-ism），這無疑反映出他的整個哲學思路（李明德，1995）。

　　啓蒙運動的精神是標榜理性，高舉理性大旗進行改革，爲西方世界的政治情勢帶來風起雲湧的局面。啓蒙時期彰顯理性作用的重要例證，則是人類在自然科學方面的成就。但是自然科學的進展屬於知識的累積，而非純粹思辨的結果。康德在哲學史的地位，建立在對於理性主義與經驗主義去蕪存菁並且集其大成之上，他擺脫掉理性主義的獨斷取向，也消弭了經驗主義的懷疑心態。他認爲獨斷和懷疑都自思想中產生，因此必須先對人心的認識能力做出檢討（鄔昆如，1971）。

　　對傳統思想的正本清源、推陳出新，正是啓蒙運動的眞諦。近代哲學走到啓蒙時期，算是爲「傳統」和「現代」兩大時代精神，劃出一道明顯的界限（王又如，1997）。進入十九世紀以後，人們看見技術進步、科學昌明，遂心生期待，進而演變成相信科學萬能的科學主義。其實啓蒙運動還有一項重大影響，那便是民主政治。「民主」與「科學」構成中國「五四運動」大力追求的「德先生」（democracy）與「賽先生」（science）。科學主義固不可取，而相信民主萬能卻走向民粹主義式（populistic）多數暴力也應當預防，這些都需要通過教育手段加以落實。

第二節　批判思考

　　「經驗」二字有名詞與動詞之分，名詞指的是一種親身感受的狀態，動詞則反映這種感受的歷程。當西方學術的發展表現爲從思辨哲學走向經驗科學的趨勢，似乎意味著對普及與共通的感受之要求。這也就是說，知識必須走向常識方能有效傳播，否則僅止於個人體驗而難以溝通。但是西方世界長期以來另有一套神秘體驗的傳統，在哲學上爲柏拉圖、奧古斯丁所繼承。近代哲學世俗化的結果，便是讓這套傳統徹底退隱到宗教領域中，此後哲學內已不復見。當前我們生活在一個完全受到經驗科學影響的世界裏，常識是最起碼的價值觀。例如半個世紀前臺灣小學生的啓蒙課程，即是「國語」、「算術」以及「常識」等三科。

　　西方上古哲學強調理性之光，中世紀則標榜信仰之光，並以理性之光爲信仰之光服務。近代科學萌芽，經驗受到重視且不可或缺，理性反而成爲指引經驗的條件。各具擅場的理性主義和經驗主義經過康德的融會貫通，經驗不再與理性對立，只有先驗、後驗（a posteriori）與超驗（transcendental）之分；例如數學爲先驗或演繹的，科學爲後驗或歸納的，神學則爲超驗或超越邏輯的。至於哲學乃是三者皆有可能，像邏輯可與數學歸成一類，實證哲學跟經驗科學精神一致，傳統形上學與神學相通等。總之，通過近代哲學的反省，以後對於人類知識的考察，大致即以其經驗性質作爲判準。

　　本書將十九世紀初期撰寫《普通教育學》的德國教育學家赫爾巴特，視爲現代教育學的創始人。他所建構的教育學

以哲學和心理學爲基礎，使得教育學成爲一門具有人文學內涵的社會科學學科，至今猶然。赫爾巴特是近代後期的學者，他的學說在現代與當代之中不斷發揚光大（李其龍，1995）。

近代期間對教育學建構的重要先驅人物，除了哲學家培根與康德外，還包括十七世紀捷克學者夸美紐斯（Johann Amos Comenius, 1592-1670）。他於一六五七年出版其名著《大教學論》（*The Great Didactic*），開宗明義即指出，以後驗方法改良教學藝術是膚淺的，應該從「事物本身不變的性質」去先驗地證明一種有關教學藝術的「眞實知識」（傅任敢，2002）。由此可見，時至近代中期，有關教育知識的討論還停留在先驗的形上學層次，尚未進入經驗科學階段（唐瑩，2003）。然而一旦邁入現代，「教育科學」便開始海闊天空地發展了。

西方上古哲學雖然涵蓋一千一百年，但是所發揮影響力最大的期間，僅有西元前六二四年至三二二年的三百年，亦即從西方哲學之父泰利斯出生至希臘三哲最後一位亞里斯多德去世爲止。哲學史家再將這三百年細分爲三個時期：宇宙論時期、人事論時期，以及系統哲學時期。系統哲學當然是指柏拉圖與亞里斯多德，至於蘇格拉底以前的宇宙論者與人事論者，則先後關注於宇宙與人生。人事論時期曾出現「智者運動」，「智者」（sophist）代表有智慧的人，他們在社會人眾之間傳播學問（瞿世英，1987）。

古代從宇宙論時期到人事論時期，代表哲學家關注對象的趨勢是由外而內、從物到人。無獨有偶，近代哲學的發展也顯示出這種趨勢：從文藝復興到科學革命期間努力發現

「新宇宙」，而啓蒙運動則著重在造就「新人」（瞿世英，1987）。事實上，啓蒙運動所推崇的乃是服膺理性的「哲人」（philosophes）。像康德即把人的認識能力區分爲感性、悟性、理性等三種形式，並將理性視爲最高級的思維能力（車文博，2002）。不過康德雖然在哲學方面高懸理性大旗，但是在教育方面卻是理性與實驗並舉。他曾著有《教育論》一書，意識到經驗的檢證對一門有關實踐活動的學問實在不可或缺。這點多少影響到赫爾巴特建構普通教育學的看法（唐瑩，2003）。

康德可以稱得上是啓蒙運動的靈魂人物，他甚至起草一篇有關啓蒙運動的偉大宣言──〈什麼是啓蒙運動？〉。然而物極必反，一種風潮達於顛峰之際，自然會引起反對的聲浪。反啓蒙運動的思潮正是針對「哲人帝國主義」（philosophes imperialism）而發，其結果乃是促成在十九世紀發揚光大的「浪漫主義」（romanticism）之誕生。反啓蒙思潮將理性主義者強調的「我思，故我在」反轉爲「我感覺，故我在」，甚至「我感受，故我在」。像撰寫《愛彌兒》的法國哲學家盧梭，便曾經說過「存在就是感受」的話語（李維，2003）。

「啓蒙」的英文 "enlightenment" 具有「在符合理性和促進實用的原則下，使得每一種足以影響人們看法的意見，都能得以被照亮起來」的意思（徐宗林，1995）。這無疑體現出民主與科學的精神，難怪啓蒙哲學家伏爾泰（Voltaire, 1694-1778）要表示，縱使自己不同意別人所說的話，卻要盡力去維護別人說話的權利。容忍態度的培養，相信是臺灣在走向民主進程中，最需要通過教育去落實的目標。

第三節　意義詮釋

　　在我們的學習經驗中，「經驗」一辭具有雙重意義；它可以指涉「人們共通的感官經驗」，也代表「專屬個人的內在體驗」。哲學家對此有所分判：「經驗與件」（empirical data）指的是經由感官所獲致的知識，「體驗與件」（experiential data）則包括經由內省（introspection）所得到的直觀（intuition）或洞察（insight）等知識（Angeles, 1981）。西方近代哲學的發展過程中，理性主義與經驗主義的相對性，是此一時期的明顯特徵。尤有甚者，許多哲學史更以「歐陸理性主義」和「英國經驗主義」分別稱呼二者，顯示出它們的脈絡背景。

　　近代哲學之中這種具有地域背景的相對趨勢，至二十世紀的當代顯得格外清楚。英美學派與歐陸學派一度難以溝通，至今雖有所對話，其間的張力（tension）卻依然存在，連教育領域也不例外。像英國傳統的分析教育哲學，就對德國傳統的思辨教育哲學出現微詞（歐陽教，1973）。當我們瞭解二者的來龍去脈，就不會覺得意外了。

　　必須說明的是，本章考察西方近代哲學的兩大基源問題——經驗與啓蒙，雖然分別引介英國和德國哲學家培根與康德的觀點，但並不意味我們相信哲學中表現出來的區域性差異是本質上的；它們無寧只有知識上的流派發展意義而已。像在二十世紀繼承經驗主義傳統的「邏輯實證主義」（logical positivism），其看重邏輯和實證的傳統，分別來自德國與法國，後來卻在美國大行其道（Fumerton, 2001）。這些都顯

示出哲學的演變並非劃地自限，而是隨緣流轉。它有時一開始會呈現爲局部知識的面貌，但是隨著知識的傳播交流，終有積極對話甚至融會貫通的可能。像二十世紀英美方面的分析哲學、語言哲學、實用主義等，與歐陸方面的現象學、詮釋學、後現代主義等，大致已形成充分的對話機制。

看重經驗的傳統自近代哲學以後如江河直下，不可遏阻。自從十六世紀培根提倡以歸納法來研究學問，其後十七、十八世紀的英國經驗主義者便主張用經驗法則來解決一切問題。到了十九世紀法國哲學家孔德（Auguste Comte, 1798-1857）變本加厲，將經驗性認知限制在可觀察（observable）的唯一判準上，其餘皆不可知（Weirich, 2001）。孔德的哲學思想受到康德主張「形上學不可知」的影響，但是康德並未揚棄形上學。孔德則反對形上學，走向實證主義，並成爲社會學的創始人。

「社會學之父」孔德所創立的社會學最初稱爲「社會物理學」，並分爲「社會靜力學」與「社會動力學」兩大支脈。無獨有偶地，心理學在十九世紀走上「科學心理學」途徑之際，也產生了「心理物理學」（車文博，2002）。心理物理學研究醞釀出科學心理學的主軸──「實驗心理學」，實驗心理學促成「實驗教育學」的誕生。其後教育學的發展大幅向教育科學傾斜，終於使得今日教育學成爲一門社會科學學科。如今要想一窺教育學的人文精神與傳統，只有到教育史和教育哲學之中去發掘了。

啓蒙時期距今只有兩百多年，其影響可說方興未艾。像康德認爲「經驗世界是由先驗形式所構成」的觀點，便受到當代心理學家皮亞傑青睞，從而對兒童發展中的經驗世界之

形式和結構進行研究，包括兒童對實在（reality）、空間、時間、數字的概念等（李維，2003）。由於皮亞傑的「認知發展理論」在二十世紀的發展心理學中已成爲顯學，其學說對教育學的核心課題──學習──確實不可或缺。而這一切皆可說多少受惠於啓蒙精神的啓蒙，開始不斷向內探究人心，以創造「新人」。

　　皮亞傑長期從事科學研究，歸結出兒童的「認知發展」可分爲四個階段：一至二歲的「感覺動作階段」、二至七歲的「前運思階段」、七至十一歲的「具體運思階段」、十一歲以後的「形式運思階段」。他的「人類認知四階段說」，就像人本心理學家馬斯洛（Abraham Maslow, 1908-1970）的「人類需求五層次說」，以及精神科醫師庫布勒─羅絲（Elisabeth Kubler-Ross）的「人類臨終五階段說」一樣，因爲使用分析架構去框限人的生命流轉，不免招致批評。但是以「階段說」描述可能出現的思維模式，對於教師和家長仍頗具參考價值（李彩雲，2003）。

　　就兒童發展而言，啓蒙時期的思想家盧梭對後世教育活動的影響，可說較同時期任何人都來得大。盧梭雖然列名啓蒙運動代表人物，但這主要是指他所提倡的「社會契約論」（social contract theory）對民主的貢獻（Bien, 2001）。他雖然支持「德先生」卻不欣賞「賽先生」。牛頓式的機械主義（mechanism）科學觀，在盧梭看來乃是非人性的。他以人性本善的自然主義觀點，提倡對兒童實施「消極性教育」（negative education），亦即不採取任何與兒童發展不合的作爲（但昭偉，2002a）。正是因爲他反對造作，因此他又屬於反啓蒙的代表人物。

第四節　綜合討論

　　中文「經驗」一詞在英文中具有「經驗的」（empirical）和「體驗的」（experiential）兩層意義。一般而言，前者較後者的意義爲窄；後者容許「境由心生」，前者卻堅持「眼見爲信」，「經驗科學」與「思辨哲學」的差別似乎就在於此。雖然我們所瞭解的「經驗」有上述兩層意義，但是從西方哲學史的脈絡來看，自從古希臘時期開始，與「理性」相對的「經驗」，指的就是感官經驗。而由哲學脫胎生出的科學學科──心理學，一開始還接受以「內省」爲方法，後來則完全走向「外顯行爲的觀察」（李維，2003）。當行爲主義心理學揚棄對「意識」的研究，情況就像經驗主義哲學質疑形上學的正當性一樣，具有強烈的顛覆傳統之作用。

　　教育學成爲一門獨立學科，肇始於十八、十九世紀之交的德國哲學家赫爾巴特。他是近代哲學後期的人物，希望藉由哲學中的倫理學和心理學爲基礎，從而建構起教育學。當時心理學尚屬於哲學的分支，因此我們可以說，教育學的建構具有長遠深厚的哲學背景。可是從十九世紀的現代至二十世紀的當代，非但心理學和教育學走上經驗科學的途徑，連哲學都一度被科學化，「科學的哲學」至少在英語國家中風光了好一陣子。「科學的哲學」興起後，帶動了科學哲學的研究，結果科學哲學竟然又對「科學的哲學」產生顛覆作用（Suppe, 1979）。

　　上述這一切哲學與科學糾纏的公案，究竟對教育學和教育哲學有何啓發？從大歷史的觀點看，今日科學的種子早在古希臘時期即已埋藏在哲學的土壤中；中世紀哲學向神學靠

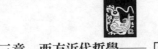

攏，科學蟄伏未動；近代以後哲學得到解放，科學亦開始萌芽；現代科學大興，哲學的光芒被科學掩蓋；一直到當代晚近，以「批判科學」為宗的應用哲學出現，哲學方才再度找回自己的主體性。關鍵在於這一切皆通過教育實踐為之。

從赫爾巴特所建構的教育學引伸考察，它同時具有「操作性」和「批判性」兩重面向。操作面向著眼於課程與教學，受惠於心理學與社會學研究；批判面向著眼於理論與方法，受惠於歷史學與哲學研究。二者探討的層次也有所不同：操作面向屬於一階的現象考察，批判面向則屬於二階的後設探究。作為應用哲學一環的教育哲學，正是教育實踐的後設探究。它不但關心經驗事實，更涉及體驗反思，學習者理當無所偏廢。

十八世紀西方世界出現啓蒙運動，希望再度以理性之光照亮人間，因而此一時代也被稱為「理性的時代」。不過啓蒙時代的「理性」並非如古代是與「經驗」相對。事實上，啓蒙時代通過經驗科學的洗禮後，「理性」被提出來是為消弭「非理性」之種種，其內容主要落在倫理與政治等方面。因為在這以前，基督教會於社會上仍舊具有相當的影響力，人們的倫理生活在信仰中被安頓，政治活動也屬有教團的勢力。啓蒙運動基本上質疑這些傳統力量，乃對之進行改革，溫和改革不成便採取激烈革命。當「天賦人權」、「自由」、「平等」、「博愛」這些理想遍布流行時，像法國大革命之火被點燃也就不足為奇了（葛力，2001）。

十八世紀以前，歐洲國家的教育工作依然掌握在教會手中。大學教育雖然擁有一些自主性，但是廣大民眾的教育仍屬於教會的職責，像法國的學校教育即由天主教耶穌會所壟斷。啓蒙運動大興後，對宗教權威發起挑戰。哲學家的新思

想和新見解爲教育改革帶來契機，甚至促成法國國王宣布解散耶穌會，而由國家接手辦教育。當時像盧梭這樣的思想家，都爲文強調國民教育事業的必要性，主張由國家來實施普及教育，使所有人民享有平等受教育的權利（朱鏡人，2001）。

由國家來主導推動教育工作的理念，影響了「國民教育制度」的建立；從十八世紀後期的法國向德國與英國逐漸推廣，在十九世紀中葉瀰漫整個歐洲，然後傳到美洲的美國和亞洲的日本，如今則遍及全世界。像臺灣地區現今規定「凡六歲至十五歲之國民，應受國民教育」（〈國民教育法〉第二條），大陸也訂定「凡年滿六周歲的兒童，不分性別、民族、種族，應當入學接受規定年限的義務教育」（〈義務教育法〉第五條），這些都是兒童接受國民教育的依據。不過由於國民教育是強迫入學，在思想多元化的今天，已引起學者質疑其理由的正當性（但昭偉，2002b）。

總之，兩個世紀以前的啓蒙運動及其思想理念，不斷衝擊著其後的西方世界。其影響所及甚至遍及全球，所涵蓋的範圍也幾乎無所不包，教育實踐自不例外。當教育哲學的考察從近代邁入現代以後，將會看見更開闊的視野和更深邃的見解，那正是人類受到啓蒙以後偉大的心靈豐收。

───── 主體反思 ─────

1.「歸納」是一套思維方法，也是一種生活實踐，像「貨比三家不吃虧」便是一例。你能說出歸納法的大意嗎？

2.「啟蒙」意味「開啟被蒙蔽的心靈與智慧」，在當今現實生活中，你認為有什麼值得啟蒙之處？

3.「經驗」和「體驗」有何異同？你能以自己的經驗或體驗加以說明嗎？

4.啟蒙運動推崇理性功能，發揮容忍精神，請反思如何將理性與包容，融滲在自己的教育理念中。

5.你同意盧梭的兒童本位教育思想嗎？反思自己在兒童時期所受的是何種類型的教育？

6.試以教育心理學和教育哲學做比較，來說明科學與人文的差別。

心靈會客室

無徵不信？

　　哲學家笛卡兒有一句大家耳熟但不一定能詳的名言：「我思，故我在。」這句話看起來很簡單，其實大有深意，連後來存在主義的應運而生，都跟這句話有關係。笛卡兒講這句話的出發點為「懷疑」。他的推理是：我可以懷疑一切，但立刻發現有一件事不能被懷疑，那就是「懷疑」這件事本身。若非如此，則任何思考便無甚意義了。而接下去要肯定的乃是懷疑者，否則懷疑即無從發生。笛卡兒正是如此這般推導出我在懷疑、我在思考，以及作為思考者的我之存在。當然這個「我」必須是頭腦清晰、不受他人左右的「主體」。

　　注意笛卡兒這一套說法完全是思維中的推理，不經過任何感官知覺的證實，這正是理性主義的特徵。但是經驗主義的特徵卻完全相反，像洛克就認為人心是一塊白板，任何知識都必須通過感官知覺寫上去才算數。比經驗主義更信任經驗的實證主義甚至主張無徵不信，意思是什麼說法都得拿出證據來。現在問題來了：「無徵不信」的要求，究竟有什麼證據在支持？

　　哲學家可以宣稱懷疑一切，卻不能懷疑「我在懷疑」這件事；也可以要求無徵不信，卻無法為自己的要求提出「信而有徵」的證據。難道哲學家都在癡人說夢？或是盡說些不負責任的話？非也！他們其實經常會「退一步想」，也就是站在事情的外面看問題。用哲學的術語說，亦即採取「後設觀點」。我們甚至要說，哲學的看家本領正是使用後設觀點看問題。像哲學的核心分支科目形上學，它的原意便是「後設物理學」；物理學探究現象世界，形上學則關心現象背後的本質問題。

　　後設物理學感興趣的「本質」既看不見又摸不著，許多人乃懷疑這根本是子虛烏有。但是物理學所探究的對象，諸如原子以及次原子粒

子，又有幾人真正看見過？人們為何對此深信不移？原因就是物理學家可以拿出一些實驗的證據來，而哲學家只能教大家反身而誠地思辨。偏偏從十九世紀到二十一世紀的今天，世人大都對「無徵不信」深信不移，卻對「反身而誠」嗤之以鼻。然而誰又肯認真想想，「無徵不信」的想法其實屬於思辨的產物，「反身而誠」卻可以視為內在體驗的結果。有的哲學家例如胡適曾指出「有幾分證據說幾分話」，但也有哲學家像維根斯坦卻強調「我說的話固然重要，真正重要的則是我沒說出來的那部分」。愛好智慧的朋友，你認為呢？

參考文獻

王又如（譯）（1997）。**西方心靈的激情**（R. Tarnas著）。臺北：正中。

朱鏡人（2001）。國家主義教育思想。載於單中惠主編，**西方教育思想史**（頁277-297）。太原：山西人民。

但昭偉（2002a）。兒童本位的教育及其思想。載於黃藿、但昭偉編著，**教育哲學**（頁115-146）。臺北：空中大學。

但昭偉（2002b）。**思辯的教育哲學**。臺北：師大學苑。

李　維（譯）（2003）。**心理學史**（T. H. Leahey著）。杭州：浙江教育。

李其龍（1995）。赫爾巴特。載於趙祥麟主編，**外國教育家評傳**（二）（頁211-249）。臺北：桂冠。

李明德（1995）。康德。載於趙祥麟主編，**外國教育家評傳**（二）（頁105-132）。臺北：桂冠。

李彩雲（譯）（2003）。發展與學習。載於張斌賢審校，**學習理論：教育的視角**（第三版）（D. H. Schunk著）（頁210-249）。南京：江蘇教育。

車文博（2002）。**西方心理學史**。杭州：浙江教育。

唐　瑩（2003）。**元教育學**。北京：人民教育。

徐宗林（1995）。**西洋教育史**。臺北：五南。

傅任敢（譯）（2002）。**大教學論**（J. A. Comenius著）。北京：教育科學。

葛　力（譯）（2001）。**西方哲學史**（增補修訂版）（F. Thilly著）。北京：商務。

鄔昆如（1971）。**西洋哲學史**。臺北：正中。

趙敦華（2002）。**西方哲學簡史**。臺北：五南。

歐陽教（1973）。**教育哲學導論**。臺北：文景。

瞿世英（1987）。**西洋哲學史**（臺三版）（H. E. Cushman著）。臺北：商務。

Angeles, P. A. (1981). *Dictionary of philosophy*. New York: Barnes & Noble.

Bien, J. (2001). Rousseau. In R. Audi (Ed.), *The Cambridge dictionary of phi-*

losophy (2nd ed.) (pp. 800-801). Cambridge: Cambridge University Press.

Brittan, G. G., Jr. (2001). Enlightenment. In R. Audi (Ed.), *The Cambridge dictionary of philosophy* (2nd ed.) (p. 266). Cambridge: Cambridge University Press.

Fumerton, R. A. (2001). Logical positivism. In R. Audi (Ed.), *The Cambridge dictionary of philosophy* (2nd ed.) (pp. 514-516). Cambridge: Cambridge University Press.

Reichenbach, H. (1968). *The rise of scientific philosophy*. Berkeley: University of California Press.

Suppe, F. (1979). The search for philosophic understanding of scientific theories. In F. Suppe (Ed.), *The structure of scientific theories* (2nd ed.) (pp.1-241). Urbana: University of Illinois Press.

Weirich, P. (2001). Comte. In R. Audi (Ed.), *The Cambridge dictionary of philosophy* (2nd ed.) (pp. 168-169). Cambridge: Cambridge University Press.

第四章

西方現代哲學——「存在」與「演化」

引言

　　西方哲學自從黑格爾建立起最後一個宏大的體系後，就走向眾說紛紜、無法定於一尊的多元時代。過去一般是以一八三一年黑格爾去世，代表「近代哲學」的結束及「現代哲學」的開始。但是進入二十世紀，卻出現「當代哲學」之說。"Contemporary" 的原義是「同時代」，當代哲學即指二十世紀開始至今的哲學（趙敦華，2003）。本書採用此種分期觀點，將「現代哲學」的範圍設定在一八三一年至一九〇〇年這七十年之間，而以「存在」和「演化」作爲此一時期的兩大基源問題。

　　「存在」是哲學的老議題，卻在十九世紀由丹麥哲學家齊克果（Soren Kierkegaard, 1813-1855）賦予新義；而同樣是古老觀點的「演化」學說，也在生物學家達爾文重構下，對後世形成了重大的影響。齊克果獨到的存在學說，於二十世紀間形成了「存在主義」（existentialism），在心理學、輔導學、教育學等領域中，都已立足生根成爲獨當一面的學派。至於被達爾文深化的演化理論，則在二十世紀結合遺傳學與分子生物學，適足以全盤改寫傳統對「人性」認識的圖像。

　　存在主義是一種將個人「置於死地而後生」的思想，激勵人心不可向命運低頭，對教育實踐極具啓發意義。至於達爾文演化理論的出現，更被教育哲學巨擘杜威視爲人類智識文明的重大分水嶺（Reese, 1980）。這些二十世紀的豐收，都是在十九世紀內播種。現代哲學中既有人文世界的高度關懷，也有科學世界的深刻洞察。達爾文雖爲科學家而非哲學

家，但是他的不朽成就足以使他躍登思想家之林。本書正是
以此去解讀他的演化思想。

第一節　概念分析

　　當黑格爾所建立哲學史上最後一個無所不包的恢宏體系
崩潰以後，西方現代哲學自十八三〇年代起走出了三條道
路：繼承理性傳統的「新康德主義」、追隨經驗傳統的「科
學唯物主義」，以及推陳出新的「情意取向哲學」。後者主要
包括叔本華和尼采（Friedrich Wilhelm Nietzsche, 1844-1900）
的意志哲學，還有齊克果的存在哲學（趙敦華，2003）。而
通過尼采的傳承，意志哲學得以融入存在哲學，形成二十世
紀最具影響力的非理性哲學思想──存在主義（Barrett,
1962）。

　　「存在」（existence）的概念自古有之，從亞里斯多德以
降便與「本質」（essence）構成一組相互參照的概念。當
「存在」指向如實地（that a thing is）呈現（to appear），
「本質」則意味究竟地（what a thing is）存有（to be）
（Angeles, 1981）。存在因此是可以當下直接感知的，本質卻
需要經由思辨間接推知。由於黑格爾被視為所有哲學家之中
最具「本質主義」（essentialism）色彩的人，而叔本華和齊
克果則是以標榜人力反對黑格爾哲學起家，齊克果哲學強調
本質的相對面──存在──便不足為奇且有跡可循（趙敦
華，2003）。

　　不過如果齊克果僅止於站在反對黑格爾的立場，而強調

傳統哲學內的存在概念，那麼他其實並未擺脫傳統哲學的窠臼。在西方哲學史的脈絡中，具有「現代性的」哲學之意義與精神，乃是大幅與「傳統性的」哲學相對並創新的。齊克果的特出之處，在於他與傳統哲學的斷裂，並另闢途徑，走出屬於自己的哲學道路。由於他的非理性傾向，使得他從事哲學思考是從內心體驗出發，所關心的始終是真實存在的個人，這令他遠離思辨性的存有或本質，而將個體的存在性加以凸顯，並在後世哲學中獨樹一幟。

齊克果是一位虔誠的基督徒，他的著述風格近於文學作家而非哲學家，這使得他的存在思想更貼近文學和宗教，而讓存在概念真正走進人們的生命體驗和生活實踐中。齊克果像叔本華一樣，揚棄客觀思辨，走向主觀反思，希望契入自身的「主體性」（subjectivity）。在此他發現「自我存在」的基本特徵：「個體」、「變化」、「時間」、「死亡」；所謂「存在哲學」，即是指「一個主觀的反思者作為存在主體，於不斷變化的時間歷程中，如何抉擇自己生命的方向」。齊克果提出感性、倫理和宗教的「人生三境界」，作為人生抉擇向上提升的歷程（李天命，1990）。

「演化」的拉丁文 "evolutio" 原意是指「攤開捲起或摺起的事物」（Angeles, 1981）。它在哲學上通常涉及「一」與「多」的問題，或者「永恆」與「變化」的問題，但是今日為人所津津樂道，則是將演化概念用於說明生物發展的結果（Reese, 1980）。對於生物世界諸多物種關係的系統考察，早在亞里斯多德時代即已開始。亞氏通過精心的觀察和仔細的解剖，將柏拉圖所看重的「理型」落實在自然界的考察中，這使他成為生物分類學的先驅人物（李難、崔極謙、王水

平，1992）。但是將生物研究從哲學性的「自然史」（natural history）轉型成爲科學性的「生物學」，無疑要歸功於達爾文。

　　生物學創始於法國博物學家拉馬克（Jean-Baptiste de Lamarck, 1744-1829），正是他對物種起源的先驅性研究，促使達爾文在此一議題上做出劃時代的貢獻。達爾文對傳統演化思想賦予新義，他的演化理論核心概念乃是「天擇」（natural selection）。天擇機制基於三個原則的演繹而運作：「變異」（variation）、「遺傳」、「競爭」；物種中的個體會出現變異，變異的結果具有遺傳性，後代在競爭的環境中不是適應生存便是淘汰死亡（尉遲淦，1983）。二十世紀上半葉遺傳學大興後，人們始瞭解變異其實涉及遺傳物質「基因」的重組，再加上基因本身的突變（mutation）而形成（Olby, 1985）。二十世紀下半葉分子生物學躍登知識舞臺，基因的分子結構被闡明，徹底改造基因遂成爲可能，天擇之外更增添了不能忽視的「人擇」因素（Wingerson, 1998）。

　　演化學說雖然屬於生物學理論，但是因爲它言及物種演變的相互關係，勢必要將人類納入其中。此外「演化觀」更與基督宗教的「創造觀」相衝突，因此生物演化的問題在哲學上及宗教上都引起不少爭議。從科學史考察生物演化觀點的形成，將會發現它並非一朝一夕之故。事實上早在達爾文探索物種起源問題之前，地質學家和天文學家都曾經設想地球甚至宇宙都是不斷處在變化生成狀態中，這些觀點同樣與宗教性的解釋相左（Bowler, 1989）。

　　因此放大到宏觀的大歷史來看，演化學說乃是一種言之有物而非空穴來風的科學理論，經過近一個半世紀的經驗測

試，大體上已得到驗證。而以演化生物學和分子生物學爲基礎的二十一世紀「生物科技」，則有取代二十世紀「資訊科技」的輝煌光芒之勢。通過應用哲學觀點對之加以批判，無疑可爲教育實踐帶來相當啓發。

第二節 批判思考

　　教育哲學作爲教育實踐的後設觀點，具有釐清實踐目的之功能。「爲何而教」（why）的問題永遠先於「教什麼」（what）以及「如何教」（how）的問題。本書著眼於「教育學哲學」的探究，同時對既有教育實踐提出批判性看法，並有意建構「華人哲學教育學」。因此當論及齊克果的存在哲學時，就不免思索教學者與受教者雙方「互爲主體性」或「主體際性」（intersubjectivity）的問題。

　　不但師資培育者要追問教與學的目的，受培育的師資生更應當反身而誠，瞭解自己所學何事、所爲何來。對於個體存在的探究使我們看清，每一個人都無所逃於天地之間，因此必須學會如何頂天立地。齊克果的「自我抉擇」與蘇格拉底的「自我認識」可說相互輝映，都是通過愛好智慧的哲學反思擁有自我，找到自由（李天命，1990）。

　　齊克果的存在哲學經過半個多世紀的醞釀，至二十世紀上半葉先後影響德國、義大利、法國和英國等地的思想界（陳俊輝，1994）。他和尼采分別被視爲「有神的」與「無神的」存在主義之先驅人物，而存在主義的主要關注即是人的處境（Reese, 1980）。人既無所逃於天地之間，長期生活在

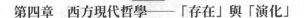

上帝信仰氛圍中的西方人，自然要認真檢討「人神關係」。我們身為華人，雖然也有機會面對「天人關係」，卻可能走向儒家「天人合一」或道家「與物渾化」的境界（韋政通，1977）。由於本書主要用於華人社會，因此我們不打算在存在議題上涉入宗教信仰方面的討論，僅就人生信念與教育實踐的互動加以探究。

　　二十世紀前期，人類在短短的二十年間，經歷了兩次世界大戰。人心惶惶之際，標榜關注「個人處境」與「個體獨特性」的存在主義，遂於二戰以後自歐陸應運而生（McBride, 2001）。存在主義傳至美國後，成為六○年代興起的「人本心理學」（humanistic psychology）重要的活水源頭（車文博，2002）。而當一位納粹集中營倖存者弗蘭克（Viktor Frankl, 1905-1997）以其個人經歷融入諮商與心理治療專業，創立存在主義治療學派，更使存在主義思想強化了本身的實踐意義（李茂興，1999）。至於把存在主義融入教育學及教育實踐之中，以建構一套教育理論並設計出教育內容的努力，也始終不曾間斷（黃昌誠，1995）。

　　存在主義者沙特（Jean-Paul Sartre, 1905-1980）認為人是注定自由的，此一觀點後來為源自人類學的「結構主義」（structuralism）所動搖（鄔昆如，1971）。如今生物科技當道，基因研究掛帥，研究成果甚至足以扭轉個人命運。力倡命運必須掌握在自己手中的存在主義，有必要對此一趨勢做出回應。

　　從人類所生存的地球之時空脈絡宏觀景深看，作為數十億年間在這顆星球上較晚出現的人類之一分子，當我們回顧那些曾經存在卻又消失的物種——譬如恐龍——之痕跡時，

不由得驚覺生命現象的豐富面貌。保存「生物多樣性」（bio-
logical diversity）是當今許多有識之士大聲疾呼的重要議
題。如果人類是萬物之靈，就應當尊重其他物種；如果人類
不斷斷喪其他物種，就不配稱為萬物之靈。達爾文的演化理
論向人們提供了一幅「生命之樹」的圖像，指出所有物種都
具有共同的祖先。近年基因研究發現，組成諸多物種的基本
化學成分大致相仿，多少為地球上生命具有「共祖」的說法
提供了佐證（鈕則誠，2001）

　　演化觀點的深層意涵乃是：地球上過去、現在和未來的
所有生物，都屬於同一個命運共同體。它對破除「人類中心
主義」（anthropocentricism）的唯我獨尊心態，多少有些貢
獻。如果有關存在的哲學思想足以讓人們產生「反身而誠」
的能力，則有關演化的哲學思想相信可以為大家帶來「愛生
惜福」的信念。

　　不過演化思想自十九世紀下半葉開始傳播起，就在不同
目的理解下被貼上各式各樣的標籤。有些基督宗教團體將演
化理論視為對創造理論的反動而堅持不接受，這種對立的情
形至今猶存。至於斯賓塞強調以「適者生存」去解釋天擇機
制，更被引伸為優勝劣敗的資本主義社會寫照（Bowler,
1989）。看來演化觀點很容易引起人們的誤解，因此將它引
入教育哲學以促進教育學的建構，便格外需要慎重其事。

　　過去一個半世紀裏，演化思想在西方世界爭議不斷。但
是當它於百年前被嚴復（1853-1921）介紹傳入中國後，卻
鮮聞反對之聲，這或許跟中國哲學一向重視變化有關（胡文
耕，2002）。西方哲學傳統始終嚮往「以不變應萬變」，多談
存有（being）少談變化（becoming），哲學思維容易走上

「異中求同」的道路。教育哲學若受此影響，即不免步入定於一尊、劃地自限的困境。因此我們願意在西方現代哲學的基源問題中，凸顯一個探討變化而備受矚目的科學觀點──演化。

　　事實上，從十七世紀科學革命開始，西方哲學已不可避免地與科學相互糾纏，逐漸體現出「科學的哲學」特性。不過「科學家」一詞自十九世紀中葉以後才被使用，在這以前，人們皆以「自然哲學家」稱呼那些用實驗方法從事研究的人（Porter, 1985）。如此一來，便可以與善用思辨方法的哲學家有所區分，而哲學與科學的密切關係卻也可見一斑。

第三節　意義詮釋

　　齊克果的存在思想是一套人生哲學，用以彰顯個人存在的主體性。這種對人生處境的關注，在二十世紀被德國哲學家海德格（Martin Heidegger, 1889-1976）轉化為形上學探究，再通過海德格的學生沙特藉著文學與戲劇作品發揚光大（李天命，1990）。沙特以作家身分聞名於世，甚至得到諾貝爾文學獎而拒絕領取，但他仍然是一位頗具影響力的哲學家。沙特不但拈出「存在先於本質」的命題，更為文肯定「存在主義是一種人文主義」。齊克果所勾勒出的人類獨特存在處境，在沙特的詮釋下，銜接上擁有悠久歷史的西方「人文主義」（humanism）傳統。

　　沙特分判出兩種性質截然不同的人文主義：一種主張人以本身為最高目的及價值，另一種則努力尋求自我超越。前

者相信人是終點，容易陷入自我隔絕的困境；後者認為人只是起點，必須不斷突破現狀走出去；存在主義即是在後者的意義下表現為一種人文主義（鄭恆雄，1999）。西方人文主義傳統可以回溯至近代文藝復興時期，甚至有歷史學家認為文藝復興即是人文主義的體現。但是真正出現「人文主義」一詞則遲至一八○八年，用於討論古代經典在中等教育的地位（董樂山，1998）。這多少跟文藝復興所展現的精神有所關聯。

文藝復興是一種復古運動，一方面恢復古希臘的理性精神與人文價值，一方面也揚棄了中世紀的神學獨斷和教會權威。而後來在此一傳統精神影響下所形成的人文主義，也不免站在基督宗教的對立面。到了二十世紀，「人文主義」甚至被視為「無神論」的同義詞，而人文主義本身也被表現為一種宗教性的崇拜（廖申白、楊清榮，1999）。若以此反觀沙特倒是十分貼切，因為他不但主張存在主義是一種人文主義，更自視為一名無神論存在主義者（Barrett, 1962）。

「無神論」（atheism）主要是對基督宗教傳統中的唯一真神「上帝」之否定，這在西方文明中是件嚴重的事情。但身處東方文明氛圍下的我們，不必對此太過費心，僅須瞭解其中來龍去脈即可。畢竟華人世界也有屬於自己的人文主義傳統。我們的「人文」思想不是與「神聖」相對的世俗觀點，而是與「天文」互補的文化概念，此即《易經》所言「觀乎天文，以察時變；觀乎人文，以化成天下」的意義。在這層意義下，「儒家人文主義」可謂與「道家自然主義」相輔相成，歷久彌新。

沙特將西方的人文主義傳統區分為兩種類型：一種是

「人類中心的」，無視其他物種而唯我獨尊；一種則是「自我超越的」，在本身所屬族群中追求自我實現。他反對前者的自大，嚮往後者的自尊，從而將存在主義的理想納入後一種傳統中。至於對破除前者的迷思（myth），西方文明在過去五百年間曾經出現三大里程碑：哥白尼自物理學破除「人類居於宇宙中心」的迷思、達爾文自生物學破除「人類自認萬物之靈」的迷思、佛洛伊德（Sigmund Freud, 1856-1939）自心理學破除「人類自認理性動物」的迷思（鈕則誠，2001）。天擇下的演化觀正是達爾文的中心思想。在這層意義下，達爾文的演化思想有助於消弭自大型的人文主義，但他對自尊型的人文主義有否貢獻？

　　哥白尼在十五世紀中葉以「日心說」取代「地心說」，改變了人們對宇宙的看法，其影響被稱為「哥白尼革命」。此種由科學理論所引起對整個文化價值的變革，於四百年後再度重演，這一次達爾文以「演化論」取代「創造論」，改變了人們對生命的看法，其影響同樣被稱為「達爾文革命」（Bowler, 1989）。達爾文的演化思想經過一百年的發展，被分子生物學家莫諾以「自然哲學」為名重新發揚光大。莫諾跟達爾文同樣對基督宗教意識形態不以為然，正如沙特自認為無神論者的心態。我們在此不擬糾纏於西方世界有神與無神的爭議中，只想凸顯由基督宗教傳統所烘托的人文主義之現代及當代意義。

　　演化思想在十九世紀下半葉激發了斯賓塞的靈感，使他大力提倡科學理性的重要。斯賓塞像培根一樣不是科學家而是哲學家，他們是「科學的哲學」的重要代言人，而把「科學的哲學」推到顛峰的思潮乃是實證主義。實證主義所引起

人類對未來的信心，使其躋身人文主義傳統之林（董樂山，
1998）。雖然二十世紀的兩次世界大戰讓這種信心爲之動
搖，但是科學與技術的不斷突破創新，仍舊予人深刻印象。
當代人文主義發展最值得重視的事情，便是出現由科學家而
非哲學家楬櫫並主導的「科學人文主義」。

　　繼承演化思想的諾貝爾醫學獎得主莫諾，著有《偶然與
必然》一書，探討生物學的自然哲學意義，曾被美國《新聞
週刊》選爲二十世紀最重要的一百本書之一，他所強調的正
是科學人文主義（Monod, 1977）。科學人文主義希望釐清
「知識」與「價值」的差別，並肯定彼此的互動，但堅持二
者不可混淆。這點無疑是「教育學哲學」的重要課題，有待
進一步闡述。

第四節　綜合討論

　　西方哲學雖然出現「現代」與「當代」的時期之分，但
是二者相加僅有一百七十餘年，彼此息息相關，無法分割。
我們之所以追隨西方的分類，主要還是取其時間性概念。事
實上，西方還有一種反映時代精神的理論性概念，將受到科
學衝擊的「現代」與受到宗教影響的「傳統」加以對應。在
這種意義下的「現代」，幾乎涵蓋了近代至當代的哲學（趙
敦華，2003）。至於大幅質疑、批判科學的「後現代」哲學
之出現，則是相當晚近的事情。

　　齊克果於現代哲學中首創有關個人存在的特定概念，在
當代哲學中形成爲存在主義而大放異彩。存在主義作爲一種

　　時代思潮，影響所及，大大超出哲學之外。除了文學、藝術深受其影響外，心理學、輔導學、教育學等領域也充分得到新穎的活水源頭。在心理學和輔導學方面，弗蘭克結合了心理分析與存在主義，創建了「意義治療」（logo therapy）途徑；羅洛‧梅（Rollo May, 1909-1994）則把歐洲的存在主義心理學引進美國，為源自美國本土的人本心理學注入不同文化的力量。至於存在主義式的教育實踐，尼爾（Alexander Neill, 1883-1973）所創立的「夏山學校」（Summerhill）即經常被提及。

　　弗蘭克是一位奧地利神經科與精神科醫師，由於身為猶太人，在二戰期間被納粹囚禁於集中營，受盡折磨但倖免於死，家人則除妹妹外全部罹難。他在苦難中體悟到尋求生命意義的重要，後來便將「生命意義」、「追求意義的意志」，以及「意志自由」三者聯繫起來，發展出著名的意義治療法（郭本禹，2003）。弗蘭克由此為存在主義提供了一種注重人心的創造性、價值感以及博愛胸懷的世界觀（Gould, 1998）。

　　美國的心理學界在二十世紀陸續出現三大勢力：世紀初的「行為主義」、二戰前後的「心理分析」，以及六〇年代的「人本心理學」；其中人本心理學對於當代輔導諮商理論與實務的發展貢獻良多。人本心理學的核心價值是人文主義，如果存在主義也是一種人文主義，則提倡以存在抉擇作為諮商歷程的羅洛‧梅，便在心理學與輔導學領域扮演了承先啟後、繼往開來的角色（李茂興，1999）。

　　「個人的存在抉擇」也是存在主義教育思想的基本堅持，他們因此反對團體教學，重視個別教學（朱鏡人，

2001）。被存在主義教育學者視爲例證的英國夏山學校，在創辦人尼爾的擇善固執下，採用民主、自由、開放的形式辦學，師生通過對話建立彼此的信任，並養成容忍和負責的能力，而由自我引導和自我行動創造生命的意義（黃昌誠，1995）。

十九世紀現代思潮的兩大基源問題——存在與演化，雖於當初創生時彼此沒有多少交集，卻因爲二者在二十世紀所繁衍出來的風潮相互激盪，爲人心關注帶來相當的景深。如果演化觀反映出每個人的生路歷程，存在感便有可能成爲指引人生方向的明燈。通過科學人文主義的反思，盡可能釐清事實與價值在自己身心發展上的地位，勿使之混淆，但尋求互動。如此不斷自我肯定，相信有助於道德教育、品格教育、生涯教育，以及生命教育的推展。

存在思想一方面力行當下抉擇，一方面也要求自我超越。超越必然指向未來，這已不止是自己的未來，更屬於人類的未來。自身的未來終止於死亡，人類的未來則繫於太陽的冷卻與否，存在倫理學因此將無法規避對生命現象和宇宙時空的思索（萬俊人，1999）。一旦我們採用一種熔演化與存在思想於一爐的科學人文主義觀點來看問題，則會發現人既無所逃於天地之間，就應當學會如何頂天立地。雖然老子相信「天地不仁，以萬物爲芻狗」，但是這個自然無情的宇宙天地，卻可能由人心所創！

佛家認爲「萬法唯心造」，常被認爲跟西方唯心論或觀念論（idealism）一樣，屬於過時的思想。但是物理學家和天文學家卻在一九八〇年代，經由實驗及觀測，歸結出一套「人擇原理」（the anthropic principle），據此提出「人選擇了

宇宙」甚至「人創造了宇宙」的觀點。其中奧義為：作為懂得思考和觀測的人類主體固然來自宇宙，但宇宙的存在卻也繫於人類的思考與觀測（李逆熵，1992）。由於物理學家原本所提供的宇宙圖像也是演化的，亦即天擇的，如今竟然出現人擇詮釋，的確令人耳目一新。

　　對於天擇的人擇詮釋，除了宇宙現象外還有一端，那便是「文化演化」現象。英國生物學家道金斯（Richard Dawkins）指出，人類文化傳播和基因傳播十分類似，足以引發某種形式上的演化。他進一步將這種文化傳播的單位稱之為「瀰」（meme），亦即「文化基因」（盧允中、張岱雲、王兵，1998）。例如一個人在寫文章時，便具有自知之明，知道自己在傳播那些「瀰」（陶在樸，2002）。而當一個作者自覺地散播「文化基因」種子，多少意味著一種人擇式的天擇。同樣的道理，老師在教導學生時，不也是自覺地在傳授自認為重要的思想概念嗎？看來在文化的層次上，演化也具有一定的存在意義。

——— 主體反思 ———

1. 請以個人經歷印證自我存在的四項基本特徵，並據此檢討自己的生涯規劃是否有不盡周全之處。

2. 每個人在小學和中學都曾經學習過生物學相關知識，你印象中生物學內的演化理論在談些什麼？

3. 何謂「存在先於本質」？此一命題對教育實踐有何啓發？瞭解其中眞意是否會改變你的人生態度？

4. 九年一貫課程六大議題中有「環境教育」一項，請從「生物多樣性」的觀點思考環境教育如何著手。

5. 「人本教育」的呼聲近年甚囂塵上，請通過文獻考察，追溯人本教育的人文主義思想根源。

6. 演化思想使我們得以反省人類與其他物種之間的關係，抽空去動物園及植物園參觀，想一想置身其中的意義。

心靈會客室

存在先於本質

　　孔子說「吾十有五而志於學」，印象裏我大概也是十五歲上高一那年，開始對於學問的事物有些感受。正確時間是一九六八年，大陸還在進行翻天覆地的文化大革命，法國的學生運動拖垮一個政府，捷克出現短暫的「布拉格之春」，美國年輕人則在反戰風潮中選擇當嬉皮；臺灣呢？殷海光藉著邏輯實證論大談「沒有顏色的思想」，反傳統的李敖對「老年人與棒子」的問題緊咬不放，王尚義則傷感地遙望「野鴿子的黃昏」。這些對於一個每天生活在高中灰暗城堡內的苦悶心靈，的確有著莫大的吸引力。我便是在這種氛圍中開展「自學方案」，一路從年少不識愁滋味的十五歲，走到不以物喜不以己悲的五十歲。

　　我們那個時代流行存在主義，喜歡把沙特的名言「存在先於本質」掛在嘴邊，並且高喊著要選擇做自己。但是要做什麼樣的自己呢？沒有人清楚。現在回想起來，身為住在海峽這邊的華人，慘綠少年的歲月還可以幸運地蹉跎度日。如果生在對岸，恐怕不是當紅衛兵去搖旗吶喊，就是下放勞改去受苦受難。這幾年在大陸上遇到跟我同年齡層的學者，幾乎無一例外都吃過苦頭，他們難道年輕時沒想到要選擇做自己嗎？

　　選擇做自己的確很辛苦，也相當不容易。它令我在高中階段花掉五年時間才找到自己的路，足足比別人多摸索了兩年！老實說，大學念哲學系，多少是我的「存在抉擇」。我壓根兒沒有思及前途，只是一心想為自己的苦悶找出路。然而一旦進入哲學系，才發現學院中講授的義理跟自己的生命情調有一段距離。不過大學宮牆內豐富的知識寶庫和課外活動，還是讓我受益匪淺。四年之間我穿梭在課堂、圖書館與社團之間，優游自得。如今回想起來，可說是一生中最為自由自在的黃金歲月。

　　我選擇念哲學，自認做了生命裏最重要的存在抉擇，當時以及後來似乎都沒有考慮出路問題。退伍後到娛樂傳播界做了三年事，在風花雪月中驚覺看見一片鏡花水月，忙回頭想再抓住些什麼。這回哲學選擇了我。重返學校當博士生，就多少注定此後要當教書匠，而且得靠哲學混飯吃！想到一般人認為靠哲學吃飯的行業乃是算命先生，自忖連這點本事都沒有，又何以示人？結果呢？二十年過去了，追求存在的年輕學子成為講臺上推銷存在的中年教師，這段生路歷程究竟有沒有一絲本質性的意義，我不知道⋯⋯

參考文獻

朱鏡人（2001）。存在主義教育思想。載於單中惠主編，**西方教育思想史**（頁785-801）。太原：山西人民。

李　難、崔極謙、王水平（合譯）（1992）。**生命科學史**（L. N. Magner著）。武漢：華中理工大學。

李天命（1990）。**存在主義概論**。臺北：學生。

李茂興（譯）（1999）。**諮商與心理治療的理論與實務**（第二版）（G. Corey著）。臺北：揚智。

李逆熵（1992）。**三分鐘宇宙──現代科學新論**。臺北：商務。

車文博（2002）。**西方心理學史**。杭州：浙江教育。

胡文耕（2002）。**生物學哲學**。北京：中國社會科學。

韋政通（1977）。**中國哲學辭典**。臺北：大林。

尉遲淦（譯）（1983）。**進化的先知──達爾文**（J. Howard著）。臺北：時報文化。

陳俊輝（1994）。**祁克果新傳──存在與系統的辯證**。臺北：水牛。

郭本禹（2003）。存在主義精神分析學。載於楊鑫輝主編，**心理學通史**（第四卷）（頁624－660）。濟南：山東教育。

陶在樸（2002）。**如何寫評論文章：從文化基因談起**。臺北：弘智。

鈕則誠（2001）。從自然科學看生死。載於鈕則誠主編，**生死學**（頁19-39）。臺北：空中大學。

黃昌誠（譯）（1995）。**存在主義與教育**（V. C. Morris著）。臺北：五南。

萬俊人（譯）（1999）。存在主義的信念。載於萬俊人校，**冷卻的太陽──一種存在主義倫理學**（H. E. Barnes著）（頁467-513）。北京：中央編譯。

董樂山（譯）（1998）。**西方人文主義傳統**（A. Bullock著）。北京：三聯。

鄔昆如（1971）。**西洋哲學史**。臺北：正中。

廖申白、楊清榮（譯）（1999）。**人道主義與反人道主義**（K. Soper著）。北京：華夏。

趙敦華（2003）。**現代西方哲學新編**。北京：北京大學。

鄭恆雄（譯）（1999）。存在主義即是人文主義（J.- P. Sartre著）。載於陳
　　鼓應編，**存在主義**（增訂二版）（頁300-326）。臺北：商務。

盧允中、張岱雲、王　兵（譯）（1998）。**自私的基因**（R. Dawkins著）。
　　長春：吉林人民。

Angeles, P. A. (1981). *Dictionary of philosophy*. New York: Barnes & Noble.

Barrett, W. (1962). *Irrational man*. New York: Doubleday.

Bowler, P. (1989). *Evolution: The history of an idea* (rev. ed.). Berkeley:
　　University of California University.

Gould, W. B. (1998). *Viktor E. Frankl: Life with meaning*. Pacific Grove,
　　California: Brooks / Cole.

McBride, W. L. (2001). Existentialism. In R. Audi (Ed.), *The Cambridge dic-
　　tionary of philosophy* (2nd ed.) (pp. 296-298). Cambridge: Cambridge
　　University Press.

Monod, J. (1977). *Chance and necessity: An essay on the natural philosophy
　　of modern biology*. Glasgow: Collins / Fount.

Olby, R. (1985). Heredity and variation. In W. F. Bynum, E. J. Browne, & R.
　　Porter (Eds.), *Dictionary of the history of science* (pp.182-184).
　　Princeton, New Jersey: Princeton University Press.

Porter, R. S. (1985). Natural philosopher. In W. F. Bynum, E. J. Browne, & R.
　　Porter (Eds.), *Dictionary of the history of science* (pp. 286-287).
　　Princeton, New Jersey: Princeton University Press.

Reese, W. L. (1980). *Dictionary of philosophy and religion: Eastern and
　　Western thought*. Atlantic Highlands, New Jersey: Humanities.

Wingerson, L. (1998). *Unnatural selection: The promise and the power of
　　human gene research*. New York: Bantam.

第五章

西方當代哲學——「分析」與「後現代」

引言

　　本書通過應用哲學觀點，對西方哲學各時期中，與教育實踐可能有關的一些基源問題進行檢視與反思，希望有助於「華人哲學教育學」的基礎建構。教育學的基礎包括教育史、教育哲學、教育心理學、教育社會學四部分，本書雖然以「教育哲學」為名，但實際上是秉持「華人應用哲學」取向來從事「教育學哲學」的後設探究，可視為「教育哲學的哲學」。此一探究方向在涉足二十世紀當代哲學後，益發感到與當前思潮對話的重要與必要。

　　西方當代哲學指的是十九、二十世紀之交至今一百餘年間的哲學發展，它們大體呈現英美學派與歐陸學派之分。這事實上源自近代以降英國經驗主義與歐陸理性主義長期相對的傳統，但只能視為宏觀大歷史的分野，至於個別哲學家的出身則不一定能納入其中一概而論（趙敦華，2003）。本章在這個時期中歸結出兩大基源問題——「分析」與「後現代」，它們恰好反映出英美和歐陸學派在上個世紀備受矚目的部分面貌。

　　由於分析哲學和後現代思想在一般教育哲學文獻中討論甚多，可資參考的材料俯拾即是。因此本書另闢蹊徑，希望通過對兩位當代哲學家學說的探究，能夠發人所未發。他們一位是英國籍的奧地利哲學家波普，一位是美國哲學家羅蒂（Richard Rorty）。波普成長於德語國家，但因猶太人身分而離開祖國。他受分析哲學影響極深卻也批判最力，是分析哲學與科學哲學的中介人物。羅蒂則從分析哲學轉向具有後現代色彩的新實用主義，成為美國哲學的另類。本書將「教育

學哲學」視爲科學哲學乃至應用哲學的一環，所以始終以哲學家的思想爲宗，將之「應用」於教育學建構的考察上，這點在本章中表現得最爲明顯。

第一節 概念分析

　　西方哲學探究「分析」的傳統源遠流長，亞里斯多德的邏輯著作中即有專篇討論分析，它基本上是指「從前提推導出結論」的思維方法。千百年來邏輯推論雖然都著眼於語言的形式，但是卻認定語句背後有著本質性的聯繫；換言之，理則學靠形上學支持而成立。但是經過長期的演變，邏輯到了二十世紀幾乎發展爲類似數學的學問，語言文句能夠轉換成數學符號加以演算。這種以數學取代形上學的趨勢，可以上溯至西元前六世紀的畢達哥拉斯（鄔昆如，1971）。不過古代是以數學作爲形上學，當代卻以數學解消形上學。

　　語言文句畢竟不完全等同於數學符號，人們使用語言還是在指涉一些事物。自從經驗主義興盛以後，事物的經驗性質逐漸成爲人們討論問題的基準。這種「言之有物、信而有徵」的要求，發展到極致便成爲實證主義。一九二〇年代，一群數學家和科學家在奧地利組成「維也納學圈」（Vienna Circle），標榜邏輯實證主義，希望通過對科學知識的重構，全面改造人類學術的面貌。「學圈」領袖石里克（Moritz Schlick, 1882-1936）指出，對他們啓蒙和影響最大的人物乃是維根斯坦（Ludwig Wittgenstein, 1889-1951），及其一九二一年出版的早期名作《邏輯哲學論叢》（*Tractatus logico-*

philosophicus）（趙敦華，2003）。

「維也納學圈」的企圖心甚大，而它主要發展於德語國家，成員中又不乏猶太人。因此當德、奧兩國合併後，便注定會遭受迫害而式微。「花果飄零，靈根自植」的結果，是使英、美兩國的分析哲學及其後的語言哲學為之壯大。像維根斯坦一九五三年出版的後期名著《哲學探究》（*Philosophical investigations*），即引領了英國語言哲學的研究風潮。維根斯坦並非「學圈」中人，但「學圈」受其影響卻是既深且遠。另外還有一個「學圈」同路人，日後卻宣稱自己為邏輯實證主義的終結者，那就是波普。

波普亦生長於維也納，他的第一部學術著作且列為石里克主編的「學圈」叢書而出版。但是波普從一開始就跟「學圈」、邏輯實證主義，甚至整個分析哲學傳統劃清界限。他的理由是不認為邏輯只在處理語言問題，應該關心的是「科學知識」問題；他同時反對把歸納法當作科學方法，因為由此而生的只是信念而非知識（趙敦華，2003）。波普從而發展出著名的「否證論」（falsificationism），以說明「科學發現的邏輯」不在「證實」（verify）而在「證偽」（falsify）假說，直到無法證偽始建立為理論。

波普的一生幾乎涵蓋了整個二十世紀，其學說影響力也是全方位的，但是最為人所稱道者，仍集中在科學哲學和政治哲學兩方面。在政治哲學方面，他提出了「開放社會」的概念，反對集權政治；在科學哲學方面，他提出了「客觀知識」的概念，反對主觀獨斷。而他終其一生持之以恆的思想利器，即是以「證偽」為目的的「演繹邏輯」。從這種堅持邏輯的、科學的立場來看，波普的哲學途徑仍舊可以歸於分

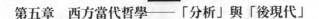

析哲學一系。他雖自認是邏輯實證主義的終結者，但那大都屬於知識層面的批判意義。真正在時代精神上顛覆掉英美分析哲學影響力的，應爲源自歐陸的後現代主義思潮。

「後現代」是一個多元歧義的概念，自一九八○年代以後被迅速標籤化的程度，恐怕只有五○、六○年代的存在主義差可比擬，二者且多在哲學以外發揮了巨大的滲透效果。「後現代主義」（postmodernism）有兩個核心構成原則：「不定性」（indeterminacy）、「內在性」（immanence），它們是相對於「決定性」和「超越性」而言的（羅青，1989a）。要瞭解後現代主義的這種特質，不能光從哲學分期來看，而必須從時代精神來判斷。依後者而言，西方哲學應分爲傳統、現代，以及後現代三大類性質：十七世紀科學革命以前，全部歸於「傳統」；自此通過十八世紀啓蒙運動，直至一九六○年代，大體都算「現代」；至於其後的知識發展，則體現出「後現代狀況」（羅青，1989b）。

本書將西方哲學的轉化標幟出「前科學的」或「傳統的」、「科學的」或「現代的」，以及「後科學的」或「後現代的」三大特性，分別用以說明哲學的「蘊涵」、「追隨」和「批判」科學等三層意義。「後科學的哲學」以批判科學爲宗旨，而表現爲應用哲學，這正是本書所執持的寫作立場。應用哲學在時代精神上已走進後現代。後現代特性體現出「後分析哲學」，揮別包括波普在內的分析哲學。其中有一位自分析陣營中走出來的美國哲學家羅蒂，結合美國的實用主義和歐陸的後現代主義，開創了獨特的「後哲學文化」。

羅蒂認爲知識來自於「社會建構」（social construction），從而反對定於一尊的體系哲學，轉向強調多元文化下哲學的「教化」（edifying）意義。他主張讓哲學與其他學科進行融會貫通的對話，使得哲學自其中獲得新生（趙敦華，2003）。這多少反映出應用哲學的現況。像作為一門應用哲學的教育哲學，便可以在對教育實踐進行反思並對教育科學從事批判當中，找到自己的主體性與正當性。「主體性」原本屬於現代性的概念，至後現代即面臨被顛覆及揚棄的命運。不過站在全球化邊陲的華人世界，我們還是覺得強調主體性有其必要，只是將其修正、擴充為「主體際性」，以示看重關係、尋求對話的重要。

第二節　批判思考

　　本書在第一章第二節曾指出，教育哲學四種概念的第二種「教育中的哲學」，由於關心教育知識的思維方法之討論，乃相當看重「概念分析」與「批判思考」。這正是分析哲學的嚴謹態度，本書非常肯定且樂於效法，因此列為第一篇各章前兩節的一貫主題。至於後兩節的一貫主題「意義詮釋」與「綜合討論」，則嘗試反映後現代的多元開放精神。

　　「批判」（criticism）一詞源自希臘文，有「判斷」、「辨明」之意，在哲學上之所以為人所樂道，相信跟康德以「批判」為名的三大著作有關。而康德所探究的，正是人的認識能力之可能性與限度（Reese, 1980）。批判的哲學態度介於獨斷主義與懷疑主義之間，是一個慎思明辨的作法（項退結，1976）。本書將在第九章討論理則學的專章中，將「批

判」列為一項中心議題加以探究。

　　嚴格說來，波普是一個具有分析哲學批判精神的科學哲學暨政治哲學家，這足以使他成為應用哲學的先驅。例如應用倫理學在論及科技政策與公共事務的關係時，便曾提出波普的「批判理性主義」來加以引伸（Holdsworth, 1995）。波普稱自己的哲學思想為批判理性主義，然而他卻承認自己相信理性、推崇科學的態度，不但是非理性的，而且屬於道德性的決定（畢小輝、徐玉華，2001）。為自己的科學信念賦予倫理意義，使得波普可以被歸於科學人文主義一類思想家。事實上，這也是許多分析哲學家一貫的哲學精神。

　　分析哲學嚮往「沒有顏色的思想」，意思是對價值判斷保持客觀中立。因此分析哲學花了很大工夫去釐清倫理學當中各種概念，開創出「後設倫理學」（metaethics）的研究方向，卻對傳統式的規範倫理學興趣缺缺。後設倫理學的方法是語言及概念分析，由於重形式而輕內容，就避免涉及規範性意義（鄔昆如，1971）。但是當分析哲學被引進教育哲學之後，卻轉變成以分析為基礎，去發展實質的教育理論，以協助教育實踐的進行（但昭偉，2003）。

　　換言之，分析的教育哲學是有實質規範意義的。在這一點上，分析教育哲學希望改善教育實踐的目的，也反映在波普針對智識專業工作者（intellectual professionals）所提出的新專業倫理學之中（Popper, 1992）。波普的建議是：公開討論、日益精進，相信這正是教育哲學在考察教育實踐之際所追求的目標。

　　如果說分析哲學和後現代主義有何共通之處，那便是當它們分別作為當代英美與歐陸兩種不同路數的時代精神之表

徵，對於西方思想及文化所做的「大破」貢獻，至於「大立」部分則尚待努力。分析哲學從語言的邏輯結構上去打破觀念的迷思，波普更據此肯定經驗科學的理性價值。不過從科學史的考察中，人們卻發現科學發展往往並非邏輯演繹和理性推論的結果，反而經常是特定政治經濟與社會文化條件彼此激盪下的產物，其過程大都是非理性的。對科學知識發展的解釋，從合理性的「邏輯主義」（logicism）走向社會性的「歷史主義」（historicism），標幟著科學哲學從主流觀點向另類論述擴充（Losee, 1987），這無疑是一種後現代轉向。

　　科學發展的邏輯主義主張，科學知識的成長繫於一連串嚴謹的邏輯推論；由於邏輯屬於哲學範疇，因此哲學對於科學具有指導作用。相對地，歷史主義則認為邏輯的功能充其量只能在事後檢證科學述句的嚴謹性，無法事先指點迷津；科學知識其實來自特定的社會文化背景，科學哲學必須配合科學史與科學社會學，共同描述出科學發展的真實圖像，而非進行指導。原本無歷史性的（ahistorical）、自認放諸四海皆準的哲學論述，一旦納入歷史性的社會實踐中，不是走向邊緣化漸趨消亡，就是轉型為羅蒂所標示的後哲學文化，這種窘境有待當代哲學家深思（趙敦華，2003）。

　　在羅蒂的後哲學文化中，科學並不具有優越性，而必須與其他學科平起平坐，科學的意義和價值只能在社會實踐中體現。這種「能夠在社會實踐中產生效用即有意義」的看法，與實用主義同調。事實上，羅蒂很推崇杜威的哲學，因此人們大都以「新實用主義者」視之（蘇永明，2003）。羅蒂的新實用主義科學觀屬於後現代思潮，也可以納入本書所分判的「後科學的哲學」之中。相形之下，波普的批判理性

主義仍沾染著強烈的「科學的哲學」色彩。

後現代的特色之一，即是「容許傳統、現代、後現代三種精神並存」。這種多元文化與價值得以維繫的條件，正是民主自由體制下所形成的容忍心態。也唯有源自容忍的開放心胸，方能塑造開放社會，此二者乃是相輔相成的。波普捍衛開放社會不遺餘力，羅蒂顛覆既有哲學用心良苦；當代哲學兩大基源問題——分析與後現代，對於今後教育實踐的影響可謂既深且遠。

第三節 意義詮釋

當代哲學通過分析和後現代的批判，達到「大破」的目的。分析哲學家破除了人們在概念以至語言上的含糊混淆，要求思維和表達的清晰；後現代思想則破除了人們在社會以及文化上的異中求同，要求理論與實踐的多元。兩股風起雲湧的時代潮流掃過哲學，直指人心，接下去便是對「大立」的期待了。本書以應用哲學為宗旨，相信「哲學即生活」，哲學探究乃是「生命的學問」，因此主張大破之後的大立必須是有規範意義的開放性哲學論述。照波普的說法，科學陳述是可以證偽的，哲學則不然，但是哲學論述依然可以接受理性分析與批判。

分析哲學在二十世紀前期形成於德語國家，二戰後大興於英美，五〇、六〇年代開始影響教育哲學。在這之前，教育哲學屬於思辨哲學，由此建構教育理論。分析哲學一出，認為教育問題實源自概念或語意上混淆所致，有待加以批判

澄清（李奉儒，2004）。若就純哲學而言，分析哲學無異一場哲學革命，大破而後已。但若就教育哲學而言，教育實踐無論如何必須有所立。換言之，教育問題被充分加以分析之後，還是需要發展適當的教育理論，以有效指引教育實踐。有了這層需求，分析教育哲學必然會走上規範的道路。

分析教育哲學在英國發展得比較完整，其中最著名的兩位學者是皮德思與赫斯特。他們跟波普同時都在倫敦任教，彼此卻未曾有過交集，由此可見教育哲學已經形成為獨立的學術共同體，而非哲學的分支。上述兩位當代英國教育哲學家之中，皮德思特別重視教育的倫理問題，也就是實踐哲學的問題。事實上，倫理學早就是赫爾巴特在建構教育學時所認定的兩門基礎學科之一，另一科乃是心理學。

皮德思的貢獻是修正赫爾巴特的建構方向，不再把教育學視為倫理學的應用，而是建構一套以「規範倫理學」為基礎的教育學；教育學即是倫理學（唐瑩，2003）。至於赫斯特的貢獻，則是提出一套有關「博雅教育」的理論。赫斯特認為一個人想要充分瞭解自己的經驗，就必須攝取廣博的知識，以開啟理性的心靈，而博雅教育正是為因應攝取廣博知識而設計的教育途徑（但昭偉，2002）。這種教育取向的設計，無疑是具有規範意義的。

「博雅教育」的根源在於古希臘，赫斯特認為古希臘「自由人教育」的理想應該保存。但是從教育史考察，希臘時代的自由人教育是有閒階級用以區分與一般人的「職業教育」之象徵性價值。為了將勞心與勞力者區分，其內容完全排除實用科目。杜威反對教育內容有所區分，認為有違民主社會的原則。追隨杜威實用主義精神的後現代思想家羅蒂，

則更進一步顛覆了人類知識的區分（蘇永明，2003）。

　　赫斯特指出，有七種不同的獨特類型知識構成博雅教育的主軸：自然科學、數學、人文科學、歷史、宗教、文學及藝術、哲學，它與目前臺灣實施中小學九年一貫課程中的學習領域有些類似，大致反映出一套課程架構。西方的課程學近年已經從「現代典範」轉移至「後現代典範」，美國後現代課程學家多爾（William Doll, Jr.）提出以四個 "R" 判準去結合表達「後現代性」的三個 "S"：課程是否為「豐富的」（rich）、「回歸的」（recursive）、「關聯的」（relational），以及「嚴密的」（rigorous）；足以將「科學」（science）的理性與邏輯、「故事」（story）的想像力與文化，以及「精神」（spirit）的感覺與創造性結合起來（王紅宇，2003）。

　　課程學典範的轉移，代表著人類的智慧與創造能力的轉化。相對於現代封閉的傳統典範，後現代典範則是一種開放的觀點（王恭志，2002）。秉持這種開放精神的後現代思想家羅蒂，相當推崇杜威的實用主義路線，並充分加以繼承，從而樹立起新實用主義。杜威的實用主義反對以主客、心物等對立為基礎的傳統形上學，並由此超越經驗與理性、唯物與唯心、理論與實踐、認識與行動、事實與價值、科學與宗教等等的對立，把哲學變成一種對人的生活和行為方法的探索（劉放桐，2001a）。

　　杜威作為當代教育哲學舉足輕重的人物，他曾經將「思考」（thinking）與「思想」（thought）做出區分。在他看來，思考是一個活動的、生機的，以及動力的歷程；思想則是此一歷程的結果（簡成熙，1995）。波普曾提出有名的

「三元世界」觀點，指出身體屬於物理性的「世界一」，心靈活動產生主觀性的「世界二」，其結果則形成人心以外客觀的「世界三」。波普本人相當看重「世界三」，亦即「思想」的內容（content），他和分析哲學家都嘗試對此加以批判。相形之下，後現代思想家似乎更看重「思考」的心路歷程（process），認為唯有在容忍多元發揮的後現代情境中，思考方能海闊天空地激發出更有創意的思想。

第四節　綜合討論

　　本章為第一篇〈「哲學史」途徑〉所引介西方哲學史最後一部分，可視為對西方哲學的歷史性總結。在我們所歸結西方哲學自古至今的十大基源問題中，每一時期的哲學家都或多或少嘗試對他同時期的基源問題加以探究，並且可能對以前的基源問題有所傳承或批判。回顧過去，西方哲學的發展除了體現出一系列辯證歷程外，似乎也反映著起承轉合的律動。

　　從大歷史的觀點看，上古千年看重理性、開展知識，可說讓無所不包的哲學正式走上歷史舞臺。中古千年信仰掛帥，哲學仍得以在神學庇蔭下持續傳承。近代四百年宗教信仰讓位給經驗科學，人們得到啟蒙後反而轉為質疑哲學。現代加當代近兩百年的哲學世界，則奇妙地在擁護科學與批判科學的激盪中，深化了對「宇宙與人生」以及「人生如何在宇宙中安頓」等等問題的探索。站在華人世界反思，這又可區分為西方式「從宇宙看人生」以及中國式「從人生看宇宙」

兩種視角。

　　本書屬於「華人應用哲學」取向的教育哲學著作，希望通過對「教育學哲學」的考察，逐步建構一套「華人哲學教育學」論述，來呈現目前在華人世界以「教育學」或「教育科學」為名、內涵實為「西方科學教育學」的主流論述之另類觀點。應用哲學不是經驗科學，必然具有規範意義在內。「華人哲學教育學」的中心理念，即是與後現代思潮呼應的、「從人生看宇宙」的「後科學人文自然主義」。

　　當代分析哲學大致上是屬於學院內的專門知識，人們多半不得其門而入，因此視之為繁瑣。相形之下，後現代思想因為源自文學藝術領域，較常為人所提及，然而其哲學論述之繁瑣，恐怕也與分析哲學不相上下，甚至有過之而無不及。在這方面，本書受惠於分析哲學核心人物維根斯坦。維根斯坦的重要貢獻之一是區分「可說」與「不可說」，也就是發現語言表達的可能性與限度（劉放桐，2001b）。這對教育哲學甚至整個應用哲學都是很好的教訓。

　　維根斯坦的哲學思想有前期與後期之分，前期思想激勵了分析哲學，後期思想催生了語言哲學。在前期中他嘗試區分可說與不可說，認為可說的部分組成全部科學命題，哲學則屬不可說的部分。此處「可說」與「不可說」乃指「能否接受邏輯檢證」，倫理學雖不在其中，卻反映出人心傾向，維根斯坦仍對其保持高度敬意（胡基峻，1975）。到了後期，他的關注焦點轉到語言的社會性質，認為語言具有各式各樣的遊戲規則，逾越這些規則便無法有效溝通。這種「語言遊戲觀」為羅蒂所肯定，維根斯坦後期思想也就躋身於後現代之林了（徐文瑞，2003）。

後現代思潮所具有的反啓蒙傾向，使其對西方近代以降的人文主義持保留態度。但是後現代主義也跟存在主義一樣，非但難以定於一尊，更表現爲各行其是。像沙特即區分有神與無神的存在主義，並站在無神一方主張「存在主義即是一種人文主義」。人文主義在西方思想文化的流變中，的確具有「自外於基督宗教傳統」的發展特質。基督宗教信仰的神人二元觀，很清楚地劃分出神聖與世俗領域，人文主義長期以來即屬於世俗界強而有力的思潮。在這種情況下，當代後現代主義很難不跟人文主義對話。

後現代主義和人文主義對話的結果之一，是形成具有後現代性質的「世俗人文主義」（secular humanism）。美國醫師暨哲學家恩格哈特（Hugo Tristram Engelhardt, Jr.）便對此有所發揮。恩格哈特指出，與「後現代性」相對的「現代性」，自宗教革命教會式微開始，一直綿延至今。當初世俗性的人文主義是以叛逆姿態出現，以理性批判反對宗教文化霸權。如今霸權已不復存在，理性批判失去有力對手，便轉過頭來開始否定自己。他引述後現代思想家哈山（Ihab Hassan）的觀點，亦即後現代狀況反映出人文主義的式微。但是同時身爲醫師的恩格哈特，卻在具有社會實踐意義的衛生保健和生命倫理等方面，找到在後現代性當中，世俗人文主義存在的理由（李學鈞、喻琳，1998）。

分析哲學和後現代思想都曾經「大破」，然而之後的「大立」才是教育哲學所需要的。教育實踐跟醫療實踐一樣，屬於社會實踐的一環，不能一味否定，必須有所肯定。倘若醫療倫理肯定以世俗人文主義作爲實踐規範的指導綱領，則教育倫理也應該深思熟慮，找出適於本身所需的規範

意義。本書一開始即深自反省,發現任何教育實踐都有不可磨滅的脈絡屬性;換言之,不應期待有放諸四海皆準的普遍知識,一切皆可能只是「局部知識」。這種認識無疑是與後現代思想的時代精神相互呼應。

在局部知識的考量下,本書主張通過「華人應用哲學」探究,進而建構一套「華人哲學教育學」。接下去的兩章我們將把探究重點轉向中國哲學方面,主要集中於儒家和道家思想。儒家和道家思想分別具有中華文化意義的人文主義及自然主義內涵,本書希望通過對儒、道二家的考察,發展出「後科學人文自然主義」,作爲華人教育實踐的規範價值。

—— 主體反思 ——

1.在學習數學的時候，你有沒有接觸過邏輯的課題？能不能說出邏輯跟數學有何關係？

2.舉例說明「後現代狀況」。臺灣實施多年的教育改革，有否後現代的時代意義？

3.堅持「沒有顏色的思想」，本身是不是一種「沒有顏色」的中立態度？

4.當代美國哲學家杜威對教育理論與實踐影響深遠，請查閱相關文獻，嘗試整理出杜威的教育哲學大要。

5.分析教育哲學家認為教育問題實源自概念或語意上的混淆所致，你能舉例說明嗎？

6.從大歷史的觀點，回顧過去五章所介紹的西方哲學十大基源問題，並將之融會印證於你的教育理念中。

心靈會客室

分合之間

　　我嚮往「詩意的」哲學境界，卻走上「科學的」哲學途徑，仔細想來，應該跟本身的人格特質有關。我念哲學的目的，多少是想「醫療」自己對人生的迷惑，以及伴隨而來的一大堆疑難雜症。而從小一個人孤單成長的歷程，或許就此「制約」住我，讓我養成凡事不求人、自己找答案的習慣。尤有甚者，成為哲學中人以後，我非但希望無求於人，更情願不為人所求。這種隔閡心理使得我不斷與他人劃清界限，結果也變得劃地自限。詩意的境界跟別人剪不斷理還亂，科學的途徑卻得以做一個自了漢，我自然選擇走上後者的道路。

　　我自認是一個充滿矛盾的人，生活中經常含糊矇混、得過且過，觀念上卻要求一絲不苟、十全十美。將科學的分析態度用在哲學思考上，滿足了我在想法上追求完美卻不願意動手改善現狀的矛盾個性。回想過去三十多年的學思歷程，我對經驗科學始終抱持若即若離的態度。大學讀人文類科的哲學系，同時選擇修自然科學的生物系做輔系，後來又因為工作需要而去念社會科學方面的企業管理研究所。如此因緣際會，對人類知識三大領域多少都有所涉獵。如今行過半百，終於還是決定回到哲學的懷抱。三十年前我選擇了哲學，三十年後哲學選擇了我，想來不禁相信這一切都是「命」。

　　我對「命運」的看法是將其分別對待：「命」屬先天條件，「運」為後天努力。人必須「知命」但不可「認命」，至於「運氣」則指不斷運作個人的氣勢之所趨。對我而言，如今反省所見，不得不承認念哲學的確是我的命。本身的人格特質讓自己走上哲學之路，更選擇鑽研「科學的」哲學，嘗試對周遭事物加以分判辨明。這種追求「分析」的動機，在經歷三十年的人生洗鍊後，竟然奇妙地朝向「綜合」偏移。從

「科學的」哲學探索沉澱出「詩意的」哲學心境，是我這兩年講授「教育哲學」課程的最大收穫。

教育活動是一種社會實踐，教師必須不斷與學生接觸，循循善誘，助其自我實現。我念哲學的原意是逃離人群，卻不料走上教學之路，站上講臺終日面對人群。從事教職二十年，無意間逐漸在「治療」我對人際關係的顛倒夢想，終於癒合了我的疏離感。回顧過去半生沉浮於觀念與現實的分合之間，不禁對哲學有所感念。

第五章　西方當代哲學──「分析」與「後現代」

參考文獻

王紅宇（譯）（2003）。**後現代課程觀**（W. E. Doll, Jr.著）。北京：教育科學。

王恭志（2002）。課程研究典範轉移之探析：從現代到後現代。**國教學報**，14，頁245-268。

但昭偉（2002）。傳統教育哲學（一）──西方博雅教育及其思想。載於黃藿、但昭偉編著，**教育哲學**（頁147-177）。臺北：空中大學。

但昭偉（2003）。分析哲學與分析的教育哲學。載於邱兆偉主編，**當代教育哲學**（頁35-60）。臺北：師大書苑。

李奉儒（2004）。**教育哲學──分析的取向**。臺北：揚智。

李學鈞、喻　琳（譯）（1998）。**生命倫理學和世俗人文主義**（H. T. Engelhardt, Jr.著）。西安：陝西人民。

胡基峻（譯）（1975）。**韋根什坦底哲學概念**（范光棣著）。臺北：黎明。

唐　瑩（2003）。**元教育學**。北京：人民教育。

徐文瑞（譯）（2003）。**偶然、反諷與團結**（R. Rorty著）。北京：商務。

畢小輝、徐玉華（譯）（2001）。**波普──批判理性主義**（小河原誠著）。石家莊：河北教育。

項退結（譯）（1976）。批判哲學（J. de Vries著）。載於項退結編譯，**西洋哲學辭典**（頁104-107）。臺北：先知。

鄔昆如（1971）。**西洋哲學史**。臺北：正中。

趙敦華（2003）。**現代西方哲學新編**。北京：北京大學。

劉放桐（2001a）。當代西方哲學的發展趨勢與後現代主義。載於劉放桐編著，**新編現代西方哲學**（頁610-644）。北京：人民。

劉放桐（2001b）。分析哲學（上）。載於劉放桐編著，**新編現代西方哲學**（頁247-273）。。北京：人民。

簡成熙（譯）（1995）。**教育概念分析導論**（J. F. Soltis著）。臺北：五南。

羅　青（譯）（1989a）。後現代主義觀念初探（I. Hassan著）。載於羅青

編著，什麼是後現代主義（頁17-40）。臺北：五四。

羅　青（譯）（1989b）。後現代狀況（J. -F. Lyotard著）。載於羅青編著，什麼是後現代主義（頁131-301）。臺北：五四。

蘇永明（2003）。新實用主義的教育哲學——羅逖。載於邱兆偉主編，當代教育哲學（頁61-89）。臺北：師大書苑。

Holdsworth, D. (1995). Ethical decision-making in science and technology. In B. Almond (Ed.), *Introducing applied ethics* (pp.130-147). Oxford: Blackwell.

Losee, J. (1987). *A historical introduction to the philosophy of science* (2nd ed.). Oxford: Oxford University Press.

Popper, K. (1992). *In search of a better world: Lectures and essays from thirty years*. London: Routledge.

Reese, W. L. (1980). *Dictionary of philosophy and religion: Eastern and Western thought*. Atlantic Highlands, New Jersey: Humanities.

第六章
中國儒家哲學——「仁」與「性」

引言

在臺灣的華人社會裏探究教育哲學，沒有理由不涉及中國哲學。雖然教育哲學是西方的產物，甚至目前這種哲學的討論方式都是全盤西化的，例如講究嚴謹的邏輯論證等。但是討論的內容仍然必須落在一定的歷史社會文化脈絡中，否則便會產生不相應而難以搭掛。

中華文化原本陷入閉關自守下的故步自封，百年前面臨西學東漸的衝擊，被迫大幅改頭換面。一九○五年廢除科舉取士後，西式學校教育逐漸取代國家人才培育的責任。一九一九年的五四新文化運動，標榜「德先生」（民主）與「賽先生」（科學），其實就是追求「西化」的努力。如今八十五年過去了，海峽兩岸幾乎無可避免地被捲入以西化為實的「全球化」歷程，並以一定的經濟發展表現見證了這段歷程。但是教育乃屬樹人百年大計，面對全球化趨勢下，更需要通過文化性的反思，以決定具體實踐應該何去何從。

本書的寫作可視為探究教育哲學裏有關「教育學哲學」的部分，且秉持「華人應用哲學」取向，希望從「哲學史」和「哲學概論」的探究途徑中，發掘出有用於華人教育實踐的哲學基源問題或中心議題加以闡述。在哲學史的範疇內，一般包括中國、西洋、印度三大傳統，羅素（Bertrand Russell, 1872-1970）和杜蘭（Will Durant, 1885-1981）在寫哲學史時，都自覺表明所寫的是西洋哲學史。本書則呈現西洋和中國二者，不及印度傳統，因此也不擬討論佛學。以中國傳統而言，儒家與道家哲學至今仍蔚為顯學。以下用兩章篇幅分別介紹儒家與道家學說，且均以其在先秦時期所呈現

的基源問題為主。儒家的議題包括孔子論「仁」以及孟子和
荀子論「性」。

第一節　概念分析

　　中外人士皆視孔子為一大教育家，自無疑義。而孔子作
為人類文明史上偉大的哲學家，相信也沒有爭議。孔子
（551-479 B.C.）生活在兩千五百年前，他的思想至今仍影響
著人類哲學發展與教育實踐。身處華人社會，這種影響尤其
深厚，有待認真反思。孔子是儒家學派的創始人，也是第一
位以私人身分從事教學的教師（馮友蘭，2003）。他的學說
中心與思想主脈乃是「仁」，而達於仁的進路則是「攝禮歸
義」；換言之，禮、義、仁一脈相承，一以貫之，無所偏廢
（勞思光，1980）。

　　從現實面來看，儒家思想在當前的主要貢獻，是在道德
教育方面。臺灣的華人在人生目標與規劃上，大體追隨儒家
的格局，以扮好社會角色與善盡社會責任（但昭偉，
2002）。反思儒家思想落實於道德教育的可能性與限度，可
說是應用哲學在教育哲學方面可以著力之處。因此本書不擬
糾纏於純哲學的義理論辯，而聚焦於當前教育的應用。以此
考察孔子「仁」的思想，其目的無非是教導人們有效地安頓
人倫關係。「仁」字從「二人」，兩人以上方得形成人倫關
係，人愈多關係愈複雜，如何在其中妥善待人接物，的確是
教育實踐的重要課題。

　　「仁」不是孤立的概念，要放在「禮」、「義」中來看方

得其解。「禮」指的是制度儀文，必須有其道理或正當性始能成立，「義」指的便是這些正當道理。禮依於義，禮屬於義的體現，義則爲禮的實質；行禮循義，皆來自人心的靈明自覺，亦即立公去私的仁（勞思光，1980）。由此可見，孔子是以無私的仁心作爲事理和禮制的基礎。如今人們講究「情、理、法」，孔子思想以情來統攝理與法，顯示儒家思想是建立在充滿人倫關係的具體生活層面上，而不尚抽象道理的推論。

孔子「仁」的思想根植於人類眞實的情感，因此後世常以「仁愛」並舉。此處的愛不同於兼愛、泛愛、博愛，而是「差等之愛」，具有親疏等級之分。其首要即爲「親子之愛」，反映在人倫關係上的正是「孝」（蔡尚思，2003）。古人父母去世必須守喪三年，理由是我們經由父母撫養三年始得稍能自立。這種行爲要求在今日很難達成，但也由此可見儒家思想的深厚情感基礎。儒家思想是中國哲學的主流，歷兩千五百年而不衰。從教育哲學看，儒家哲學對道德教育和情意教育都極具啓發意義。

中國哲學有兩大特色，一是「不強調理性」，另一是「不涉入宗教」。尤有甚者，它屬於知行合一的「體驗性哲學」，並具有「取代宗教」的地位（馮友蘭，2003）。因此在考察中國哲學時，不能一味以西洋哲學的標準相較高下。事實上，深入探究需要典範轉移，亦即調整看問題的信念系統。

以孔子「仁」的思想爲例，西式觀點認爲它陳義甚高，接近宗教論述，乃視儒家爲儒教。其實「仁」所蘊涵的，只是平易近人的生活態度。這種生活態度不是建立在「講理」

而是走向「抒情」的道路。「抒情哲學」受到當代中國學者林語堂（1948）高度推崇，視爲中國人最睿智的表現。

孔門儒學最重要的繼承者乃是百年後的孟子（372-289 B.C.）。孔子標幟大公無私的「仁心」作爲道德實踐的理想境界，而仁心的存在必然假定有其「人性」基礎，孟子的貢獻正是對於人性的深刻探討。孔子的仁要求人們無私地「推己及人」（馮友蘭，2003），孟子認爲這是人性本善的緣故。

孟子主張擴充人的本性中的「四端」：惻隱之心、羞惡之心、辭讓之心、是非之心，由此展現四種「常德」：仁、義、禮、智。他更進一步引伸出，人必須充分發展這「四端」，方才使自己跟禽獸有所區別（馮友蘭，2003）。這種觀點顯示出人作爲道德主體的地位，爲孔子所開創的中國儒家哲學奠定了較爲完整的理論基礎（勞思光，1980）。

儒家哲學不是純理空論，而是具有強烈教化意義的社會實踐，其核心課題乃是圓滿人倫、挺立主體，並不斷回溯價值之源，以實現「善」的理想（葉海煙，2002）。這無疑指點了道德教育的途徑。但是環顧今日教育現況，道德教育只是諸多教育實踐的一環，且不是最迫切需要的一環，智識教育仍然爲學校教育的主軸。此外「人性本善」的問題千百年來也始終爭議不斷，例如一種解決方案是將性善解釋爲自覺「行善」而非生來即爲善（勞思光，1980），另一種看法則相信人選擇「向善」以求安心（傅佩榮，2000）。道德教育這種不受重視以及莫衷一是的處境，的確有必要通過教育哲學的規範指引，以重建其於華人社會的核心地位。

孔子揭櫫「仁愛」的人生哲學，孟子提出「心性」的闡揚深化，爲後世樹立了中國人文主義的典型。從後現代的觀

點看，儒家哲學爲指點如何「做人」做出了具體貢獻；至於「爲學」則屬於「做人」的一部分，智識教育理當納入廣義的道德教育之中，讓認知活動服膺於價值判斷。

第二節　批判思考

　　曾經有人比較中國與西方的哲學，認爲最大差別在於西方「只有哲學家沒有哲學」，而中國「只有哲學沒有哲學家」。此說雖然言過其實，但也多少顯示出西方哲學是建立在「不斷批判創新」之上，而中國哲學則傳承於「前後繼承擴充」之中。若依歷史朝代分期，中國哲學至少可以分爲先秦、兩漢、魏晉、隋唐、宋元明、清代，以及共和等七個時期。但是從古至今貫穿其間的，只有儒家和道家二者。至於佛家哲學則一如今日西學東漸，屬於外來思想的消融；而作爲其根源的佛教思想，將留待本書第十四章〈宗教哲學〉之中討論。因此在此介紹中國哲學時，僅取古典儒、道二家，並視之爲古今貫通的學統與道統。

　　經過了兩千五百年的傳承，「仁」的含義大致可以分爲三類：倫理的、政治的、宇宙論的（韋政通，1977）。不過從基源問題的性質上看，「仁」所涉及的即是倫理道德問題，且其解決方案只有一項，那便是「愛」。愛不只可用於倫常關係，更得以解決政治紛爭，甚至通透於全宇宙。把儒家哲學落實於教育實踐中，即是實施「愛的教育」。此處的愛不是小愛而是大愛，放在較大的脈絡裏來說，乃指一以貫之的「忠恕之道」。愛的教育至少要做到眞誠走向自我的

心，同時感通走向他人的心；換言之，教育實踐必須完成互
為主體的關係（翁開誠，2002a）。

　　孔子的仁愛學說落實而為推己及人的忠恕之道，積極面
希望「己欲立而立人，己欲達而達人」，消極面則盡量做到
「己所不欲，勿施於人」。這一些都發生在人我之間，在今日
可以用互為主體性或主體際性加以觀照。但是千百年前的封
建社會中，不曾出現有關主體性的討論，人我關係依於何者
而得以安頓，的確是一項問題。即使是孟子也只能用「不忍
人之心」去推己及人，而把問題的根源回歸「良知」與「良
能」。

　　在倫理學上訴諸良知良能，一如在數學上訴諸公理，意
思是「自明的真理」，不能再追問下去了。這在傳統上也許
講得通，至現代則必然要追根究柢。好在如今已是後現代，
拈出主體際性來觀照儒家思想，應當饒有意義。不過中國長
期以來未曾發展出西方意義下的個人主義，也就難以產生有
關主體性的論述。儒家雖重修身，但這只是集體主義（col-
lectivism）下的自我修養（self-cultivation），而非個人主義
下的自我實現（self-actualization）（張德勝，1989）。教育哲
學若想轉化儒家思想為己所用，一方面固然要直溯本源，一
方面也需要推陳出新，而這正是應用哲學的一貫態度。

　　應用哲學是後現代、後科學的哲學，用於「華人哲學教
育學」的建構上，希望盡量彰顯「主觀知識」和「局部知識」
的可能性。本書寫作的方式屬於陸象山式的「六經註我」，
而非朱熹式的「我註六經」，其目的在於「落實主體際性」
（翁開誠，2002b）。總之，本書可歸於敘事性（narrative）的
教材，寧以抒情取代說理，目的是讓哲學回歸成為「生命的

學問」。孔孟於教育實踐，開出《中庸》「尊德性而道問學」之說，至宋代陸象山體現「尊德性」的工夫，朱熹則走向「道問學」的路數（韋政通，1977）。其中象山心學的根源即在孟子心性學說，「華人應用哲學」於此理當在心性觀上多所著墨。

眾所周知，孟子跟稍晚於他的荀子（298-238 B.C.）在人性觀上大異其趣，但是他們兩人都屬於儒家學派的重要傳人。孟子主張性善，被歸爲儒家的理想主義派；荀子相信性惡，則被視爲儒家的現實主義派（馮友蘭，2003）。從教育哲學觀之，二者其實均可作爲教育實踐的出發點。性善者若能改過遷善，當能逐漸臻於至善；性惡者若能從善如流，多少可以隱惡揚善。教育活動原本即假定人有改善的可能，否則再多的教育也是徒然。由此可見，心性論已經觸碰到教育的核心問題，那便是教育的目的——「人爲什麼要受教育？」

儒家的教育最高目的乃是成聖成賢，其次則爲發揮人們的才智。爲了達到教化目的，必須設計一些具體可行的目標。在這方面，荀子較孟子務實得多。孟子要求人人都能夠擴充四端，難免曲高和寡；荀子則將人才區分爲大儒、雅儒、俗儒，或是聖人、君子、士等不同層次，予以差別要求及教化（陳超群，2000）。

孟子和荀子都生活在戰國時代，世局混亂，人心不安，然而他們對人性的觀察卻有著相當大的出入。這種情形在哲學史上屬於常見之事，只能說彼此氣質不同，導致所見各異。哲學史考察的作用，正是羅列各人諸派思想，相互參照，然後站在後設立場加以批判。

　　平心而論，孟子和荀子對於儒家哲學的貢獻，可說是相輔相成的。後世除了將二者分別歸為理想主義派與現實主義派，更指出他們其實分屬儒家思想向唯心主義及唯物主義發展的代表（馮友蘭，1991）。理想與現實、唯心與唯物的相對性，在西方哲學中層出不窮，在中國哲學中卻呈現互補之勢，的確堪稱「有容乃大」。

第三節　意義詮釋

　　作為中國儒家哲學兩大基源問題之一的「仁」概念，是孔子對於人的真性情之描繪。這種真性情表現出來可以是「剛毅木訥」，但絕非「巧言令色」。儒家對人的看法偏重人文面而非自然面，因此強調與人相對的即是禽獸，而人與禽獸的差別便在於道德良心（馮友蘭，1991）。儒家哲學的重點一旦落在道德性上，就走向實踐的道路，由內聖外王的工夫推己及人，次第落實正德、利用、厚生的理想（牟宗三，1976）。

　　「仁」的概念之所以出現，自有特定脈絡背景。其原始意涵不見得放諸四海皆準或歷久不衰，因此古今中外多有所增補及詮釋。儒家哲學經過魏晉、隋唐兩代沒落之後，至兩宋形成再生動力，有關「仁」的思想也在不斷更迭重構。至清末進入二十世紀，更不能不做內在意義轉化，以回應來自社會文化各方面的挑戰（葉海煙，2002）。如今二十一世紀之初又出現「重讀孔子」的呼聲，並據此反思：「我們是否只是想在一個速度迅猛而意義曖昧的『文化全球化』的過程

中以特定的（中國的）過去之舊爲普遍的（世界的）未來之新？」（伍曉明，2003：1）

答案應該這樣來尋索：「未來之新」是否一定屬於世界的、普遍的？所謂「文化全球化」是否眞的迅猛不可擋？而中國的「過去之舊」是否完全不適用？其實上述反思只有一項是確定的，那便是「全球化」的曖昧性。二十世紀末葉的「全球化」提法一如中葉的「現代化」（modernization）觀點，多少是西方世界有意傾銷「西化」（Westernization）的操作手法。身處東方華人社會的我們，理當深思熟慮其中意涵，不應貿然隨之起舞。

全球化如果指的是器用流行，例如網路、手機之屬，倒也不失其利，至少可以達到「天涯若比鄰」的理想境界。不過今日人間眞正難題乃是「比鄰若天涯」，人與人之間彼此瞭解的可能，反而顯得益發淡薄。虛擬網路當道時代，反而模糊了眞實的人際關係。要想改善現狀，傳統的仁愛思想並非完全沒有參考價值。

事實上，在西方倫理學的分類下，儒家倫理學常被歸爲德行倫理學（virtue ethics）一系，與亞里斯多德倫理學同樣列爲古典論述，不具新意。奇妙的是來到後現代時期，竟然出現多元主義（pluralism）當道，不但德行倫理學得以復興（Swanton, 2003），連儒家思想都有機會同新興的「關懷倫理學」掛鉤（方志華，2000），這不能不說是「仁愛學說」再興的契機。

在孟子、荀子分別提出的性善、性惡觀點之外，尚有告子的本能說。告子爲孟子同時代的人，常與孟子討論人性之本然。大家耳熟能詳的「食色性也」之說，便是告子的看

法。告子認爲「生之謂性」，人性即是人的天生本能；孟子反對這種看法，主張人性乃是指與禽獸不同之處（馮友蘭，1991）。仔細分析發現，孟子與荀子所爭議的是人性「應然」問題，牽涉規範性的價值問題；孟子和告子所探究的則是人性「實然」問題，涉及描述性的事實問題；兩種情形不可不辨。

人性的「應然」問題屬於倫理學範圍，可歸於哲學探討；其「實然」問題則屬於心理學範圍，須交由科學處理。前面曾提到，「教育學之父」赫爾巴特主張結合倫理學和心理學來建構教育學；同時涉及倫理學與心理學的「人性」問題，相信可以成爲教育學的重要議題。我們建議教師們將「人性的性善與性惡課題」納入傳統的「道德教育」講授，而將「人性的本能與區別課題」納入新興的「生命教育」探討；再將二者融會貫通於個人整個教育實踐中，通過教學活動與學生不斷對話並加以擴充。

孟子希望人們盡量「擴充」自己的「四端」，可視爲一種推己及人的努力。而從邏輯上來看，通過「人心」來窮究「人性」，必然會面臨不可克服的盲點。這正是著名的「戈代爾證明」（Godel's proof）所帶來的教訓：任何邏輯系統的一致性，無法在系統內得到證明（林正弘、劉福增，1983）。其引伸的意義爲：人腦無法完全瞭解思維如何運作，人心也難以徹底看清人性本然究竟。不過即使如此，儒家哲學對人性的討論也不應被忽視，反而更需要加以擴充，這正是教育實踐「擇善固執」的眞諦。

所有投身教育工作的教師，終其一生都難免要問一個根本的問題：「教育如何可能？」而當我們選擇走上教育這條

路，其實也就選擇了答案。教育也許是一種「知其不可爲而爲」的努力，古今中外卻有無數人終身行之，這份執著便創造了教育的意義。相信人性本善的人，會盡力維護這種崇高的價值；相信人性本惡的人，則會大力改善這種現實的處境。人們終究有向善的需要，否則不免陷入「率獸食人」甚至「人吃人」的險惡之中。大家一起同歸於盡，這絕非身爲教育工作者一分子的我們所樂見。

第四節　綜合討論

　　上節提到，傳統「仁愛」的概念有助於新興「關懷倫理學」的開展，而古代對人性的意見也可以借助現今心理學知識加以深化釐清。倫理學屬於實踐哲學，可以轉化爲後現代的「華人應用哲學」，事實上當前應用哲學最受矚目的一環正是應用倫理學。至於心理學乃是一門介於自然科學與社會科學之間的科學學科，有機會接受來自應用哲學方面的科學哲學批判。前章曾指出，科學哲學有邏輯主義和歷史主義兩種取向，其中出現較早的邏輯主義受惠於分析哲學，較晚產生影響的歷史主義則得力於科學史與科學社會學。

　　科學史與科學社會學著眼於知識發展的時空脈絡，並注意到其中的權力流動，「局部知識」提法即來自歷史主義取向的科學哲學論述。局部知識並非指科學工作者劃地自限，而是強調「任何科學知識產生都有其時空脈絡的局限性」，亦即知識生產乃受限於政治體制、社會規範、實驗設備、人力素質等等（Rouse, 1987）。例如高能物理學研究集中在美

國和西歐，蛇毒蛋白、B型肝炎以及烏腳病研究則是臺灣的
專長等，皆意味科學知識的生產有著相當程度的局限性，從
而構成它在全球分布的局部性。

　　後現代科學觀並不認為科學在人類知識中凌駕一切，它
只不過是所有類型知識中的一種而已。羅蒂的新實用主義看
重知識的一致性（solidarity），人們可以優游其中，進行主
體際的溝通（張國清，1995）。果真如此，科學與哲學已無
須壁壘分明，事實與價值也可以充分對話了。

　　我們正是站在這種為後現代思想所解構的氛圍中，提倡
將以儒家和道家思想為骨、肉、血的中國哲學，視為「華人
應用哲學」的基礎結構（infrastructure），而把西方及印度哲
學當作上層建築。這是一種全新的「中體外用論」後殖民論
述，來自清末至今百年辯證發展的思想豐收，其內容即是
「後科學人文自然主義」；「儒家人文主義」和「道家自然
主義」融會貫通為「中體」，其餘全部哲學、科學與技術皆
屬「外用」。

　　「中體外用論」標幟出「華人應用哲學」的主體際性：
「體」是立足點，「用」指對話空間；我們不看輕外國事
物，但更珍惜中華文化。當前的全球化只是表象，國家的建
制雖非必然但依然存在。倘若我們把愛心擴充至國家、民族
與文化，則此時此地，孔子仁愛思想所提倡的差等之愛，較
之墨子（475-396 B.C.）兼愛思想所展現的博愛，似乎更切
乎實際，也更具有參考價值。

　　中國經歷了二十世紀以現代化、全球化為名的西化過
程，如今在「德先生」與「賽先生」兩方面皆不落人後，但
是後遺症也陸續浮現。臺灣的民主政治出現議會脫序與族群

對立的亂象，大陸的經濟發展則形成唯利是圖和貧富差距的弊病。兩岸同屬華人社會，過去半個世紀雖然各行其道，然而近十數年已有所交流。本書主張華人社會同屬一個「文化中國」，與其相對的皆屬「外國」，「中體外用論」的「中」「外」之分即本於此。

「中體外用論」為本書所楬櫫的後現代「華人應用哲學」觀點，其核心思想係「後科學人文自然主義」，由此逐步建構「華人哲學教育學」。為促成與當前既有的西方式「科學教育學」形成對話機制，本書願拈出由傳統倫理道德教育擴充而來的「華人生命教育」作為合作的起點。在其中，儒家哲學的「仁愛」與「人性」概念，以及道家哲學的「道體」與「自然」概念，均有極大的發揮空間。

選擇「生命教育」而非「道德教育」的原因，一是前者所涵蓋的範圍較後者為大，除了「倫理」面向之外，還包括「生物」、「心理」、「社會」、「精神」等面向；另一原因則是臺灣即將把生命教育落實為包含八種教學科目的高中選修課程，使其具有充分的可操作性。

「生命教育」的提法，事實上帶來相當大的模糊和紛歧，但也正是因為如此，反而保留住廣泛的多元論述空間。它在臺灣最早出現於一九九七年，一年後成為學校教育政策，進入中小學以融滲式教學向下推動。經歷了一段載沉載浮的邊緣化過程，終於有機會在二〇〇六年體現為一系列的高中正式課程。生命教育一度被歸類出兩種取向：「倫理教育」與「生死教育」，本書將倫理教育視為道德教育擬在此不論，而對生死教育稍加闡述。

宗教信仰在西方世界是件大事，但於華人世界卻可能無

足輕重。倒是生死事大，儒、道二家皆有所回應。晚年大力
推廣生死教育並拈出「生死學」一詞的哲學學者傅偉勳
（1933-1996）曾明確指出：「儒家倡導世俗世間的人倫道
德，道家強調世界一切的自然無爲，兩者對於有關（創世、
天啓、彼岸、鬼神，死後生命或靈魂之類）超自然或超越性
的宗教問題無甚興趣，頂多存而不論而已。」（1993：156）
面對生死，孔子的態度是「死生有命」，孟子的心境是「殀
壽不貳」，兩人都對死亡沒有疑懼，一心在世間安頓人生並
推己及人，這是十分健康的現世主義生死觀（馮滬祥，
2002），值得所有華人咀嚼再三。

—— 主體反思 ——

1. 請根據個人的求學經驗，反思儒家思想是否在道德教育方面有所成效？

2. 《三字經》開宗明義即指出：「人之初，性本善；性相近，習相遠。」你認為這對自己的教育工作有否啟示？

3. 在臺灣社會中到處都看得見「仁愛」二字，這多少是受到政府提倡「四維八德」的影響，請對此一現象加以評論。

4. 你覺得在自己的學問事業上，「六經註我」的態度有何可能性與限度？

5. 西方有「基督教倫理帶動資本主義精神」的提法，後來則見到學者類比地探討「儒家思想促進東亞經濟發展」的可能，請根據文獻考察加以評論。

6. 無論古今中外，哲學始終糾纏於「實然」與「應然」的問題之間，你對此有何看法？請舉例說明。

心靈會客室

士與讀書人

　　年輕的時候讀《論語》、《孟子》，是在一種心不甘、情不願的制式教育下勉強爲之，無甚體會，當然也談不上收穫。中國哲學的缺乏系統性，是我那追求條理的心靈所難以契入的。道家思想還算好，拈一些話題，沾幾分境界，便顯得自以爲是。儒家思想卻總顯得道貌岸然，不易親近。因此它對我而言，彷彿永遠是書本裏的學問，爲了應付考試才必須認眞去讀、考過就忘了的那種功課。

　　儒家常被拿來跟道家對照地看，兩大學派都有兩位代表性的人物，曰孔、孟，曰老、莊。我家裏有兩幅人物畫像，一幅是老子騎牛，一幅是莊周夢蝶，印象裏道家這兩位代表都顯得瀟灑不羈。相形之下，孔孟的造型不是出現在書本裏的插畫，便是佇立在校園中的銅像，令人產生保持距離的尊敬。

　　尤其是孔老夫子。我曾經聽說過有關他休妻的故事，後來一想，老先生吃飯時要正襟危坐，肉若未切得方正就不吃等等習慣，相信天下沒有一個太太長期受得了如此要求，不把先生休了可謂難得。在夫妻感情方面，我寧願相信莊周戲妻和鼓盆而歌的故事所反映出來一對歡喜冤家的恩愛。作爲哲學教師，我更情願認同這些活在千百年前的聖賢，是一個個有血有肉、活生生的智慧人物。

　　平心而論，孔子生活的春秋時代，社會上還存在著奴隸，並非人人平等的，他卻想到用仁愛觀念去推己及人，的確非常了不起。孔子的身分稱爲「士大夫」，早先屬於世襲的貴族，後來也包括受過教育的平民。士大夫相當於今天的知識分子；至於受過教育的人如今滿街都是，已經沒有什麼稀奇了。五千年古國至二十世紀下半葉，在海峽兩岸都做到教育普及，無疑是件大事業。既然人人都要受教育，從事教育工作者

當然也不在少數。身爲教師起碼的工夫理當是一個讀書人，進一步要追求成爲知識分子的恢宏理想。

教師的工作爲教書，因此書讀得比別人多乃屬必要；更重要一點則是終身行之，日益精進，不可偏廢。而在博覽群籍之外，當老師的更需要自我養成明辨是非、知行合一的今日士大夫，也就是「後現代知識分子」。「後現代」意味「有容乃大」，「知識分子」代表「無欲則剛」。讀書人的一般要求是知識豐富、腦筋靈活，知識分子則必須有爲有守、風骨崢嶸，這大概才符合孔子的一貫形象罷！

參考文獻

方志華（2000）。**諾丁關懷倫理學之理論發展與教育實踐**。臺北：臺灣師範大學教育學系博士論文。

伍曉明（2003）。**吾道一以貫之：重讀孔子**。北京：北京大學。

牟宗三（1976）。**中國哲學的特質**。臺北：學生。

但昭偉（2002）。**道德教育──理論、實踐與限制**。臺北：五南。

林正弘、劉福增（1983）。戈氏不完全定理。載於成中英主編，**近代邏輯暨科學方法學基本名詞詞典**（頁241-242）。臺北：聯經。

林語堂（1948）。**生活的藝術**（第三版）。上海：西風社。

韋政通（1977）。**中國哲學辭典**。臺北：大林。

翁開誠（2002a）。覺解我的治療理論與實踐：通過故事來成人之美。**應用心理研究**，16，頁23-69。

翁開誠（2002b）。困知勉行下的覺解，有勞看官了。**應用心理研究**，16，頁78-81。

張國清（1995）。**羅逖**。臺北：生智。

張德勝（1989）。**儒家倫理與秩序情結──中國思想的社會學詮釋**。臺北：巨流。

陳超群（2000）。**中國教育哲學史**（第一卷）。濟南：山東教育。

傅佩榮（2000）。**哲學入門**。臺北：正中。

傅偉勳（1993）。**死亡的尊嚴與生命的尊嚴──從臨終精神醫學到現代生死學**。臺北：正中。

勞思光（1980）。**中國哲學史**（第一卷）（第三版）。香港：香港中文大學。

馮友蘭（1991）。**中國哲學史新編**。臺北：藍燈。

馮友蘭（2003）。**中國哲學簡史**（第二版）。北京：北京大學。

馮滬祥（2002）。**中西生死哲學**。北京：北京大學。

葉海煙（2002）。**中國哲學的倫理觀**。臺北：五南。

蔡尚思（2003）。孔子思想核心的面面剖析。載於龐樸、馬勇、劉貽群合編，**先秦儒家研究**（頁305-333）。武漢：湖北教育。

Rouse, J. (1987). *Knowledge and power: Toward a political philosophy of science*. Ithaca, New York: Cornell University Press.

Swanton, C. (2003). *Virtue ethics: A pluralistic view*. Oxford: Oxford University Press.

第七章

中國道家哲學——「道」與「自然」

引言

　　本書倡議以古典儒道二家思想為根源的「後科學人文自然主義」，作為「華人應用哲學」的中心理念，自此逐步建構「華人哲學教育學」，並用以批判及規範華人教育實踐。「後科學人文自然主義」是通過「中體外用論」的指導綱領來整合的；「後科學」代表致用的「外學」，既反映傳播外國文化的理論學問，也源自探討外部現象的科學知識；「人文自然主義」則代表主體的「中學」，以「人文關懷」為表、「自然和諧」為裏；表裏如一的「中體」，御「外用」而不為其所御。

　　走筆至此，我們要清楚地表明：百年前「中體西用論」是列強侵凌下次殖民地民族自尊心的反映，立意深遠卻難免故步自封；當今「中體外用論」後殖民論述則是後現代狀況下文化主體際性的開顯，靈明自覺擴充為有容乃大。本書正是本於這種自覺來反思中國哲學的。

　　必須說明的是，「中體外用論」裏面的「中學」，並非僅止儒、道二家；只是儒、道長期為顯學，因此以二者為探究主題。至於佛家思想，即使不論其宗教部分，仍應視為「外學」；所謂「中國佛學」，性質實與今日本土化的社會科學類似，不脫其「外學」的活水源頭。

　　有關儒道二家的分判，當代推崇道家的新儒家哲學家王邦雄言簡意賅地指出：「儒家的人文世界是由人性美善開展出來的世界，人間福報變化莫測，因此必須建立一個不變的道德世界，來定住生命；道家的自然世界是無為的，相信人的自然原就自然美善，人文的規範反而擾亂了原本美好的世

界。」（1985：69）這便是本書所關注的中國式人文主義與
自然主義之精神。前章闡述儒家思想，接下去我們要對道家
思想加以發揮，並嘗試將二者融會爲「中國人文自然主義」
觀點，再與外國各種後科學、後現代學術進行主體際對話，
以形成一套有助於教育理論建構和教育實踐開展的「華人應
用哲學」。

第一節　概念分析

　　任何哲學思想都形成於特定的時空脈絡中，而同一個時
空所出現的不同類型哲學思想，或可歸因於思想家不同的人
格特質，以及由此產生不同的心智活動結晶。皆爲先秦時期
重要思想的儒家與道家哲學，即屬於對於世道人心不同的處
理態度。這在當時也許是對立的，但在千百年後的今天看
來，它們的意義卻是互補的。我們主張融會儒道二家思想的
「中國人文自然主義」，需要肯定的正是其中互爲表裏、相輔
相成的價值。

　　儒家與道家人物在現實環境中，最明顯的差異便是前者
「入世」而後者「避世」。避世不是「出世」，出世乃是後來
受到西土佛教東傳的作法。入世的儒家以「仁」去安頓人倫
關係，並將它還原到「性」的本然中。避世的道家則以「道」
作爲天、人、地三才的歸宿，而其根本性質則是「自然」。
老子說：「道大，天大，地大，人亦大。域中有四大，而人
居其一焉。人法地，地法天，天法道，道法自然。」（第二
十五章）其意爲宇宙中有一道體，充塞於三才之間，若要窮

其究竟，必須回返自然。後世多在此一道體上大作文章，而陷入形上學的泥淖中難以解套。「華人應用哲學」希望將道家思想的後現代意義落在價值實踐中，因此捨宇宙論而取其人生論。

宇宙即指時空，是人生得以安頓的脈絡。當代新儒家哲學家唐君毅發現：「一般青年學生，一般社會上的人，所易感到之哲學問題，仍是如何從自然宇宙，去看人之生命心靈之地位價值，以定其人生文化理想的問題。」（1975：自序1）不過他並不太贊成哲學從宇宙講到人生，認爲這是「最彎曲的路」，而倒過來講，方能「直透本原」。「華人應用哲學」深表認同此種取向，並相信這是「六經註我」式的主體性彰顯，亦即從現實的需要和應用去開創科學與哲學的功能。此時一個思想及行動主體的立足點是「常識」，無須進一步論辯和證明（Angeles, 1981），爾後才逐步走向科學「知識」和哲學「智慧」。

從常識出發，「道」的概念分析結果可說既平凡又偉大，它相當類似於西方「上帝」的特性：道即是道路、眞理和生命。而最喜歡講「道」理的老子，同西方古代哲學家一樣，不斷嘗試去尋求「多」背後的「一」，或是尋找「變」之中的「常」。但是老子並不像西方人把「一」或「常」視爲抽象的「存有」，而看作是渾沌的「道」（張海晏，2003）。

道家的「道」可以理解爲「一套思維與表達的方法」、「一種知識和學問的道理」，和「一份生命與生活的情調」；老子對前兩者貢獻良多，莊子（369-286 B.C.）則充分體現後者。有關老子的生平，勞思光（1980）依各種文獻詳加考

據的結果，認為他生在孔子死後、莊子之前。孔子去世於西
元前四七九年，而東周的春秋時期正好於三年後結束，戰國
時代隨之開始。由此可見，道家哲學的兩位代表人物——老
子與莊子，都是生活在天下紛亂的局面中。說他們具有避世
思想，多少也有跡可循。

　　道家思想源出於春秋與戰國時期之交一些離群索居、遁
隱山林的人，孔子在《論語》中稱這些人為「辟世」的「隱
者」。但是他們並非僅止於隱避，而希望提出一套思想體
系，賦予自己的行為以意義（馮友蘭，2003）。其實這些隱
者的出身背景大都屬於「士」階層。春秋時期的士，有的通
過仕途上達公卿而成為「士大夫」，也有不得志者變成與庶
人為伍的「士庶人」。由於他們的身分浮沉不定，史籍中常
稱為「游士」。游士或仕或隱，遂有「游方之內」的儒家與
「游方之外」的道家之分（朱哲，2000）。

　　老子思想尚有政治性的關注，莊子思想則多集中於個人
處境的改善。莊子的改善之道為「見獨」，爾後能「無古
今」，進而臻入「不死不生」的境界；「見獨」的人生態度
表現為既無求於人，亦不為人所求。老子的理想是經由「聖
人」以道治天下，莊子的理想卻是通過「真人」、「神人」、
「至人」的歷程回歸自然（孫以楷等，2001）。道家所言的
「自然」，與其說是自然環境，不如說是一種「順應自然」的
狀態（韋政通，1977）。自然可以視為人的本性，能夠發揮
人的自然本性之能力謂之「德」。道家在「道」與「德」兩
個概念上的看法，均與儒家大異其趣。莊子相信作為人們的
自然能力之「德」若能充分自由發揮，就會達到幸福的人生
境地（馮友蘭，2003）。

　　當我們聽到莊子慨嘆：「吾生也有涯，而知也無涯。以有涯隨無涯，殆已；已而爲知者，殆而已矣！」（〈養生主〉）不由得感受到生命受制於知識的封閉與局限（王邦雄，1985）。事實上，這不但是人生一大困局，也是教育一大弔詭。受教育的目的原本爲求知，這便是目前流行的智育；問題是學無止境，即使終身學習也追不上知識膨脹的速度。改善之道或許可爲多推廣道家式的「德」育，來認清本身「自然而然」的可能性與限度，從而做一個有爲有守的「眞人」——眞正的自己。

第二節　批判思考

　　儒家與道家都談「道德」，但其內容著實大有出入。唐代韓愈即指出：「凡吾所謂道德云者，合仁與義言之也，天下之公言也；老子之所謂道德云者，去仁與義言之也，一人之私言也。」（〈原道〉）儒家通過仁義實踐，推己及人，倫常爲之改善；道家講究回歸自然，反璞歸眞，自我獲得安頓；二者既無衝突扞格，理當互補互利。站在今日華人社會來看，小國寡民已無可能，但是避免目迷五色依然有其必要。我們還是可以學習科學技術，從事經濟發展，不過要切記適可而止，以免過猶不及，陷溺於科學主義和資本主義的深淵中不克自拔。

　　中國道家哲學作爲一種「華人應用哲學」方案，不但在人生哲學與教育哲學上有所啓迪，更及於政治哲學與科學哲學；教育哲學留在後面討論，現在分別來考察道家思想對政

治與科學的影響。

　　道家思想的共通點在於「全生保眞」和「輕物重生」，它們皆代表一個人身處亂世的消極反抗態度（馮友蘭，1991）。對於政治所抱持的態度，老子和莊子都主張不治之治，亦即無爲而治；不過老子同意聖人經由「無爲而無不爲」以治國，莊子則反對任何體制而走向無政府狀態（馮友蘭，2003）。全面地看，莊子思想有助於「獨善其身」，老子思想則可及於「兼善天下」，但與儒家的方法大異其趣。老子言：「我有三寶，持而保之。一曰慈，二曰儉，三曰不敢爲天下先。」（第六十七章）用於爲君之道，則指仁慈爲懷、開源節流，以及謙遜待下（范壽康，1982），這些都值得當今統治者參考。

　　在科技方面，今日科學技術的源頭幾乎完全是西方的產物，十七世紀的科學革命和十八世紀的產業革命，爲後世奠定了科技文明的基礎。但是在十五世紀以前，全球科技最發達的國家卻是中國。英國科學史學家李約瑟（Joseph Needham, 1900-1995）花了半個世紀時間，撰寫成三十四冊的《中國科學技術史》，即爲呈現此點（王錢國忠，1999）。

　　而於中國主流思想中，李約瑟發現道家以及其後的道教思想，在中國科學與技術的發展上，扮演了極爲吃重的角色。他具體指出，道家「反智」乃是反對儒家爲封建社會所建構的道德學問知識，而非對自然宇宙有所認識和瞭解的參天化育知識（程滄波，1985）。道家的參天化育知識，即是對於「道法自然」的闡述，而《老子》一書也成爲中國第一部正式的私人學術著作（馮友蘭，1991）。

　　哲學的目的在解決宇宙與人生的問題，而人生又不脫宇

宙的限制，並於其中發展各種可能性。站在「華人應用哲學」立場反思，西方哲學爲解決宇宙時空之內種種現象問題，開創出各類自然科學與社會科學學科；而包含哲學在內的人文學，也得到了長足的進步。在西學東漸甚至凌駕全球的當下，我們不禁要問：中國哲學的主體性何在？

「主體性」的問題可以有兩種提法：一種是與「客體性」相對；像勞思光（1980）即認爲，中國哲學中的隋唐佛學與宋明理學皆集中探討主體性的問題，若以窮究客體性的理論強加其上，便會產生不相應。另一種提法則是伴隨「主體際性」而來，這是西方哲學自存在主義到後現代主義的一貫關注，其根源同樣是一種相對於客體性的主體性。近年臺灣流行使用「主體性」一詞，主要指向國家主權、族群文化、個體人權之類議題而發，希望得到其他主體的重視與肯定，這大致可視爲「主體際性」理念的延伸應用。

本書倡議以「中體外用論」的「後科學人文自然主義」爲內涵之「華人應用哲學」，並非故步自封之舉，而是有容乃大的努力。我們認同唐君毅「直透本源」的哲學探究方向，確立「由人生看宇宙」、「自人文契入科學」的思想道路；並據此以人文性的哲學來闡述教育理論與實踐，從而建構「華人哲學教育學」。在這層意義下，「自然」、「生命」等概念，便少涉於「自然科學」、「生命現象」等客體性意涵，而貼近「自然而然」、「生命情調」等主體性情境。這種情況在西方哲學中也曾經出現過，像存在主義所促成的智性哲學朝情意哲學轉向即屬之。

往深一層看，西方哲學長期以來皆以理性思辨掛帥，即使在中世紀服從於宗教信仰，仍然以理性爲主流，而把神秘

體驗歸於非主流。西方人的情意面一向交給宗教而非託付哲學，以致存在思想一出，從叔本華、尼采到沙特都標榜無神，這在中國是沒有意義的。西方的人文主義與基督宗教信仰相對，因此在凸顯主體性的情意面取而代之，必須加以言明。中國自古即沒有明顯的系統化宗教信仰，充其量只有巫祝式的原始民俗信仰。而儒道二家皆代表具有豐富主體性的生活態度，它包括了人們知、情、意的全部。及至後來佛教傳入，與之對抗的道教應運而生，制度性宗教信仰方才逐漸深入民間，「自然」之外也出現了「超自然的」（supernatural）世界，其與道家「自然無為」的境界已相去甚遠矣！

第三節　意義詮釋

　　作為「中體外用論」中心思想的「後科學人文自然主義」，理當分為兩部分來看：「人文自然主義」是「中體」，「後科學」理論與實踐屬「外用」。在「中體」部分，融會儒道二家的中國哲學構成人文自然主義的「硬核」。「硬核」之說源自匈牙利科學哲學家拉卡托斯（Imre Lakatos, 1922-1974），他所稱的「研究綱領」是一種具有不容反駁和改變的穩定性和確定性之基本理論；其外圍則有一層「保護帶」，可以隨時調整和改變（趙敦華，2003）。「中體」以融會儒道二家的「人文自然主義」為「硬核」，其他所有中國人文學術，諸如史學及文學藝術等，皆可視為「保護帶」的內容；至於外國人文學術，例如西方和印度哲學，再加上無分中外的自然及社會科學之理論與實踐，乃歸於「外用」部分。

　　總之，作爲後現代中國哲學的「華人應用哲學」，在「知識／權力」流動的處境中，必須拈出主體際性以貫徹有爲有守的積極立場，避免在隨波逐流中不斷被邊緣化。通過這種文化主體性的考量，「華人應用哲學」要求兩項基本分判：首要的是在文化根源上辨明「中國的」與「外國的」，其次是在知識上辨明「人文學的」與「科學的」。

　　事實上，這種「劃清界限」（boundary work）的動作，西方人和科學家不斷在進行。上個世紀內，華人世界雖蒙其利，卻也深受其害。如今已邁入二十一世紀，於後現代「海闊天空」（anything goes）的許諾下，通過以現代化及全球化爲名、科學化及西化爲實的西潮洗禮後，當下重新肯定傳統文化所蘊涵的精神，應該具有十足正當性。不過以「華人應用哲學」爲形式與內涵重新出發的中國哲學，勢必要秉持有容乃大的理想，揚棄故步自封的窠臼，方有可能走上永續發展的道路。

　　本書所闡述的義理已呈現近半，整冊書的核心部分即在第七、八兩章有關中國儒、道二家哲學的部分，它們分別由孔、孟及老、莊四位先秦哲學家開其端，爾後始有不斷推陳出新的新儒家與新道家。根據馮友蘭（2003）的考察，新道家出現在魏晉，新儒家則見於宋元明，至清末民初便面臨西方哲學傳入的衝擊。如何吸納西方思想與文明的精華，而又不爲其所吞噬，正是百年後的今日我們所要處理的重大課題。本書所提出的具體方案，即爲發展「華人應用哲學」。

　　「華人應用哲學」是一套「中國人生哲學」，以「自然之道」爲內在素質，向外表現爲「仁愛本性」，據此安身立命。在生活實踐中，追求知識、推動教育、發展經濟、參與

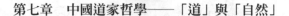

政治等，均爲各人所追求的理想生活內容。以「華人應用哲學」來反思「華人教育哲學」，進而嘗試建構「華人哲學教育學」，將是下篇主要任務。

　　老子講「道法自然」，意思是說宇宙與人生的根本道理，其實就是一種自然而然的狀態，不需要刻意去改變它。這個道理牽涉到我們對世界和生活的信念。中國人長期以來不乏人生信念，卻不見得有宗教信仰。宗教的核心都有一種哲學，這種哲學加上一定的上層建築，包括迷信、教條、儀式和組織，就構成一套宗教系統（馮友蘭，2003）。以儒道二家爲主的中國哲學之特色，乃是沒有這些上層建築，千百年來卻能夠讓中國人安分守己、安身立命。依「奧坎剃刀」原則來看，中國人沒有宗教信仰並不爲過。再說世上根本無所謂「宗教」，有的只是這種宗教、那種宗教而已。信仰具有排斥性，一個人一次只能信一種宗教；雖然他可以「改宗」（conversion），但同時信多種宗教則無甚意義。這點特質爲哲學所無，比較西方上古及中古哲學即可發現其中差別。

　　我們把各式各樣的宗教信仰及民俗信仰，當作多元的文化活動與社會現象來看待，對其背後的道理則「納入括弧」（epoch?）存而不論。相對地，作爲哲學著作，本書希望積極提倡一套以「中國人生哲學」爲核心、適用後現代華人社會的人生信念。這套人生信念將人的「仁愛本性」視爲「自然之道」，從而直透本原，融會古典儒道二家，再一以貫之落實於當今。

　　我們建議讀者盡可能用後現代的「自然而然」心態，至少對《論語》、《孟子》、《老子》、《莊子》等「儒道四書」加以解讀和詮釋。至於其他的中國哲學家，我們只打算推薦

一位代表人物和他的著作，那便是東漢的王充（27-104）及其《論衡》。王充的歷史貢獻，一言以蔽之，即是「疾虛妄」。這種批判精神在兩千年後的今天看來，依然振聾發聵，歷久彌新。

面對仁、性、道、自然等儒道二家的基源問題，我們也有意重現「中華文化復興運動」的旗幟，但不是由官方主導，而是由民間發起，且可以自師資培育的教育實踐中起步。「教育哲學」是臺灣中小學師資培育課程中，除「教育史」之外僅有的人文類科目。近年拜檢定考試之賜，有機會成為必修之課。本書雖為因應教學需要的教科書，但仍希望發揮最大的附加價值，以形成「中體與外用融會」、「人文與科學對話」的綜效。

我們拈出「華人應用哲學」、宣揚「中華文化復興」，是肯定一個「文化中國」意義下的「華人社會」之存在。我們相信「血緣基因」的傳承加上「文化基因」的傳播，有機會讓「華族文化、東亞經濟、漢語中文」成為二十一世紀的巨流；至少也要能夠做到與眼前的「歐美文化、西方經濟、英語洋文」甚囂塵上、無孔不入之偏頗局面分庭亢禮才是。

第四節　綜合討論

　　作爲後現代中國哲學的「華人應用哲學」，本著「先人
生後宇宙」的哲學進路，嘗試先安頓人生再探索宇宙。這並
不意味我們在安頓人生時對宇宙萬物一無所知，何況人生無
論如何都必須在宇宙中安頓，只是人們不一定要在窮究宇宙
後方能安頓人生。問題在於現今教育一味偏向智育，勉強推
展體育，卻明顯忽視德育和美育。一旦把德育擴充而納入群
育，再統整智育和美育，便有機會開啓學生心靈活動的眞、
善、美三面向；倘若進一步結合體育，即能達到身心整全的
理想。

　　在德、智、體、群、美五育之中，德育、群育和美育主
要屬於情意教育，如果加上體育則可發展爲廣義的「生命教
育」，而與「智識教育」相輔相成。在現今高等教育中，智
識教育被分工成專門教育，生命教育則列爲通識教育，許多
學校將體育排入通識課選修即是一例。「生命教育」一詞在
臺灣蔚爲流行，不免出現「光環效應」，耀眼奪目卻渾沌不
清。不過經過數年的教育實踐，它已大致走出兩種取向：倫
理教育與生死教育。我們認爲儒家思想對倫理教育甚有啓
發，而道家思想足以在生死教育上撥雲見日。

　　臺灣的「生命教育」在內容性質上趨近人生哲學，適足
以發展「華人應用哲學」，反思「華人教育哲學」，進而建構
「華人哲學教育學」。近年許多人在談存在主義教育哲學，當
存在主義作家卡繆（Albert Camus, 1913-1960）於《西齊弗
神話》中宣稱：「只有一個哲學問題是嚴肅而迫切的，那就
是自殺。」生命教育所揭櫫的人生哲學，遂無疑對此產生了

不可或缺的重要性。而當我們讀到老子有言：「善攝生者，……以其無死地。」（第五十章）莊子有言：「善吾生者，乃所以善吾死也。」（〈大宗師〉）即可知以老莊思想為中心的道家哲學，不但在「華人生命教育」上得以大大發揮，更對反思「華人教育哲學」深具啟發性。

作為建構「華人哲學教育學」基礎的「華人應用哲學」，以儒道二家思想為理論核心自不待言。拉卡托斯提出「研究綱領」具有「硬核」和「保護帶」的說法時，原本指的是科學理論通過經驗測試的結果。哲學理論不似科學可以用感官經驗來測試，卻能夠通過內在體驗「反身而誠」，當下肯定自家觀點的主體性。以時空脈絡中的主體靈明，去彰顯理論學說主體性，反映出來的是一種人生信念，其根源深植於常識中，不證自明。我們認為後現代華人社會需要「華人應用哲學」，箇中道理淺顯明確。其情形正如：當有人質疑勞思光何以斷言胡適（1891-1962）的哲學史著述中沒有哲學成分，他的答覆乃是請質疑者自己去讀胡適的書便會明白。本書的立場亦可做如是觀。

華人需要華人哲學，這是再自然不過的事情。華人哲學不全然是華人發明的哲學，但必須是適於華人所用的哲學。這種哲學理當有體有用，「體」的部分包括無涉於宗教意義的中國式人文主義和自然主義，「用」的部分則涵蓋外國人文學術以及各種自然與社會科學。這種分判不是阿Q心理作祟，而是有真正操作性質和實踐意義的。擁有文化主體自覺的教師，教導學生由自我「覺」察中進行自我「抉」擇，從而產生自我「決」定，長此以往，民族文化的命脈始得接續。否則年輕人在全盤西化的趨勢下不斷崇洋媚外，只有逐漸自「絕」生路爾後步向自「掘」墳墓一途。

　　教育哲學不是沒有規範意圖的空論，它可以背負一定的價值使命，連分析教育哲學都從善如流。本書寫作的目的，在於喚醒有志從事教育工作的大學生及研究生之民族意識與靈明自覺。此一意識和自覺有可能過與不及；在「全球化」的潮流裏隨波逐流而喪失「文化主體性」是「不及」，在「本土化」（indigenization）的呼聲中藉「主體性」之名行分化斲喪族群和諧之實則是「過分」。為避免過與不及，本書不提「中國人」而言「華人」，即為凸顯後者所擁有的「文化母體」之意義。

　　走筆至第一卷之末，我們在此對本卷七章做一總結反思。臺灣的哲學教育皆根據西方哲學的內涵與架構而設計，其實並無可厚非。縱向分別介紹中國、西方、印度三路哲學史，橫向循序講理則學、形上學、知識學、倫理學和美學，形成一套完整的系統觀點，無疑有助於學生迅速掌握要點。但是此一分類架構，往往使人誤認中國哲學充滿著倫理論述而限於一隅。

　　事實上，中國哲學的確較少在後設性的理則學和知識學大加發展，但是絕不乏關注於宇宙的學問，並在此對形上學做出貢獻。不過中國的形上學經常帶有倫理道德方面的人生價值意涵，對照於西方形上學深受基督宗教影響而包括「上帝存在」的議論在內，其中異同頗值得玩味。

　　西方哲學自從存在主義將關注對象從宇宙轉向人生，接著後現代主義又揚棄定於一尊的真理，代之以海闊天空的敘事，反映人生的「生活故事」（life story）遂在哲學論述中擁有正當性。面對這種哲學流行趨勢，重拾儒道二家的人生智慧加以闡揚發揮，不也正是去敘述一段段精彩的生活故事嗎？

── 主體反思 ──

1. 你贊成哲學探究的途徑可以由人生來觀照宇宙嗎？這樣會不會有陷入主觀地「萬法唯心造」之危險？

2. 以「常識、知識、智慧」三部曲，反思自己的求學歷程，你覺得有否受到啓發？

3. 老子說「不敢爲天下先」，這是一種「老二主義」，你對此有何評論？能夠在生活中實踐嗎？

4. 莊子慨嘆「生也有涯而知也無涯」，如此說來，教育工作該當如何推動，方能無過與不及？

5. 你能理解本書所提出的「後科學人文自然主義」嗎？「人文」如何與「科學」對話？又如何與「自然」互補？

6. 你贊同本書所倡議的「中體外用論」嗎？在全球化如火如荼開展的當下，這是否爲一種阿Q式的癡人說夢？

心靈會客室

慕道與行道

　　十五歲起開始形成自己的想法，並且逐漸凝聚出一片模糊的人生理念，察覺到生命裏哪些是重要、哪些又是不重要的事情。我不知道別人怎麼想，自己當時的確是很迫切希望瞭解生命的意義與價值。信不信由你，我上高中後就有心考哲學系了。這多少是受到流行的道家、禪家和存在主義一系列思想影響，而我長期以來卻始終未感受到儒家義理的親切，這或許是生命情調的不相應罷！

　　從十五歲走到五十歲，終究成了哲學中人，並以此爲業。但我走著走著竟步向冷門的科學哲學道路上去，而且鑽進僻靜的小巷裏，獨自踽踽前行，終日浸淫在一冊冊、一篇篇的英文文獻中，如此數十載，幾乎無人可與之對話。我的碩士論文、博士論文，以及教授升等論文，所處理的都是最新的科學哲學議題，逼得我不斷埋首讀洋書，引經據典更是完全西方文獻；這一來是因爲題材太新沒有中譯本，二來也想藉此證明自己掌握的完全是一手資料。當然我的作品仍然以中文發表，難以刊登在學界講究的SCI或SSCI期刊中，不過圈內那種全盤西化的遊戲規則，仍舊必須隨之起舞。

　　年過五十後，回首驚覺自己已經教了二十年的書，竟然只會曹隨前人的教學研究步履，沒有任何一點生命的流露，更不用提對生命意義和價值的瞭解。這時候，塵封已久的「國故」，卻神奇地發散出絲絲光芒，雖然微弱，倒也讓我感受到一份溫暖。我終於開始關注起早年所疏忽的哲學功課了。

　　平心而論，在臺灣念土博士有個好處，那就是從學士班、碩士班到博士班，中國哲學都有吃重的必修課。求學十年間，我的中國哲學作業和報告也寫了不少篇，卻都是些外緣性的研究，鮮有主體性參與。對於

像道家、禪宗的思想，我雖心嚮往之，卻從未深入探究，可說慕道卻未行道。在我看來，行道至少需要修行的工夫，爾後才有實行的結果。未來個人的學術教育生涯中，我打算回頭去親近這古老的民族文化資產，讓自己重新認識文化中國——一個精神上的母親。

　　我決心在學問道路上有所轉折，與其說受到外在情境的影響，不如說是來自內心的騷動。那種許久以前嚮往追求詩意的、人文的哲學心靈，竟然不明就裏地走向邏輯的、科學的路徑上去。如今驀然回首，卻見母親在遠方頻頻揮手。我想自己今後是會不斷貼近中國哲學的，但絕不會用西方做學問的方法去割裂她，而是用自己的生命情調去呼應她、呵護她。

參考文獻

王邦雄（1985）。**緣與命**。臺北：漢光。

王錢國忠（1999）。**李約瑟畫傳**。貴陽：貴州人民。

朱　哲（2000）。**先秦道家哲學研究**。上海：上海人民。

范壽康（1982）。**中國哲學史綱要**（第九版）。臺北：開明。

韋政通（1977）。**中國哲學辭典**。臺北：大林。

唐君毅（1975）。**心物與人生**。臺北：學生。

孫以楷等（2001）。**道家文化尋根—安徽兩淮道家九子研究**。合肥：安
　　徽人民。

張海晏（譯）（2003）。**論道者—中國古代哲學論辯**（A. C. Graham著）。
　　北京：中國社會科學。

勞思光（1980）。**中國哲學史（第一卷）**（第三版）。香港：香港中文大
　　學。

程滄波（譯）（1985）。道家與道教。載於陳立夫主譯，**中國之科學與文
　　明（第二冊）**（修訂四版）（J. Needham著）（頁49-255）。臺北：商
　　務。

馮友蘭（1991）。**中國哲學史新編**。臺北：藍燈。

馮友蘭（2003）。**中國哲學簡史**。北京：北京大學。

趙敦華（2003）。**現代西方哲學新編**。北京：北京大學。

Angeles, P. A. (1981). *Dictionary of philosophy*. New York: Barnes & Noble.

第二篇

「哲學概論」途徑

第八章

理則學——「推理」與「批判」

引言

本書在第一篇〈「哲學史」途徑〉中，以七章篇幅闡述了西方與中國哲學的基源問題，初步鋪陳出一幅簡單的「華人應用哲學」背景圖像。形成於一九九〇年代的西方應用哲學，倘若不從分期而從時代精神來看，可說屬於「後現代的」、「後科學的」二十一世紀哲學。至於它所反映的歷史景深，則是「傳統的」與「現代的」哲學，或是「前科學的」與「科學的」哲學。

我們從對古今中外哲學議題的反思中，首先肯定哲學作為人文學學科的規範性質，爾後發現了「從人生到宇宙」的思考方向，自此拈出「後科學人文自然主義」的「華人應用哲學」觀點，並倡議「中體外用論」的學術生命。第二篇〈「哲學概論」途徑〉所鋪陳的，便是自此一方向開創「華人哲學教育學」的初步建構。

身為華人學術教育工作者，我們必須捫心自問所學何事？所為何事？本書嘗試為華人社會的教育實踐，提供可能的應用哲學視角。有些教育學者對哲學彷彿高姿態的「啟發」不以為然，本書所努力的則是平起平坐地對話。身處終身學習的時代，我們無時無刻不是「受教者」，因此根據己見發表對「教育」的哲學性看法，相信同樣有其正當性。

本書「用」外國哲學的框架來承載中國哲學的「體」，乃是為利於寫作與教學的方便法門。第二篇分別以西方分類下的哲學五項主要分支，加上兩項重要相關領域的中心議題之討論，來觀照教育學內部的兩大分支學科——「課程論」與「教學論」。事實上，由於課程與教學已經各自擁有專門

科系、專業學會以及學術期刊，它們幾乎可以算是兩門教育範圍內的獨立學科，其重要性自不待言。至於九年一貫課程的教學，則構成具有重大意涵的華人世界本土化地方性議題，同樣需要通過批判性的哲學觀點加以考察。第九章我們即從哲學的批判思維工具——理則學——出發，重點式地探究教育問題。以下我們採行的哲學觀點乃是相互融通的「中體外用論」。

第一節　中心議題

「理則學」一般通稱為「邏輯」；後者為章士釗的音譯，前者乃是孫中山的意譯，而在日本則譯作「論理學」；有類似意涵的還包括中國古代的「名學」，以及印度古代的「因明學」。在西方哲學的傳統裏，邏輯指的是人類的思維推理形式，主要包括演繹法、歸納法和辯證法三大類，它們都可以在古代哲學中找到思想的根源。

從本書第二章的分析可以發現，古希臘時代所討論的思維方法雖然著眼於形式，卻涉及了形式所反映的具體世界。思維推理與現實世界是否相符的問題，理則學本身無法解決，後來遂衍生出知識學來加以探討。「知識學」有時被譯為「認識論」，以強調人心主觀認知客觀世界面向。近代知識學充分發展以前，這方面的探究被稱作「人邏輯」，而傳統推理方法則屬於「小邏輯」。

理則學發展至二十世紀，已經從二值邏輯擴充為三值甚至多值邏輯，把原先的「非真即假」判準，加入了一項「不

可決定」的因素（林正弘、劉福增，1983a）。不過傳統的演繹法，仍然循著「非真即假」的模式來運作，因此被視為最為嚴謹的推理形式。理則學的性質類似數學，事實上，邏輯主義甚至認為所有數學概念都可以經由定義，從邏輯的概念推導出來（林正弘、劉福增，1983b），這當然是愈抽象愈嚴謹。

然而一般人從事推理並非只進行抽象思考，更重要的是用以解決現實的問題，但是現實問題卻往往無法當下判定真假分明。被視為「科學方法」的歸納法需要在時空脈絡裏考察，往往只能提供「蓋然」而非「必然」的真實性；至於辯證法更因為相信「矛盾律」無所不在，而與邏輯的純粹形式要求相去甚遠，以至於波普認為歸納法和辯證法都算不上邏輯推理（傅季重等，2003）。

不過人生問題並非只有事實真假可言，更多時候我們必須做出是非、善惡、對錯、好壞、美醜等價值判斷。循著「從人生到宇宙」的「華人應用哲學」途徑，我們認為價值判斷是「體」、事實認定則是「用」；人生不能缺乏實用的「講理」，但也不應反客為主而斷喪了主體的「抒情」。過去人們常認為華人好說「情、理、法」，人情先行而忽略了事理和制度。但是仔細思量，「堅持道理」和「講求法治」，不也是一種高度的「情意表現」嗎？難怪聖奧古斯丁認為「自由意志」即意味「能做」卻也「能不做」（鄔昆如，1971）；理性反思的自我克制之原動力，其實正是無比的情意力量。

蘇格拉底主張「知德合一」，是以知識來指引德行；儒家講「尊德性而道問學」，則是通過道德而形成知識。西方

傳統裏的知識與理性緊密關聯，一旦落實在經驗世界，很自然便開出科學的道路。中國傳統裏的知識訴諸道德良心，在生活體驗中尋得自我安頓，不假外求，走的乃是「人文化成」的路徑。中國在二十世紀被迫接受西洋文明的洗禮，西方世界卻在世紀中葉出現「兩種文化」（two cultures）割裂的危機（林志成、劉藍玉，2000）。「兩種文化」指的即是「科學」與「人文」各自爲政、不相聞問，這種情形後來靠著在大學裏推動通識教育方才獲得改善（金耀基，1983）。

　　如今走進二十一世紀，放眼看去，兩岸華人社會的科學發展與技術創新大致不落人後，且已形成政治平穩、經濟繁榮的局面，剩下的便是文化接續傳承的問題了。在保存東方文化的努力上，日本的成就經常被提及。日本西化的程度較中國既早且深，致使他們有能力發動大型的侵略戰爭。二戰後日本從廢墟中站起來急起直追，竟然能夠讓西方人刮目相看。就以學術成就來說，最近日本連年獲得諾貝爾科學獎項，其人才且多在本國從事研究和任教任職，這就不能不說是科學扎根。科學固然爲西方人理性思維和經驗探究的產物，日本人證明了東方人也可以在這方面有所豐收。問題是移植科學精神就一定要全盤西化嗎？

　　「科學精神」在根源上有一項很重要的因素便是「講理」，也就是「批判」的工夫。講理就是講求推理，這表示萬事萬物中都有其道理在，不能任人扭曲。此點其實無甚爭議，因爲任何正常人都不會做些不合邏輯的事情。但是批判思考還包含著「實事求是，無徵不信」的科學信念，是否足以普及於人生各方面，尚有待商榷。尤其是在人生態度上，中國人所講的「反身而誠，無向外馳求之誤」，便與科學精

神大異其趣。

　　總而言之，西方人的思維方法可以為東方人所用，但不必然放諸四海皆準。日本哲學家中村元即根據全面研究發現，思維方法具有民族特性，必須對之做出嚴謹地批判反思（徐復觀，1991）。本書的一貫主張是「民族自覺，去蕪存菁」，希望取他人之長為己所用，但不應長他人志氣滅自己威風。此等立身處世的主體性之彰顯，即是當代新儒家哲學家牟宗三（1909-1995）所說的「生命的學問」。

第二節　課程應用

　　西方哲學的主要分支包括哲學史、理則學、形上學、知識學、倫理學、美學等六門，後現代應用哲學亦可作如是觀。本書第一篇已對中西哲學史有所闡述，第二篇則分章引介其餘哲學諸分支，並連帶考察與哲學關係密切的宗教和科學之哲學意涵。為使哲學真正應用於教育方面，第二篇的七章皆將哲學論述指向教育學的兩門主要分支學科——「課程論」與「教學論」，這兩門分支被視為用以分析「教育領域獨有的實際問題」（石中英，2002）。

　　「課程」的含義歸納起來大致有四種：課程即教師的「教學科目」、課程即學生的「學習經驗」、課程即政府的「文化再製」、課程即民間的「社會改造」（周艷，2002）；美國的典型課程教科書則將「處理課程的方法」，分為「技術性的科學方法」和「非技術性的人文方法」兩大類（柯森，2002）。由於關注於思維方法的理則學在中國哲學中不

甚發達，傳統上只有先秦時期專門探究名實關係的名家值得一提（馮友蘭，2003），因此本章大體是西方理則學的應用。

「邏輯」討論的是人類的思想規律，但是思想藏在一個人的腦袋中，別人也無法得知，因此邏輯必然要指向語言與文字。語言文字的作用是爲表述人們心裏或腦中的意念，尤其是白紙黑字，即使寫的人已經作古，其意念仍舊可以被批判；事實上整部哲學史便反映出這種批判的成果。

「批判」的英文名詞爲 "criticism"，源自希臘文 "krinein"，意指「判斷」、「辨別」，其形容詞 "critical" 更有「關鍵的」意思。它是哲學上的重要概念，也是哲學思考的關鍵性功能；如果哲學不談批判，就沒有哲學意涵了。然而 "criticism" 在漢語中尚可譯爲「批評」，而批評別人在我們的社會中卻不是一件好事。因此哲學批判常會落得吃力不討好，但是教師還是應該通過教導學生合乎人情的推理，來養成哲學批判的精神。

所謂「合乎人情的推理」，可以拿「女性主義」（feminism）作爲例證。女性主義教育哲學家瑪丁（Jane Martin）便質疑，批判思考態度是否始終爲毫無缺點的好事（an unalloyed good）（Noddings, 1998）。她舉出醫學倫理用抽象論證去解決生死攸關事件的不當，而這正反映出本書立場：「大處著眼、小處著手」；整體上考慮大原則，個別中注重小脈絡。後現代應用哲學的特色即是「包容多元、允許例外、嘗試另類」。像女性主義認爲客觀理性、公平正義、科學技術之類事物背後，都只蘊涵著「陽剛」的價值，卻忽略了「陰柔」的作用，不加深究即視爲主流價值而追隨之，乃

屬於短視偏見。如此另類思維值得我們反思其中的意義。

前面提到，課程的界定包含四個面向，我們可以把課程視為一組教學科目、一套學習經驗、一種文化再製，或是一系列社會改造。以下即用哲學的人文方法來考察這些面向。

強調「教學科目」的課程觀反映了許多教師與學生的日常經驗，像大學裏分為通識和專門課程，以及基礎與進階課程等；每一類課程再細分出許多教學科目，其中還會出現先修與擋修的問題。課程區分所反映的乃是知識分類，理則學著眼於這些分類的合理性。像臺灣實施的中小學九年一貫課程，以七大學習領域的分類來進行課程統整，但其區分邏輯和統整理據（rationale）均受到質疑（周淑卿，1999）。一旦知識分合「不合邏輯」，教師與學生都將出現困擾。

看重學生「學習經驗」的課程觀主要源自杜威的看法，課程在此是指學生體驗到的意義，而非教師講授的內容。杜威認為「教育即生活」，學科分化是成人心智活動的結果，卻與兒童的生活經驗不相應。因此課程設計應符合兒童學習的需求，培養兒童參與社會生活所需要的知能和態度（周淑卿，1999）。這種兒童本位的教育，教師仍居於樞紐角色（但昭偉，2002）。何況「聞道有先後，術業有專攻」，「放羊吃草」式的學習經驗同樣不合邏輯。

課程可以被界定為知識內容或個人經驗，也可從政治觀點加以理解。把課程視為「文化再製」，即表示政府根據國家需求來規範教育活動，課程設計必須反映社會文化的價值（周艷，2002）。學校在此屬於由社會的經濟基礎所決定的上層建築之文化體現（杜曉萍，2003）。對於這種情況，邏輯的作用乃是教導學生培養批判思考的能力，以分辨教育活動

內無所不在的權力流動。

批判思考的能力可以通過邏輯訓練而習得，但不應囿於邏輯分析的窠臼中。科學哲學從注重邏輯分析走向注重歷史社會脈絡，代表哲學對於科學知識批判的典範轉移，這點同樣出現在課程論從現代走向後現代的發展中（王恭志，2002）。把課程看作發自民間的「社會改造」過程，可說是對前一種政府主導課程觀的批判。改造觀非但不要讓學生適應既有的社會文化，反而要鼓勵學生擺脫體制的束縛，這與後現代思想所主張的「海闊天空」不謀而合。後現代的流動性極易展現核心與邊陲的易位與騷動，大到課程設計，小到論文書寫，都有可能不斷被顛覆（吳麗君，2003）。批判思考理當對此有所反思並充分因應。

第三節　教學應用

課程論與教學論無疑是教育學之內最貼近教育實踐的兩門分支學科，目前幾乎已形成獨立學科之勢。果真如此，而教育學的四大基礎支柱——教育史、教育哲學、教育心理學、教育社會學，又各自與其母體學科緊密關聯，則教育學本身要建構成一門獨立學科的路途，似乎顯得更加遙遠。不過話說回來，後現代的二十一世紀，可以用充分地統整、包容方式去建構知識，眼前教育學所出現的多元風貌也就不足為奇了。

課程論雖然可以歸納出教學科目、學習經驗、文化再製、社會改造等四種取向，但是教師與學生通常最直接經驗

到的，還是教學科目取向，亦即「分科教學」。臺灣的中小學教育改革以「學習領域教學」取代分科教學，實施至今爭議不斷，師生皆不易適應，原因之一乃是師資培育過程仍屬分科教學。像歷史系畢業生無法深入了解地理和公民的課題，又怎能要求他在社會學習領域中進行課程統整的教學呢？我們認為教學科目取向的課程論亟須通過哲學反思，尤其是理則學和知識學的批判，以確立知識分化的統整之合理性。

與課程論類似，教學論也可歸納出四種取向：「哲學取向」、「行為取向」、「認知取向」，以及「情意取向」（張立昌、陳曉端，2002）；其中「認知取向」為目前的主流，「情意取向」則為本書所提倡。同樣從教師與學生最常經驗到的情況來看，教學論必然涉及「教師教、學生學」兩部分，「教學」與「學習」須臾不可分。尤有甚者，教學論必須接受上游的心理學指引，一如課程論需要進行哲學反思。心理學對教學論的最大貢獻在於「學習理論」方面；學習心理學是教學論的基礎，對學習抱持不同觀點，對教學的主張便有所差異（張新仁，2003）。

哲學與心理學乃是「教育學之父」赫爾巴特在十九世紀初期建構教育學的兩大基礎學科，後世又加入歷史學與社會學考察。如今歷史學和哲學屬於人文學，心理學和社會學則歸為社會科學，其差異在於後者使用量化工具和技術進行研究。不過後現代所發展出的社會科學「質性研究方法」，採用了豐富多元的哲學觀點作為「方法學預設」（methodological presupposition）。有趣的是，哲學性的預設既包括邏輯中未經證明的命題，也指向受到心理狀態或外在環境影響所產

生的新信念（項退結，1976）。質性方法的出現，是否意味著社會科學向哲學回歸？以下我們將嘗試對教學論四種取向的哲學預設加以考察批判。

與課程論相較，教學論所涉及的形式和內容無疑比課程論動態得多；課程可以只談知識學問，教學卻非得有教與學的行為過程。教學論的發展因此受到行為社會科學很大的激勵。

不過在行為社會科學尚未發達的時代，教學活動已經存在。傳統上哲學獨大，「哲學取向」教學觀的出現乃是自然而然之事。西方哲學自蘇格拉底提出「知德合一」的理念，追求知識以培養道德的教學途徑大致形成。古希臘的學園式教育開創「七藝」的分科教學形式，傳統綿延至今，造成全世界的小學、中學、大學都有必修科目（張立昌、陳曉端，2002）。教學科目之間的邏輯關係，是否能夠與學生的學習心理相互呼應，有待哲學的批判、釐清。

心理學原本屬於哲學的分支，自一八七九年獨立成為一門科學。一開始它很有意地擺脫哲學思辨的影響，而向物理學及生理學的科學實驗靠攏。實驗必須具有可觀察和測量的現象作為對象，心理學遂逐漸揚棄內在的「意識」而專注於外在的「行為」，而於二十世紀初期發展出「行為主義」（behaviorism）（車文博，2002）。受行為主義影響的「行為取向」教學觀，認為教學的目的乃是提供特定刺激以引起學生的特定反應，因此相當看重教學目標的具體與精確。心理學自此取代哲學而對教學論產生影響。

心理學主要關注人心，而只看外顯行為並不足以一窺人心。事實上，以心理學最發達的美國而言，二十世紀至少先

後出現四大學派：行為主義、心理分析、人本主義、認知科學（cognitive science）。其中較晚出現的認知學派，試圖修正行為學派之不足。「認知取向」教學觀主張教學是促進學習者內在心理結構的形成或改組，而非對外在行為習慣的加強或改變。他們主張發展學生智力作為教學的主要目的，這種看重智育的教學方向是當今主流，資訊工具的普及更強化了此一趨勢。

與認知科學同樣在一九六〇年代出現的人本主義學派，既反對行為主義只看重外顯行為，也不贊成認知科學偏重智力訓練。人本學派認為學習涉及到整個人的發展，而非僅向學習者提供事實和知識。教學的本質乃是促進學生成為一個完整的人，因此必須知、情、意無所偏廢。而在認知取向智力掛帥的時代中，「情意取向」教學觀提出的「全人教育」，的確具有振聾發瞶的效果。而這種多元教學觀，也的確在後現代教育實踐中產生了一定的影響。

第四節　綜合討論

教育學分支的「核心學科」只有「課程論」與「教學論」兩門，至於「科際基礎學科」包括「教育史」、「教育哲學」、「教育心理學」、「教育社會學」等四門，「科際應用學科」則有「教育統計學」和「教育管理學」兩門。這八門主要的分支學科以及其他的次要學科，例如「教育倫理學」、「教育經濟學」等，彼此之間的關係，有待從後設觀點的「教育學史」及「教育學哲學」進行探究（瞿葆奎、唐

瑩，2003）。後設探究有一項重要的任務，即是釐清分支學科內以及學科彼此間的邏輯關係，所採用的方法則是批判思考。

諾丁指出，批判思考用於教育哲學上有四種方法：形式邏輯、非形式邏輯、分科式（domain-specific way），以及反思式（reflective），這四種方法都可以教給學生，使他們活學活用（Noddings, 1998）。其中「形式邏輯」類似數學，可以訓練學生從事嚴謹的抽象思考和運算；「非形式邏輯」是目標導向的理性思維，能夠幫助學生解決問題、評估決策及判斷事理（巫銘昌、梁恩嘉，2002）；「分科式」批判思考反映在課程與教學的分科上，學生學習各科內容即是在做不同方面的批判思考；「反思式」批判思考具有另一層的後設批判功能，使學生了解批判不只是旁觀還必須參與。

對於這四種類型的批判思考，我們認為「非形式邏輯」和「反思式方法」較適用於師資培育的要求。至於形式邏輯偏向技術性的哲學、分科式方法接近專門學科的研究方法，多少有些過與不及。結合非形式邏輯和反思批判，可以造成理智與情意的相互激盪，達到向上提升為智慧的境界。哲學的原意為「愛好智慧」，我們不一定經常能夠企及智慧，但理當抱持「雖不能至，心嚮往之」的理想。後現代應用哲學相當強調自覺地反思，不過「反思性」並非後現代主義的產物。相反地，它乃是現代主義教育的核心，其目的在於形塑道德與自制的公民（陳儒晰，2003）。由於反思是一種批判和參與的哲學態度，我們認為即使到了後現代仍然不可或缺。

智慧是一種高度的領悟能力，相對於理性分析，悟性屬

於高層次綜合。如果把「感性、理性、悟性」對照著「常識、知識、智慧」來看，憑藉常識的感性階段多半是直覺反應，到了汲取知識的理性階段始要求自覺反思，至於創造智慧的悟性階段則臻入最高境界的靈明自覺，可視為良知良能的發用。教育實踐的終極理想，正是超越常識的判斷、通過知識的洗禮，進而航向智慧的海洋。

將理則學應用於對課程論與教學論的批判上，可以分為兩個層次：在「教育實踐」層次，探究大學師資培育及中小學教育的批判思考之課程設計與教學內容；在「後設教育」層次，探究課程論與教學論的內在理路之關聯。後者可說是前者的基礎，因此我們先從後者討論起。

課程論有四種取向——教學科目、學習經驗、文化再製、社會改造，其中第二、第四種取向分別屬於第一、第三種取向的反動；不過今日的現實狀況，仍舊是結合一、三種取向的作法當道。政府為了傳遞既有價值，使必須維繫的文化得以不斷再製，便訂定了許多必修的教學科目，從小學到大學一以貫之。此種綜合取向的課程論通過四階段來運作：課程發展、課程設計、課程實施、課程評量，這點其實與源自現代主義的「行政三聯制」——計劃（plan）、實施（do）、考核（see），或「管理五大功能」——規劃、組織、任用、領導、控制等不謀而合，從而顯示出課程論的現代性，有必要接受後現代觀點的反思與批判。

教學論也有四種取向——思辨哲學、行為主義、認知科學、人本主義，其中後三種屬於受到心理學發展影響的產物。目前較為流行的則是後兩種取向的綜合，強調知、情、意無所偏廢，亦即德、智、體、群、美五育並重，不過事實

上仍以智育為主、體育次之，其餘聊備一格。大陸實施社會主義，原本即具有強烈集體主義性質，因此不再強調群育而主張勞育。但無論是何種五育，綜合取向的教學論也是通過類似課程論的四階段來運作。不過課程可以概念化，教學卻勢必涉及人，因此有關教學組織的課題，例如班級經營、個別學習等，就必須在教學論中占有一席之地（鍾啟泉，2002）。

　　理則學之於哲學的關係，一如數學之於科學，屬於工具性的基礎學問。如今人人都了解科學和數學知識的重要，並努力去學習；但鮮見各級學校講授哲學，更何況教邏輯。在科技掛帥、人文退隱的時代，我們卻希望知其不可為而為，呼籲大家重視人本、肯定人文。在學校普及推廣哲學或邏輯的教學也許不切實際，但向學生大力引介批判思考並不為過。張玉燕（2002）即從《國民中小學九年一貫課程綱要》中，整理出符合批判思考十七項定義的課程目標或能力指標，同時也提到教師應具備的六項教學推理能力，這些都可視為廣義的邏輯之教育應用。

── 主體反思 ──

1. 你有沒有學過邏輯？如果有人說你的言行「不合邏輯」，你會做何感受？你心目中的「邏輯」是什麼？

2. 科學理當是很精確的知識學問，為什麼有些科學──尤其是社會科學學科──多談蓋然性，難道它們不夠科學嗎？

3. 課程有四種取向──教學科目、學習經驗、文化再製、社會改造，你能用自己的體驗詮釋它們嗎？

4. 九年一貫課程以學習領域取代學科分立，你認為這種作法背後的理念為何？

5. 你所修過的通識課程中，有沒有情意取向的教學科目？老師如何傳授它的內容？

6. 通過批判思考認真想一下，一旦你成為中小學教師，你的課程與教學之理想及理念為何？

心靈會客室

電腦與人腦

　　一九九〇年代初期，我曾經因為配合學校人力資源的分配運用，而被編入資訊管理學系服務兩年。那年頭臺灣的資訊科技方興未艾，相關科系蔚為熱門，年輕人拚命往裏面鑽，以為考進資管系便會前途一片光明。為了讓我的哲學專長能夠跟資訊、電腦之類學問有所關聯，我被安排去教一門基礎科目「理則學」。對資訊科技幾乎一無所知的我，看見資管系專門課程中有一科叫作「數位邏輯」，便自以為是地認為它跟理則學有關。本來嘛！理則學便是邏輯，而邏輯可以符號化加以演算，這種符號邏輯我在哲學系學過，當時稱為「數理邏輯」。記得教授教給我們許多推演公式，大家算得不亦樂乎，卻完全不解其中味。如今出現一門數位邏輯，我還以為就是數理邏輯呢！

　　其實二者也的確有些關聯，不過「數位」一詞在十幾年前不像今天這樣無所不在地流行。後來我才搞清楚，數位邏輯是指電腦硬體電路設計的邏輯結構。電腦不像人腦的計算使用十進位，機器運用開關原理，採用二進位設計，一開一關、開開關關，就是如此這般地運作無礙。「電腦」其實是個不完全適當的英譯，它的原意應該是「計算機」；再大再快的電腦，到頭來還是在做冗長繁複的計算，無甚神奇之處。人腦便不同了，不按牌理出牌的情況比比皆是，雖然比不上電腦精確無誤，卻絕對有趣得多。

　　記得我到資管系的頭一年教過一名高材生，她的聯考總分高得足以進入國立大學，卻選擇念私立學校，也就當然成為系狀元，不但躍登校報新聞人物，還拿到一筆可觀的獎學金。這麼優秀的明日之星，後來竟然跟我一道離開資管系。我在系上待了兩年，而她則在入學後兩年申請轉系另謀他棲。理由無他，興趣不合而已。

　　這件事帶給我很大的啓示：對大多數人而言再熱門的科系，也可能對少數人是冷門。不少人認爲像電腦資訊這類熱門的事物，如果不沾上點邊，恐怕就注定要落人之後。問題是懂得用電腦卻不一定要靠它當飯吃。人腦是變化多端的，世界是海闊天空的，進科系、選職業不一定要跟著時髦流行走。生命裏除了邏輯推理外，還包括倫理道德和美感藝術等方面，電腦不一定幫得上忙。生涯規劃還是以本身興趣條件爲依歸，莫要隨波逐流以致蹉跎時日。一旦我們當上老師，也應該把這點觀念教給學生才是。

參考文獻

王恭志（2002）。課程研究典範轉移之探析：從現代到後現代。**國教學報**，14，頁245-268。

石中英（2002）。教育與教育學。載於張斌賢等合編，**教育學基礎**（頁1-28）。北京：教育科學。

但昭偉（2002）。兒童本位的教育及其思想。載於黃藿、但昭偉合著，**教育哲學**（頁115-146）。臺北：空中大學。

吳麗君（2003）。論教育質性研究報告另類書寫的合理性。**國立臺北師範學院學報**，16（1），頁297-320。

巫銘昌、梁恩嘉（2002）。理性思維的教學策略。**教育研究資訊**，10（5），頁87-109。

杜曉萍（譯）（2003）。把課程理解為政治文本。載於張華等譯，**理解課程——歷史與當代課程話語研究導論**（頁237-322）。北京：教育科學。

車文博（2002）。**西方心理學史**。杭州：浙江教育。

周　艷（2002）。課程。載於張斌賢等合編，**教育學基礎**（頁242-272）。北京：教育科學。

周淑卿（1999）。論九年一貫課程的「統整」問題。載於中華民國課程與教學學會主編，**九年一貫課程之展望**（頁53-78）。臺北：揚智。

林正弘、劉福增（1983a）。多值邏輯。載於成中英主編，**近代邏輯暨科學方法學基本名詞詞典**（頁245-246）。臺北：聯經。

林正弘、劉福增（1983b）。邏輯主義。載於成中英主編，**近代邏輯暨科學方法學基本名詞詞典**（頁245）。臺北：聯經。

林志成、劉藍玉（合譯）（2000）。**兩種文化**（C. P. Snow著）。臺北：貓頭鷹。

金耀基（1983）。**大學之理念**。臺北：時報。

柯　森（2002）。課程的領域。載於柯森主譯，**課程：基礎、原理和問題**（第三版）（A. Ornstein與F. Hunkins合著）（頁1-31）。南京：江蘇教育。

徐復觀（譯）（1991）。**中國人之思維方法**（中村元著）。臺北：學生。

張玉燕（2002）。批判性思考教學探討。**初等教育學刊**，12，頁211-246。

張立昌、陳曉端（2002）。課堂教學。載於張斌賢等合編，**教育學基礎**（頁173-205）。北京：教育科學。

張新仁（2003）。策劃主編序。載於張新仁主編，**學習與教學新趨勢**（頁序1-2）。臺北：心理。

陳儒晰（譯）（2003）。**全球化與教學論**（R. Edwards與R. Usher合著）。臺北：韋伯。

傅季重、紀樹立、周昌忠、蔣弋（合譯）（2003）。**猜想與反駁：科學知識的增長**（K. Popper著）。杭州：中國美術學院。

項退結（譯）（1976）。**西洋哲學辭典**（W. Brugger編著）。臺北：先知。

馮友蘭（2003）。**中國哲學簡史**。北京：北京大學。

鄔昆如（1971）。**西洋哲學史**。臺北：正中。

鍾啓泉（譯）（2002）。**教學原理**（佐藤正夫著）。北京：教育科學。

瞿葆奎、唐瑩（2003）。教育科學分類：問題與框架——《教育科學分支學科叢書》代序。載於唐瑩著，**元教育學**（頁代序1-23）。北京：人民教育。

Noddings, N. (1998). *Philosophy of education*. Boulder, Colorado: Westview.

第九章

形上學——「心靈」與「本體」

引言

　　形上學是傳統哲學的核心分支之一，如果哲學不談形而上的問題，就像心理學不談心一樣，彷彿少了些內容；不過從十九世紀中葉到二十世紀中葉這一百年間，西方的哲學與心理學果然醞釀出一股不談形上和心的趨勢。當形上學式微之際，知識學卻出現長足發展；至於心理學在揚棄與心靈有關的意識問題而專注於外顯行為後，又發覺有所不足再轉向探討認知問題，由此巧妙地與知識學相遇。

　　另一方面，形上學自黑格爾以後一蹶不振，經歷百年孤寂，卻在上世紀中以「心靈哲學」（philosophy of mind）的姿態重出江湖，從傳統心理學停步之處再出發。心理學在一八七九年以前屬於哲學的一支，而一八〇六年自哲學中應運而生的教育學，則是以哲學和心理學為基礎。兩百年來哲學、心理學、教育學的緊密關聯，為今日教育哲學的開展，帶來許多饒富意義的課題。

　　本書站在後現代「華人應用哲學」立場，嘗試與西方科學取向的教育學進行科際對話。我們的討論態度是新儒家式的「六經註我」、「哲學即生活」、「生命的學問」、「從人生看宇宙」，但是不追隨新儒家的「道德形上學」。我們嚮往的是古老道家的自然主義素樸境界：「天地不仁，以萬物為芻狗」，唯有如此，「存在先於本質」的自我實現才有可能。

　　從哲學看教育，不能繞過形上學。不過諾丁的《教育哲學》卻完全未談形上學；在臺灣，吳俊升（1979）的《教育哲學大綱》討論到心靈哲學，黃坤錦（1998）則言及「教育

的形上向度」。本書有意先正本清源，再推陳出新，希望盡可能展現出一種為後現代華人所用、「中體外用論」的「教育形上學」風貌。

第一節　中心議題

　　形上學表現為中國跟西方的各自提法，卻多少有些相互呼應之處。中國提法見之於《易經》的「形而上者謂之道，形而下者謂之器」之說；「道」是指抽象的道體，「器」則為具體的器用。西方提法見之於亞里斯多德的著作，他的一些討論「存有」的文章結集成書後，被編在《物理學》一書之後，遂以「物理學之後」（meta-physics）為名，竟然巧妙地點出形上學的特性：探討物理現象背後的「本體」之學問（黃振豐，2001）。

　　西方傳統形上學包括存有學或存在論（ontology）、宇宙學或宇宙論（cosmology）、人類學、神學等四部分（郭實渝，2001）。此處的人類學指的是「哲學人類學」，亦即「哲學心理學」，現今稱為「心靈哲學」。哲學心理學和科學心理學沒有太大的不同，其間最大不同處在於運用不同研究方法來了解人的心理和行為；二者沒有根本差異，只有互補和競爭的關係（但昭偉，2001）。時下的形上學探究既然以心靈哲學為主力，我們因此可以說，形上學足以提供教育學參考的部分，大致屬於哲學心理學方面。倘若科學心理學在過去一百二十多年的突飛猛進，已經為經驗性的「科學教育學」基礎落實扎根，那麼哲學心理學今後也應該努力為體驗性的

「哲學教育學」做出貢獻。

從大歷史的角度看，哲學與科學的消長歷史的確令人慨嘆。傳統上哲學獨大，科學不過是哲學分支之一的自然哲學；現代出現科學革命以後，科學成爲諸多分化學科的統稱，哲學則矮化爲人文學之中的一科，已難以與科學平起平坐。目前唯一可以看見二者在傳統上的聯繫，也許只有念科學的人大都拿的還是「哲學博士」學位。

第一篇曾提到，包括哲學在內的西方文明，依其所反映的時代精神，可分爲傳統的、現代的、後現代的等三大類特性；「現代性」涵蓋從十七世紀科學革命通過十八世紀工業革命直至二十世紀資訊革命這段過程，至於「後現代狀況」則於一九八〇年代以後明顯浮現（羅青，1989）。哲學在傳統上獨大，科學在現代中掛帥，時至後現代二者似乎有機會平起平坐。以此觀之，後現代教育學可以表現爲「哲學教育學」與「科學教育學」兩種面向。如此一來，哲學在教育學中重新「發聲」便有其正當性。在這方面，形上學以哲學心理學的心靈議題探究，展開與教育學術及實踐的對話，相信可以爲後現代教育帶來多元盛景。

形上學除了心理學外，還包括存有學、宇宙學、神學等部分。如今宇宙學歸於科學，神學歸於宗教；而在形上學式微以前，存有學或存在論幾乎就是形上學的全部。「存在論」是大陸的譯法，容易與「存在主義」混淆。臺灣多譯爲「存有學」，以其主要是探討較爲靜態的「存有」（being）之學問。不過中國哲學少談不變的存有，即使講形而上的道體，也比較接近西方意義下較爲動態的「流變」（becoming）。因此我們主張恢復使用更早期的譯法，亦即「本體論」，以包

含西方不變的「存有」和中國變化的「道體」。

　　幾千年來，無論是西方哲學講存有還是中國哲學講道體，都已累積下無數的說法和觀點。任何人討論形上學，原本理當對這些論點有所批判，但是本書卻不擬為之。這一方面固然是因為許多形上論述都不具有直接應用於教育實踐的意義，另一方面也由於不少形而上的道理的確是「玄之又玄，不知所云」，以至於形上學在中國又被稱為「玄學」敬而遠之。

　　「華人應用哲學」對此的作法是馭繁於簡、回歸生活。我們應用杜威的哲學取向（philosophical orientation）──「扣緊人們感受到的自然現象來尋求事理」的「自然主義」觀點，擱置任何超自然立場（Noddings, 1998）。「華人應用哲學」有容乃大，不反對任何立論，卻也擁有自家本事，對於道不同者，例如各種宗教信仰或意識形態，僅「納入括弧」存而不論而已。

　　形上學的特性正是它字面上所透顯的意義──「形而上」，它是一種看不見、摸不著的玄思。玄思屬於人類創發性思想的動力之一，但終必落到實際問題上以考驗其價值（韋政通，1977）。順著這種務實的作法，我們發現波普的形上學很有參考價值。波普信服「常識實在論」（commonsense realism），他視之為最重要的形上學說，對倫理學和人生見解深具重要性（鈕則誠，1988）。

　　「常識實在論」區分表象（appearance）與實在（reality），亦即現象與本體，並以「常識」判斷表象為實在的表面；二者實為一體，但有層次之分。科學的目的是去發掘表象之下的「實在」，形上學在此扮演的乃是「開放性的臆測」

角色；它不但能指引科學發展，同時也足以對倫理道德產生
啓蒙（鈕則誠，1988）。波普的開放性、非決定論（indeter-
ministic）形上學，正是一種典型的「西方科學人文主義」，
其本體論與傳統大異其趣。

第二節　課程應用

　　傳統形上學認爲自己對於本體的探究屬於絕對的眞理；
現代科學則認爲自己對於現象的探究屬於眞正的知識，同時
不承認形上學的有效性；後現代應用哲學則一方面揚棄傳統
形上學的獨斷，一方面也批判現代科學的自負，並且只把科
學視爲「人生的一個重要環節」而已。因此後現代應用哲學
爲教育理論與實踐帶來的最大啓示乃是：人生不必受科技擺
布；相反地，科學必須爲人生所用，科技存在的目的便是
「爲人生服務」。

　　在後現代思潮的激勵下，我們主張形上學對課程論和教
學論的應用，即是恢復「思辨教育學」對「科學教育學」的
指引功能，並將思辨教育學擴充爲「哲學教育學」，以納入
「理性思辨」以外的「情意體驗」。「哲學教育學」所反映的
「教育形上向度」包括「教育本質」、「教育目的」、「教育
價值」三大項（黃坤錦，1998），可分別用於課程論與教學
論。

　　對「教育本質」的考察，即是在探討教育的性質與意義
爲何。簡單地說，是追問「什麼是教育？」黃坤錦（1998）
將教育本質歸納爲「生長與發展」、「適應與協調」、「承襲

與創造」三大類，並提出合價值性、合認知性、合自願性三者，作為評斷教育之所以為教育的規準。由此可見，能夠把這些本質和規準充分反映出來的社會實踐，即可視為正當的教育活動。了解內在的教育本質後，接下去還需要問何者才是適當的教育目的。

對「教育目的」的考察，即是在探討教育的理想與目標為何。簡單地說，是追問「為什麼要教育？」教育目的一則可以作為「有關受教育者的理想」，另一則可以作為「對教育者的任務規範」（胡勁松，2001）；換言之，先看需求，再談供給。道理很簡單：沒有學生，即沒有教師。教育在此是去實現學生理想的人格狀態，亦即培育出一個「有教養的人」（an educated person），教師則據此考慮本身的任務規範。

讀書可以變化氣質，教育可以改善人格，教育目的一旦逐漸實現，「教育價值」也就得以彰顯。教育價值可以體現為「如何落實教育？」例如提倡「價值教育」（彭孟堯，2003），這與本書倡議把「人生」放在哲學與教育的核心之看法相吻合。進一步看，教育價值可分為「修身、齊家、治國、平天下」四個層面去發揚，但一切皆以「修身」為本。針對「修身」所落實的教育活動，即是認知方面的「格物、致知」，以及情意方面的「誠意、正心」。

對於教育的三大形上問題全面把握後，我們可以嘗試將之應用於課程論之內，探討課程的本質、目的及價值。為使問題不致浮泛、失焦，我們將以臺灣新近頒布的《國民中小學九年一貫課程綱要》（教育部，2003）為文本，反思其中的形上問題，希望有助於教師的生涯發展與教育實踐。

　　首先要問：「什麼是九年一貫課程？」答案則為：「世界各國之教改脈動下的課程與教材革新。」政府對於「教改脈動」的回應是：「由於新世紀需要新的教育思維與實踐，在現行課程逐年實施之際，本部認為可同時進行下一次課程改革之規劃，以凝聚國人對教育改革的共識與努力，進而創造學校教育的新境界。」新課程的內容則為：「以個體發展、社會文化及自然環境等三個面向，提供語文、健康與體育、社會、藝術與人文、數學、自然與生活科技及綜合活動等七大學習領域。」由此可見，新課程的本質是對上述三面向的面面俱顧、無所偏廢。

　　新課程根據三面向區分七大領域，這三個面向大致反映出人文、社會、自然三大知識範疇。其實過去所實施的課程也不脫這些範疇，如今為何捨學科分門別類而改採學習領域呢？《綱要》只說：「學習領域之實施，應掌握統整之精神，並視學習內容之性質，實施協同教學。」但其真正目的，則是為打破過去蔚為主流的教師「教學科目」和政府「文化再製」等兩種主流課程觀，代之以學生「學習經驗」與民間「社會改造」的另類精神（林生傳，1999）。此種「破與立」的課程改革之主要背景，即是《綱要》所強調的「國家發展的需求」與「對社會期待的回應」，相信這就是「為什麼要有九年一貫課程？」的根本目的。

　　至於「如何落實九年一貫課程？」的問題，《綱要》訂有九項實施要點以供參考規範。但是實施新課程的真正價值何在？《綱要》表示：「各學習領域學習階段係參照該學習領域之知識結構及學習心理之連續發展原則而劃分，每一階段皆有其能力指標。」所有能力指標均與十項「現代國民所

需的基本能力」彼此對照而建立起相互關係，而這十項基本能力又與「為實現國民教育目的，須引導學生致力達成……（十項）課程目標」一一相符。由此可見，國民中小學九年一貫課程的本質、目的與價值確實是一以貫之的。但是它在實際教學上是否能夠貫徹到底呢？值得我們進一步推敲。

第三節　教學應用

　　九年一貫課程的設計原則是：「以學生為主體，以生活經驗為重心」，其課程發展理念可分為四方面：「以生活為中心，配合學生身心能力發展歷程；尊重個性發展，激發個人潛能；涵泳民主素養，尊重多元文化價值；培養科學知能，適應現代生活需要」。這四方面的頭一方面是反映上述課程設計的大原則，其他三方面則提示教師在教學上應分別著眼於學生對「人與自己、人與社會、人與自然」的瞭解與學習。從教育形上學看，這涉及到世界與人心的本質、學習與教學的目的，以及知識與課程的價值等宏觀問題。以下先對這些宏觀問題加以闡述，再用以批判九年一貫課程所設計的「統整課程與協同教學」大方向。

　　形上學著眼於事物的本質、目的和價值，面對教育改革如此重大的議題，形上學首先要把握學習者與學習對象的本質。學生是用年輕的心靈去學習包括自身在內有關整個世界的知識，於是世界和心靈的結構便成為教育首先要反思的課題。傳統形上學對世界結構有「唯物、唯心」之分，對心靈結構有「經驗、先驗」之分。前者仍在科學上大有爭議，第

五章所介紹的「人擇原理」即屬於物理唯心論；至於後者則反映在杜威和皮亞傑的歧見上（Noddings, 1998），由此可見宇宙與人心在本質上的莫衷一是。

當然教育實踐不必然要糾纏於形上本質的爭議，何況一般人大都接受世界是實在的，以及有些觀念是先於經驗的等等常識性看法；但是教師對一些存在已久的爭議仍不可不識，否則便可能出現教學上的盲點。例如一名教師若有很強烈的宗教信仰或政治理念，多少會影響他的教學內容和風格。因此教師對於學生學習與本身教學的目的，必須自覺地掌握。我們認為教學工作者在這方面的修養，應該將「建立主體性」和「尊重及包容」視為同等重要才是。

「建立主體性」無疑會屬有主觀成分在內，「尊重及包容」則可以把「個人主觀」擴充為「相互主觀」，從而樹立起後現代所看重的「主體際性」。後現代知識與課程所呈現的可貴價值，即在於「開放」與「非決定」。《綱要》有言：「各學習領域，得依學生性向、社區需求及學校發展特色，彈性提供選修課程。」實與本書所肯定的「局部知識」理念不謀而合。局部知識雖然依恃主體性而建構，卻不能無止境地劃地自限，而應以民族文化母體為依歸。臺灣的文化母體乃是漢民族所開創的中華文化，局部知識理當在此格局中充分發揮，方能無過與不及。

九年一貫課程以學科的統整打破分工，勢必在很大範圍內要採取協同教學。七大學習領域中，除了數學領域和語文領域內的英語二者，較具獨立教學的可能外，其餘各領域大都需要協同教學。甚至連本國語文因為包括三種鄉土語言，也難以一人擔綱。「課程統整」乃是為尋求「現在與過

去」、「學校與社會」、「學科與學科」的聯結，所設計成一個特殊的整體課程（周淑卿，1999）。面對統整課程需要採行「協同教學」，究竟「什麼是協同教學？」它乃是由兩位或兩位以上不同專長的教師，以專業關係共同組成一個教學團體，發揮個人所長，合作完成教學活動（張德銳、簡賢昌，2002）。

　　由於可以發揮個人所長，它還算得上是小範圍的獨立教學；但是為了合作完成教學活動，協調分工在所難免，分工問題於是從課程轉移到教學上面來。對於「為什麼要實施協同教學？」的問題，如果只在教學的合作與分工上打轉，仍舊會陷於見樹不見林的窠臼中。真正要做的其實是讓教師瞭解課程統整的真諦，否則大家忙於學習各種統整的技術，編製出一些「名為統整，實為學科」的課程，讓教師在教室中漫無目的地上課（周淑卿，1999）。就違背教育改革的良法美意了。

　　我們在上一章曾提過，課程統整有其內在邏輯理路，不能任意為之。但是人類知識發展除了順應內在邏輯理路，還受到外在脈絡因素影響。臺灣的教育改革在「後現代主義學者」牽引下，一方面認為傳統主流文化是一種霸道文化（林生傳，1999），一方面又希望「拆解個人主義的藩籬」，以建立協同合作教學的文化（周淑卿，2002）。這或許才是學校實施協同教學的主因罷！

　　九年一貫課程改革在教育改革的大風潮中匆匆上馬，果然如大家所預見的問題不斷，困難重重。一位曾經擔任師範學院校長的資深教育學者歐用生（2002）即指出，新課程改革的「臺灣現象」在表面出現四大困難，其背後更隱藏著八

項問題，這些都亟待全面改善。在教學方面既然協同教學在所難免，我們便要進一步探討「如何落實協同教學？」

張德銳與簡賢昌（2002）舉出專業能力、教師文化、運作經驗、行政支援、配套措施等五項因素，來分析和提供協同教學的「結與解」。而教育部也在課程綱要正式刊行後不久，出版了九年一貫課程的《教師手冊》、《行政手冊》、《新課程實施配套措施手冊》，以及各學習領域的《基礎研習手冊》與《教學示例》。其中《教學示例》來自許多學校教學的真實案例，多少有助於讓教師去揣摩如何落實協同教學。

第四節　綜合討論

把哲學裏的形上思辨應用在對於整個教育實踐的考察上，至少可以問三個基本問題：是何（what）、為何（why）、如何（how）。再對焦於特定時空脈絡裏的課程論與教學論，例如九年一貫課程與教學，則許多具體問題便會一一浮現。本書寫作的主要目的，雖然是為師資培育機構的師資生提供「教育哲學」一科的學習教材，但也希望發揮寫作與出版的最大邊際效益和最高附加價值，也就是向一群嚮往以中小學教師為志業的大學生及研究生推廣哲學理念。我們的理想是開展一套後現代「華人應用哲學」，讓華人社會裏學習教育的年輕人，能夠通過哲學的全方位視野看問題，從而見樹也見林。

臺灣在一九九四年〈師資培育法〉修訂以前，中小學師

資只能從少數師範大學及師範學院加以培育；其後則門戶大開，使一般大學生有心從事教職也能如願。由於「教育學程」（teacher education program）的開授，許多大學陸續進用具有教育學專長的師資，部分學校甚至更上層樓，以「教育學程中心」或「師資培育中心」為基礎，成立「教育研究所」，培育擁有碩士學位的中小學師資，也算是為提升中小學師資水準做出貢獻。

　　無奈近年師資供需失調，「流浪教師」比比皆是，即使拿到碩士學位也不能保證就業。對於這些兼具教育實踐和教育學專長的研究生，如果覺得謀職不順，我們建議再進一步登峰造極去讀博士班。畢竟中小學教師當不成，還可以當專科以上學校教師，以教師資生的教育專門課程為業。

　　師資生拿博士學位回來從事師資培育工作，還有一項重要的意義，那便是加速推動大學層級的教育改革。以目前臺灣的情形來看，九年一貫課程已確定要向上發展至高中層級，同時也涵蓋高職及五專前三年。最近延續教改精神的高中新課程綱要已大致完成，預定二〇〇六年起實施。稱「綱要」而非「標準」，即表示要走「一綱多本」的開放路線。一旦高中課程全面多元化，影響所及，未來「大學前期不分系」的問題也將躍上檯面。

　　倘若大學入學能夠真正落實選校不選系，長期以來未受重視的通識教育或許有可能重整旗鼓、大幅邁進。類比地看，九年一貫課程其實正是中小學的「通識」課程，以實現「全人教育」的理想。讓目前大一入學即分系學習專門課程的師資生來教中小學統整課程，難免會出現不相應的情況；教育改革其實應該包括整個大學教育和師資培育在內才對。

　　目前華人社會的教育制度全部都是西式的，從幼兒園一路直上到博士班，莫不模仿西方國家而設計。但是我們在第一篇中曾經介紹過，西方的大學在中世紀由教會團體所創，起先是為訓練傳教士，日後才普及到一般人。其課程設計則是依照古希臘亞里斯多德的哲學體系而來，因此在學術研究方面，得到博士學位的人都稱為「哲學博士」，這種傳統一直延續至今。

　　至於中學教育是宗教改革以後，因為要教人民識字才開始實施；而全民普及的小學教育更得等到現代國家出現，為實施國家功能方有可能。由於大、中、小學的起源和任務互不相同，當然發展也就各異了。不過今天人們受教育是一段連續的過程，從小學到大學的課程倘若能夠前後呼應，可說是最好不過。

　　高等教育除了訓練專業人才，例如醫師、律師、神職人員外，主要的任務便是培養學術研究方面的學者專家。由於現今知識發展迅速、資訊流通快捷，讓人不禁感受到「生也有涯，知也無涯」的壓力。加上整個教育實踐幾乎完全向著就業做準備，因此學習「一技之長」已成年輕人的普遍嚮往。反映在念大學上面便是選擇進入熱門科系，及早接受專門訓練。

　　雖然為彌補專門教育偏差所設計的大學通識教育，在臺灣早於一九八四年即開始實施，但始終停留在聊備一格的地步。原因無他，非當務之急而已。結果許多修了八學分通識課程的大學生，畢業後仍舊是個「一曲之士」，常識淺薄，所見日小。如此背景下教育出來的大學生，即使修完教育學分，到中小學教書，肯定不知如何去統整課程，更不用談協

同教學了。

　　「統整」與「協同」的前提是「整體論」（holism），以全方位知情意一體的教育去塑造整全的人。這不但要進行課程改革，更需要推動教學革新；而教學革新又必須從師資培育的推陳出新做起。我們認為，各大學在甄選師資生的過程中，不但要評量其專門知識和教育常識，更應當考核其在通識方面的統整能力。一名大學生至少要能夠把人文學、社會科學、自然科學三大知識範疇之一的內容，聯結在一道來看問題，更進一步則是橫跨這些知識範疇去思考。

　　形上學在亞里斯多德眼中乃是「第一哲學」，是哲學的源頭也是根本。如今不但形上學不為年輕人所熟知，大家連哲學都覺得陌生不易親近。我們寄望邁入後現代之後，有機會樹立具有統觀功能的、後科學的應用哲學，進而建構「華人哲學教育學」，讓未來的華人教師受其潛移默化，可以「大處著眼，小處著手」，做一個有為有守的稱職教師。

── 主體反思 ──

1.閱讀一些哲學概論的入門書，盡可能地了解形上學所學何事，並反思它對自己未來教育事業有何可能貢獻。

2.你所學過的心理學有沒有一絲哲學的味道？哲學心理學如何可能？心理學有可能跟哲學重新結緣嗎？

3.中國哲學裏以宋明理學最喜歡談形上學，你能說出此一時期幾位大學問家的形上思想嗎？這些思想在今日有何意義？

4.我們從教育本質、目的和價值三方面，對九年一貫課程的課程論進行了分析，你能有自己的補充意見嗎？

5.想像一下，如果你是一名國中教師，教的是公民或美術，你會如何在社會或藝術與人文學習領域中，跟別的教師協同教學？

6.回想一下你曾經選修過的通識科目，能夠加以統整嗎？你是基於什麼理由去選這些課的？

靈會客室

形而上者謂之道

西方的形上學具有深厚的宗教淵源，很容易跟「上帝」談在一道。我大學讀的是天主教輔仁大學哲學系，教形上學的是一位和藹可親的瑞士老神父。當他講到精彩處必定手指天際，這時整排假牙便會脫口而出，看得大家目眩神移。老教授的和氣並不表示他所講授的內容同樣平易近人，相反地，那真的是「玄之又玄，不知所云」啊！

倘若所有的哲學科目都像這般深奧難懂，我是絕不考慮繼續念哲學的。未料畢業前竟然交上一名學妹女朋友，為了留在學校陪她，我產生很充足的理由和很強烈的動機報考研究所。當時考碩士班的專門科目，除了中西哲學史以外便是形上學；我本想打退堂鼓，但是看見女友期盼的眼神，於是把心一橫，決定拚了。

我預估會是老教授出考題，而他只寫過一冊不到兩百頁的教科書。我雖然不甚瞭解其中奧意，卻發揮苦幹實幹精神，熟讀十遍以上，幾乎把它完全背下來，如此一來便不怕被考倒。事情果然不出我所料，但我沒想到這一科竟會考得最高分，硬是把一些深具哲學慧根的同學給比了下去。大概是形上學考得特別好，學校決定錄取我這個若即若離的哲學邊緣人。多年後我沒有留住女朋友，卻讓哲學引領我走上人生的事業發展，成為一名大學教師。為了紀念我的形上學洗禮，老教授的教科書至今仍珍藏在身邊。

我在大學時代哲學讀得差強人意，身邊卻不時出現一些靈光乍現的哲學天才。記得大二同時必修形上學和知識論兩門重課，大家莫不叫苦連天，卻有一位同學學習無礙，輕鬆自如，自然成為我們考前臨時抱佛腳的小老師。這位老兄形上學念得心有靈犀一點通，有天竟然宣稱創立一門「形上教」並自封教主。看他天天到大一新生班上去「傳教」，久

之也不引以爲怪。眞正奇怪的是，過了一陣居然有位小女生對他爲之折服，不時隨侍在側，終於被封爲副教主。

「形上教」從頭到尾只有兩名信眾，苦撐一年，結果是勞燕分飛，不了了之。老同學至今也成爲大學哲學教授，有天同他提及此事，他卻一笑置之，倒讓我爲之悵然，誰又知道我的形上學之戀呢？《易經》講「形而上者謂之道」，形而上的世界是虛無縹緲的抽象境地，是不食人間煙火的玉帝天庭，但它竟然也是「柏拉圖式戀愛」的情人樂土，這次第又怎一個「情」字了得？

參考文獻

但昭偉（2001）。哲學心理學與教育。載於歐陽教主編，**教育哲學**（頁145-167）。高雄：麗文。

吳俊升（1979）。**教育哲學大綱**。臺北：商務。

周淑卿（1999）。論九年一貫課程的「統整」問題。載於中華民國課程與教學學會主編，**九年一貫課程之展望**（頁53-78）。臺北：揚智。

周淑卿（2002）。學校教師文化的「再造」與課程改革的「績效」——對教師協同合作現象的分析。載於中華民國課程與教學學會主編，**新世紀教育工程——九年一貫課程再造**（頁141-162）。臺北：揚智。

林生傳（1999）。九年一貫課程的社會學評析。載於中華民國課程與教學學會主編，**九年一貫課程之展望**（頁1-28）。臺北：揚智。

胡勁松（譯）（2001）。**教育科學的基本概念：分析、批判和建議**（W. Brezinka著）。上海：華東師範大學。

韋政通（1977）。**中國哲學辭典**。臺北：大林。

張德銳、簡賢昌（2002）。國民中小學實施協同教學的困境與突破。載於中華民國課程與教學學會主編，**新世紀教育工程——九年一貫課程再造**（頁163-195）。臺北：揚智。

教育部（2003）。**國民中小學九年一貫課程綱要**。臺北：教育部。

郭實渝（2001）。形上學與教育。載於歐陽教主編，**教育哲學**（頁37-59）。高雄：麗文。

彭孟堯（2003）。**教育哲學**。臺北：學富。

鈕則誠（1988）。卡爾・巴柏的基本哲學。**實踐學報**，19，頁75-105。

黃坤錦（1998）。教育的形上向度。載於伍振鷟、林逢祺、黃坤錦、蘇永明合著，**教育哲學**（頁53-154）。臺北：五南。

黃振豐（譯）（2001）。形上學與心靈哲學。載於黃藿總校閱，**哲學概論**（R. P. Wolff著）（頁106-151）。臺北：學富。

歐用生（2002）。披著羊皮的狼？——九年一貫課程改革的深度思考。載於中華民國課程與教學學會主編，**新世紀教育工程——九年一貫課程再造**（頁1-24）。臺北：揚智。

羅　青（譯）（1989）。後現代狀況（J.-F. Lyotard著）。載於羅青編著，**什麼是後現代主義**（頁131-301）。臺北：五四。

Noddings, N. (1998). *Philosophy of education*. Boulder, Colorado: Westview.

第十章

知識學──「眞理」與「建構」

引言

「知識學」又稱「知識論」或「認識論」，處理的是有關知識的理論。它對於研習甚至只是關心教育的人來說，都具有重要的意義。有些站在教育立場探討教育哲學的學者，就「哲學能夠對教育有所啓發」的觀點不以爲然，認爲既有教育學已經成爲獨樹一幟的學問，無須再接受哲學的指導。本書肯定哲學具有規範的功能，但是當前以「經驗知識」爲訴求的「西方科學教育學」既然蔚爲主流，我們實無意去指引其發展，卻有心建構一套另類以「情意體驗」爲基礎的「華人哲學教育學」。

從現實面來看，每個人都曾經有過受教育的經驗，而絕大多數哲學學者也都是「教育工作者」。即使是以哲學教師身分發言，我們還是相信哲學有助於教育發展。尤有甚者，當教育的主要工作是傳遞知識時，哲學中有關知識的理論，便足以爲教育理論與實踐提供重要參考。本書正是基於如此理解來介紹知識學的。

面對如瀚海般的知識，莊子不免要慨嘆「生也有涯，知也無涯」；但是絕大多數受過教育的人，都會不時對所見所聞發表意見：「我知道……」知識學的功能乃是幫助人們用理性判定自己是否眞正「知道」，同時避免陷入獨斷（林逢祺，2002）。

在學生心目中，書本是知識的結晶，教師則爲知識的代言人。連曾經擔任過教育部長的心理學家曾志朗（1995），都爲文呼應主張「多元智能」（multiple intelligences）的美國教育學家加德納（Howard Gardner）的觀點，認爲教育的

目的只有一個，即「培養學生對知識的眞正理解」，可見知識與教育的關係多麼深厚。尤其當資訊數位化時代來臨，世界各國及全球各地紛紛步向「知識經濟」競爭的局面，大家都在談論「知識管理」（尤克強，2001），以教育爲志業的我們又豈能置身事外？知識學以「知識」本身爲探究對象，相信有助於教育人員對知識的深層瞭解。

第一節　中心議題

　　西方哲學關心眞、善、美，上古和中古時期以形上學討論眞，以倫理學探究善和美。近代以後，形上學雖然仍舊保有「第一哲學」的身分，卻逐漸把有關「眞理」的研究讓位給知識學；進入現代以後，美學也逐漸從倫理學接手對「美感」的探索。而傳統形上學即以本體論繼續對存有和變化進行思辨，其宇宙論部分則不斷發展爲今日的科學。目前西方哲學的風貌是知識學與倫理學當道，形上學仍維持一定的歷史地位；至於美學的情況則與教育哲學類似，哲學界少談它，卻廣受藝術界靑睞。

　　知識學談眞知、美學談美感、倫理學談善行，三者分別涉及人們的知、情、意，理當無所偏廢。「知識學」的希臘文原意即是「眞知」，意味眞理、眞正的知識。從西方文明所反映的時代精神來看，傳統上相信知識有一個人心以外的眞理世界相對應，對知識的探究由形上學主導，以柏拉圖爲代表；至現代由笛卡兒將知識學推上哲學的舞臺，主張知識與人心的互動，多少還承認有些客觀眞理，其代表人物是康

德；進入後現代則完全打破鏡像式的對映與對應，真理和知識成爲人心的建構，這種消除普遍、強調局部的作法，可以羅蒂爲代表。

後現代主義近年對教育理論與實踐衝擊甚大，像學校本位管理、教師專業發展等方面，都可以發現它的影響（黃乃熒，2003）。本書有意呈現後現代「華人應用哲學」，「後現代華人」指的乃是一套時空概念，亦即處於後現代的華人社會，其中蘊涵著後現代主義與民族主義的精神。後現代知識學以「知識建構」爲主軸，傳統觀點則立基於形上學。主流論述將知識的根源深植於形上世界，肯定其爲眞理，至現代備受質疑。笛卡兒從「我思」的考察中帶動了「知識學轉化」（epistemological turn），把哲學關注焦點從「存有」轉向「認識」（knowing）（郭實渝，2001）。這也是「知識學」又稱作「認識論」的道理，因爲它不僅要問「什麼是知識」，更希望瞭解「人如何認識知識」。

「人如何認識知識」的問題可以轉換爲「人如何確信其所知爲眞確」的問題，在這方面，杜威的判準是實用性，而皮亞傑則訴諸各種心靈機制（mechanisms of mind）（Noddings, 1998）。皮亞傑結合了心理學與知識學，其學說對教育界影響深遠。他的理論屬於現代式的建構主義（constructionism），而今日教育界更嚮往後現代式的建構主義。

「後現代性」的開展可以從一九七九年算起，那一年有兩位歐美著名的後現代主義哲學家出版其代表作：法國哲學家李歐塔（Jean-Francois Lyotard）刊行了《後現代狀況》，美國哲學家羅蒂則推出《哲學與自然之鏡》。全球經歷後現代思潮二十多年的翻騰洗鍊，二十一世紀的確已經進入一個

「全球性地方化」（global localization）的後現代時期（尤克強，2001）。

　　然而即使已經出現後現代狀況，仍然有人堅持走回傳統知識學的道路，波普便是其中相當著名者。波普以其有名的「三元世界觀」，楬櫫「客觀知識」的大旗。他把笛卡兒二元論所指的「物理世界」和「心理世界」，分別視爲「世界一」和「世界二」，然後提出一個獨立於人心之外的「知識世界」之存在，他稱之爲「世界三」。世界三可泛指任何種類的資訊形式，譬如書本學問或電腦軟體，不管是人類或外星生物，只要能夠尋得並解讀它，與其產生互動，即證實其存在（鈕則誠，1988）。

　　波普的知識學具有豐富的傳統形上學意義；而皮亞傑則主張以人類運思發展四階段的心靈結構來呈現世界的樣態，並由二者的互動間建構出知識，這屬於具有現代形上學意義的心靈哲學式知識學。以後現代主義爲宗的眞正後現代哲學家如羅蒂的知識學，則一方面擷取杜威式實用主義的精髓，一方面更揚棄整個西方形上學路數。羅蒂甚至宣稱，作爲知識學的哲學已經喪失了存在價值（趙敦華，2003）。

　　羅蒂對知識學做出「大破」的宣判，其他後現代學者如建構主義者則主張「小立」。知識建構主義放棄追求放諸四海皆準的「大型理論」（grand theory），轉而追求自我詮釋的「小型敘事」（little narrative）。這種觀點認爲知識是主觀的、功能性的，只對參與者有意義；其意義屬於一時的價值，而非不變的眞理（林生傳，1999）。由此觀之，後現代時期的知識學，已完全擺脫形上學影響，卻逐漸走向倫理學和美學的境地。

　　本節一開始曾提及，西方哲學關心三件事：眞、善、美，而在古希臘時代，三者可以統攝在單一的「道體」（logos）之下。"Logos"雖非希臘三傑的關注重點，卻是更早期哲學家赫拉克利圖斯（Heracleitus, 544-484 B.C.）的中心思想。它的本意是「話語」（word），引伸而爲貫注於一切事物的「道體」。在英文裏，許多學科都帶有"-logy"的字根，而「邏輯」（"logic"）一詞更反映出道體無所不在（Angeles, 1981）。如果眞、善、美在根源上曾經是三位一體的，那麼到如今讓追求「眞」的知識學轉型爲實踐「善」的倫理學，相信也是「美」事一件。

第二節　課程應用

　　雖然後現代思想被拿來討論教育議題的情形很常見，但是目前華人社會教育實踐的性質依然頗具現代性。長期深入探討現代性的當代英國社會學家紀登斯（Anthony Giddens）曾表示，「現代性」即是「現代社會」或「工業文明」的簡略說法（尹宏毅，2001）。以占世界人口五分之一的中國大陸來說，當地的華人社會肯定是一個追求工業文明的現代社會，與西方的後現代社會仍相去甚遠。不過讓我們仔細想想，後現代必須假定已經走到現代性之後，否則只是無的放矢。

　　大部分華人社會依然屬於現代社會，現代觀點下的教育活動，仍被視爲學習知識、追求眞理的歷程，而課程實施則是達到教育目的的核心手段（彭孟堯，2003）。現代以課程

實施爲核心的教育活動，大致可以歸納出三個知識學的問題：「知識與眞理的客觀性和絕對性」、「經由教育歷程傳遞給學習者的知識內容」、「認知科學對於學習者認知發展的研究」（彭孟堯，2003）。我們先對這三個議題進行一般性批判，然後再放在九年一貫課程的脈絡中加以考察。

知識與眞理的「客觀性及絕對性」問題，包含另一組可能，亦即「主觀性及相對性」。知識究竟是客觀的還是主觀的，牽涉到看問題的立場。像哲學家波普便認爲知識可以完全脫離它的發明者而維持客觀性，但科學家波蘭尼（Michael Polanyi, 1891-1976）卻認爲知識乃屬心領神會（tacit）（許澤民，2000）。而知識的絕對或相對問題同樣莫衷一是。應用哲學對二者的持平答案乃是「相互主觀的局部知識」，並建議以討論「知識的開放性」來擺脫上述知識學困局。

考察教育活動提供給學習者的知識「內容」，首先面對的其實是「分類」問題。像分析教育哲學家赫斯特即指認出七種具有不同獨特形式的知識，其分類判準係分辨各種獨特形式知識的特殊探索經驗，以及驗證這些經驗的方法（但昭偉，2002）。然而知識不是一成不變的，像有些跨界的、交叉的，甚至具有爭議性的知識，到底要不要教？又如何去教？這才是眞正的問題。

「絕對客觀與否」是形上學問題，「如何做出分類」是理則學問題，「探究認知發展」則是心理學問題。知識學不應長期陷溺於形上學之中，但是可以持續提供理則學實際操作分析的空間，至於跟心理學交流甚至合流的趨勢則必須加以正視。像奠基於神經科學、資訊科學與認知科學的「神經

哲學」（neurophilosophy），即有意通過經驗科學重構形上學及知識學（Churchland, 2002），其立論當然不免會影響教育哲學，人文學者對此不可無視其存在。

我們把「知識的客觀性與絕對性」問題轉換爲「知識的開放性」問題，並以「互爲主體的局部知識」作爲開放性答案，據此解讀九年一貫課程的建構思維。《綱要》在〈貳、基本理念〉中明確指出：「本質上，教育是開展學生潛能、培養學生適應與改善生活環境的學習歷程。因此，跨世紀的九年一貫新課程應該培養具備人本情懷、統整能力、民主素養、鄉土與國際意識，以及能進行終身學習之健全國民。」其內涵言及「尊重與欣賞……不同文化」、「理性與感性之調和」、「獨立思考……包容異己」、「鄉土與國際意識……（涵蓋文化與生態）」等語，在在顯示知識乃屬超越主觀與客觀、相對與絕對之爭的開放性問題，而融合理性與感性、尊重異己、兼顧鄉土與國際的「互爲主體的局部知識」，相信是最恰當的答案。

其次來看「知識的分類」問題。《綱要》規範九年一貫課程的「課程理念」有四：「以生活爲中心、配合學生身心能力發展；尊重個性發展，激發個人潛能；涵泳民主素養，尊重多元文化價值；培養科學知能，適應現代生活需要。」據此理念，「課程應以個體發展、社會文化及自然環境等三個面向，提供語文、健康與體育、社會、藝術與人文、數學、自然與生活科技，及綜合活動等七大學習領域。」以七大學習領域與赫斯特所提七種不同獨特形式的知識對照看，自然科學、數學、有關人的科學、文學與藝術等四類大致相符；至於赫斯特所分判的歷史、宗教、哲學三種知識，一般

多歸屬人文學。平心而論，倘若把語文、健康與體育、綜合活動三者朝美育、體育、德育等方面去發展，其他四大領域大致符合智育所涉及的知識三大範疇：人文學、社會科學、自然科學，以及形成知識基礎的形式學問：邏輯與數學。

　　有關「認知發展的研究」問題，可以放大納入學習心理學的發展問題來看；因爲「認知發展」的理論發展，乃是二十世紀中葉學習心理學的理論發展之一派（張新仁，2003）。學習心理學在整個二十世紀的發展可以分爲六個階段，其中皮亞傑的「認知發展理論」及「後皮亞傑認知發展理論」，分別於五〇年代及八〇年代有所貢獻。但值得注意的是，六〇年代以後資訊科技逐漸影響人類生活，以此爲根據的「訊息處理理論」，開始被用來討論人類的認知與學習問題。拿電腦處理資訊的能力，類比地討論人腦認知與學習的能力，必須愼重其事，以免引喻失義。畢竟電腦爲機器，所做的事情只是計算；而人類則屬有機體，心智活動指向知、情、意各方面，絕非僅止於計算而已。

第三節　教學應用

　　教育學探究的對象是教育實踐，可以通過歷史學、哲學、心理學、社會學等視角，從事不同定向的考察。而教育學作爲一門獨立學科，其核心分科只有兩支，亦即課程論與教學論。就現實面來看，課程論涉及知識性教材，教學論涉及課堂式溝通；也就是說，有一群學生使用分科的教科書，在教師的教導下學習知識。前節討論到課程方面的知識學問

題，已經觸及學習心理學。本節繼續討論教學論方面的問題，將先從反思學習心理學開始。

教育活動必然包括「教師教、學生學」兩部分；教育史上長期以教師的教學來定義教育活動，直到啓蒙運動以後才逐漸著眼於學生的學習。以學習者爲中心的教育，在西方世界個人主義和民主政治的氛圍中受到重視，並不令人意外。但是分析教育哲學所推演出的論斷，諸如「學習是教育的必要條件」、「學習成果並非教學的充分條件」等說法（李奉儒，2004），值得進一步推敲。我們的看法是：教學與學習相輔相成，但是教育的主題理當是教學而非學習。一個人的確可以自我學習，但這實在算不上是教育活動，除非把「教育」的定義放大到完全納入各種學習形式。

本書雖然強調有容乃大，但是討論教育問題的出發點還是趨於保守。我們認爲「課程使用教科書、教學由教師主導」的現代教育形態，比較接近大多數人的生活經驗，因此傾向以此界定「教育活動」。在我們看來，包含學習部分在內的教學論屬於教育學的一支，只談學習部分則屬於心理學的旨趣。從心理學看教育問題原本即具有正當性，但是仍必須以教學論而非學習心理學來構成教育學兩大核心分支。

教學有三項規準：「目的性」——帶出學習的意向、「釋明性」——指出需要學習的事物、「覺知性」——考量學習者的認知狀態（李奉儒，2004），這三點與前節課程論中有關開放知識、知識分類、學習心理的知識學問題，多少有些相通，因此也可視爲教學論的知識學問題。像知識必須具有開放性，方能帶出學習者的意向性。否則把封閉的知識高壓灌輸填鴨給學生，未能激發學生學習的興趣，只會產生學

過即忘的結果。此外知識的分類標幟出需要學習的事物類型，以學習心理學來考量學習者的認知狀態等，皆顯示出課程論與教學論在知識學觀照下，彼此所呈現的息息相關。

　　九年一貫課程實施以來，不但學生莫衷一是，無法激發學習的意向，連教師也採取陽奉陰違的態度，難以產生教學的意向。理由無他，缺乏開放性而已。「開放性」原本是後現代論述裏的一大特徵，但是官方的教育卻利用複製的論述，以經濟話語去證成文化論述，拿刻意安排的文字遊戲，將後現代文化的潮流凍結成類型，通過標準化來壓制多元化（歐用生，2002）。換言之，由政府主導的教育改革，是以開放之名行封閉之實，難怪教師與學生皆無心參與改革，因爲這並非眞正鬆綁，而是鬆了再綁。面對如此無奈情境，藉由「批判教育學」中的「抗拒」概念，以教師的「自覺」爲起始，漸次轉化自我、轉化課程、轉化教學、轉化學生，終至轉化社會，可能是讓教育改革絕處逢生的契機（劉育忠，2002）。

　　教學論的知識學問題包括教學目的性、教學釋明性，以及教學覺知性。在釋明性方面，即是確認「何者爲學生必須學習的內容」（歐陽教，1988）。九年一貫課程所劃分的七大學習領域，當然是主事者認定中小學生必須學習的內容。由於目前的情況是「一綱多本」，因此教育部九年一貫課程推動小組要求應設計「教學計畫」以進行教學。教學計畫的內容由「教科書＋自編＋改編＋選編」構成，教科書在此的定位是「教師參考用書」而非唯一教材。教學計畫有別於教學活動設計和教案，它是教學構想、溝通材料和管理工具，希望能夠落實課程統整（張素貞，2003）。前文曾提及，統整

課程須與協同教學配套，例如由師資培育機構培養領域或分科協同專長教師，即是新課程實施配套措施的一環（教育部，2003）。

在教學覺知性方面，教師必須注意其「教材教法的可覺知性」，所教的內容一定要以學生認知狀態足以理解的方式來呈現，且須充分留意學生間的個別差異，盡可能地因材施教（李奉儒，2004）。在這種知識學反思的大原則下，讓我們來考察一個實例，那便是數學的「建構式教學」。一位國中和一位國小校長（周武昌、呂瑞香，2003）共同發現了困難點。他們指出，國小著重建構式教學，強調孩子主動發現建構概念，理念雖符合理想，但在教學現場卻發現「去簡用繁」的計算方式，或「使用連減」的思考模式，使得學生到了五年級還無法化秒數為時與分，或不熟練九九乘法，國中教師因此對課程銜接感到憂心忡忡。果真如此，教育改革就必須改弦更張，進行另一次改革；不見得要走回頭路，但絕對要突破困境。

第四節　綜合討論

形上學、知識學、倫理學為哲學主要核心分支，形上學與知識學追求「真」，倫理學則嚮往「善」和「美」。傳統上對知識的探究表現為形上學；進入現代則確立知識學的主題，並與科學論述產生對話；及至後現代卻見到知識學表現為倫理學的趨勢日益明顯。面對此一趨勢，我們建議知識學對教育的考察，可以走向「中體外用論」意義下「華人應用哲學」的「後科學人文自然主義」路徑。下章我們將據此討

論教育倫理學，眼前還是先把現代的教育知識學加以消融轉化。

　　教育學者溫明麗（1999）提出「教育知識學」受到傳統形上學影響所形成的三個面向：「理性主義與經驗主義之爭」、「客觀知識與主觀知識之爭」、「絕對知識與相對知識之爭」。她在批判這些爭議之後，進而「發現不同的知識論亦存在共通性，此共通性即指知識乃爲了幫助人類開展智慧，以追求幸福、和諧與正義的合理生活。此共通性正是教育的終極關懷」（溫明麗，1999：80），這正是對知識學向倫理學轉向的肯定。她也更進一步通過這種倫理性知識學，楬櫫「教育目的」的三大要求：「應以人爲主體」、「應兼顧理性之知與經驗之知」、「應具人文的辯證性」。

　　在後現代時期中，讓知識學向倫理學靠攏，還有一層更深厚的意義，那便是知識的實踐意義。二十世紀分析哲學與科學哲學對科學知識的看法，傾向於強調其邏輯與客觀性，被視爲「主流觀點」（received view）（Suppe, 1979），這便是現代知識學希望知識來自「沒有顏色的思想」之理論根源。後現代思想家對此不表認同，他們一方面強調科學知識產生於特定時空脈絡的非主流之「領會觀點」（perceived view），一方面也盡量闡述知識的「實踐致用」意義。在「實踐知識學」（practical epistemology）的觀照下，知識的倫理學意涵逐漸體現。

　　值得一提的是，對深具倫理學意涵的後現代實踐知識學帶來甚大啓發作用的，竟然是抱持傳統觀點的波普（陳美玉，2003）。其實這可以從波普終其一生提倡「歷史非決定論」，並致力捍衛「開放社會」的擇善固執精神看出端倪。波普是典型的西方科學人文主義者，和他同調的還有分析哲

學家卡納普（Rudolf Carnap, 1891-1970），以及諾貝爾醫學獎得主克利克（Francis Crick）與莫諾等人。「科學人文主義」相信科學理性、堅持人文倫理、遠離宗教眷顧，無疑是二十世紀「世俗人文主義」的一大進展，也提供了我們開創「華人應用哲學」核心概念——「後科學人文自然主義」極為重要的參考價值。

華人「後科學人文自然主義」的理念，源自西方「科學人文主義」，並試圖超越它。我們嘗試以「後現代的後科學精神」超越「現代的科學精神」，並以「中國人文自然主義」超越「西方人文主義」。從「科學」過渡到「後科學」，以及從「外國文化」返回「中華文化」，均意味著一種倫理學轉向。這種轉向已逐漸在教育學之中開展，譬如將教育課題指向「生活體驗」（lived experience）的研究（孫元濤，2003），即反映出非常豐富的知識學意義。

現代教育學在肇始時期屬於哲學而非科學。赫爾巴特於一八〇六年開創普通教育學，以倫理學和心理學為基礎；當時心理學尚屬哲學的一支，教育學因此可視為一門「實踐哲學」。一八七九年心理學自哲學中獨立成為科學學科，極力模仿物理學，遂以實驗心理學的面貌體現為科學心理學。教育學受此影響，隨後也走出以實驗教育學為主軸的「科學教育學」。心理學雖然嚮往成為自然科學，卻因為探究的對象為「人」而非「物」，終於被歸入社會科學的一支。社會科學與自然科學的相通之處，在於二者皆採行「量化研究方法」。符號數字加上計量演算，保證了社會科學的科學屬性。

社會科學的量化取向在經濟學上獲致極大成功，甚至使

得經濟學成爲唯一的諾貝爾社會科學獎項。這種成功也反映在社會學和心理學之中，但是難以企及法律學、政治學、人類學等學科。法律學、政治學、經濟學屬於社會科學古典議題，心理學、社會學、人類學則爲新興旨趣，後三門學科又統稱爲「行爲科學」。社會科學不見得完全適用量化方法，像人類學從事田野研究，從「主位觀點」（emic approach）走向「客位觀點」（etic approach），即強調研究者主體的「詮釋」（interpretation）觀點（劉玉玲，2003）。

　　注重詮釋觀點屬於「質性研究方法」，質性方法自一九八〇年代以後逐漸在社會科學範疇中取得正當性。不似量化方法要求控制下的「實驗設計」，質性方法主要指向自然不拘的「生活體驗」。爲與英美社會科學有所區別，以歐陸學派的現象學與詮釋學爲宗而採行質性方法諸學科，於七〇年代在西歐再度凝聚出新型的「人文科學」（宋廣文，2003）。

　　爲因應英美學派「知識三分法」的不足，歐陸學派復興了十九世紀「知識二分法」看重「人文」、擴充「科學」的精神，將「人文科學」納入三分法的「人文學」與「社會科學」之間，形成較爲周詳的「知識四分法」。如此可爲教育學從社會科學回歸人文學開啓新契機。我們樂見時下有愈來愈多的學者使用質性方法研究教育問題，而本書則希望大力彰顯教育學的人文面向，將其融會於以「中國人生哲學」爲核心的「華人應用哲學」，進而建構出「華人哲學教育學」。

── 主體反思 ──

1. 從字面的意義看，「眞理」二字即象徵著全面、絕對的意思。你認爲眞理有可能存在嗎？或者根本沒有眞理？

2. 建構式數學的問題在教育改革的風潮中顯得沸沸揚揚，你對這種行之有年的教學模式有何評論？

3. 中國在百年西化下已跟世界接軌，以西方爲主的世界文明依照時代精神，可分爲傳統、現代、後現代三類特性，「知識」在這些性質中分別有何意義？

4. 你認爲「互爲主體的局部知識」有否可能？如何可能？能否舉例說明之？

5. 九年一貫課程分爲七大學習領域，試將你過去在國小及國中時期念過的科目套入這七大領域，看看有否過與不及？

6. 教學首重「意向性」，亦即教師有意教、學生有意學，請以自己的學習經驗和未來的生涯規劃，思索如何形成雙方的意向性。

心靈會客室

生也有涯，知也無涯

　　我是一個在孤單環境裏成長的孩子，與我相伴的只有狗和書。記得我從小就愛蒐集三樣東西：郵票、泡泡糖畫片，還有就是書。對郵票和畫片的喜愛，上了高中就變得淡薄了，但是二者現今仍保存在我身邊。高中以後沉迷於書本的程度卻有增無減，結果成爲眞正的「牯嶺街少年」，下了課便流連忘返於大小舊書攤或一般書店，甚至連週末假日都樂此不疲。

　　我的讀書歷程分爲幾個階段：小學到初中（當時還沒國中）對故事書（漫畫）著迷，也愛讀些有注音符號的古典小說譯本；高中嗜讀長短篇文藝小說（不是言情小說），同時開始涉獵哲學作品；大學念哲學系，發現學校圖書館是一大寶庫，便一頭栽進知識的瀚海中，浮游至今三十多年，很自然地成爲教書匠。

　　人各有志，太太對衣物和藝術品的喜好，使她選擇念服裝設計並成爲收藏家；而她在家中坐擁青花罐，也跟我的坐擁書城一樣壯觀。結褵近二十年，我們外出旅遊已大致形成一種逛街模式，無論是洛杉磯或香港的購物中心，還是上海的步行街，兩人到定點後各自散去、各取所需，再準時集合，保證皆大歡喜、滿載而歸。這一套當然不適用於年輕情侶或新婚夫婦。

　　書讀多了自然會油生一股寫書的衝動，無奈我天生缺乏寫文藝作品的慧根，只能望文興嘆。不過爬格子寫稿的機會倒從未曾間斷。退伍後在雜誌社當了三年周刊記者，少說也寫了百萬字；進博士班到如今整整二十年，報告、論文、專書一篇篇、一冊冊地刊行，但是最讓我覺得驚喜的，卻是信手拈來書寫、意外結集出書的散文集《心靈會客室》。這原是人情邀約所寫的報紙專欄，後來被慈濟收錄爲善書廣爲傳播，相信

已經結下不少文字緣。為延續這份因緣，其後我寫的每一部書都盡可能納入同名的專欄文章，像眼前這篇文章便屬其一。

　　長時期以教學研究為業，成天同書本知識為伍，倒也甘之如飴、知足常樂。的確，過去曾有研究與發表的壓力及焦慮，後來升上教授，再拿出莊子「生也有涯，知也無涯」的話頭做藉口，果然釋懷不少。今後我仍將買書、讀書、寫書，但不全然圍繞著知性的目的，同樣也要照顧生命的情意面。念哲學、教哲學三十餘載，「愛好智慧」的結果是印證了古聖先賢的一些慧見，像「有為有守、適可而止」、「執中道而行，無過與不及」等等，願與讀者朋友分享。

參考文獻

尹宏毅（譯）（2001）。**現代性——吉登斯訪談錄**（A. Giddens與 C. Pierson合著）。北京：新華。

尤克強（2001）。**知識管理與創新**。臺北：天下遠見。

但昭偉（2002）。傳統教育哲學（一）——西方博雅教育及其思想。載於黃藿、但昭偉編著，**教育哲學**（頁147-177）。臺北：空中大學。

宋廣文（譯）（2003）。人文科學。載於宋廣文等譯，**生活體驗研究——人文科學視野中的教育學**（M. van Manen著）（頁1-43）。北京：教育科學。

李奉儒（2004）。**教育哲學——分析的取向**。臺北：揚智。

周武昌、呂瑞香（2003）。國民中小學課程銜接的探討。載於教育部主編，**數學學習領域基礎研習手冊**（頁3-12）。臺北：教育部。

林生傳（1999）。九年一貫課程的社會學評析。載於中華民國課程與教學學會主編，**九年一貫課程之展望**（頁1-28）。臺北：揚智。

林逢祺（譯）（2002）。**知識之謎——知識論導引**（S. C. Hetherington著）。臺北：學富。

孫元濤（譯）（2003）。論生活體驗的本質。載於宋廣文等譯，**生活體驗研究——人文科學視野中的教育學**（M. van Manen著）（頁44-64）。北京：教育科學。

張素貞（2003）。九年一貫課程之「一貫」、「統整」、「計畫」與「組織」探析與定位。載於賴清標主編，**國民中小學九年一貫課程教師手冊**（頁1-19）。臺北：教育部。

張新仁（2003）。緒論。載於張新仁主編，**學習與教學新趨勢**（頁1-22）。臺北：心理。

教育部（2003）。**新課程實施配套措施手冊**。臺北：教育部。

許澤民（譯）（2000）。**個人知識——邁向後批判哲學**（M. Polanyi著）。貴陽：貴州人民。

郭實渝（譯）（2001）。知識論。載於黃藿總校閱，**哲學概論**（R. P. Wolff著）（頁48-105）。臺北：學富。

陳美玉（2003）。從實踐知識論觀點看師資生的專業學習與發展。**教育資料集刊**，28，頁77-107。

彭孟堯（2003）。**教育哲學**。臺北：學富。

曾志朗（1995）。序。載於陳瓊森、汪益譯，**超越教化的心靈——追求理解的認知發展**（H. Gardner著）（頁序1-4）。臺北：遠流。

鈕則誠（1988）。卡爾‧巴柏的基本哲學。**實踐學報**，19，頁75-105。

黃乃熒（2003）。後現代思潮與教師專業發展。**教育資料集刊**，28，頁1-23。

溫明麗（1999）。知識論與教育。載於歐陽教主編，**教育哲學**（頁61-98）。高雄：麗文。

趙敦華（2003）。**現代西方哲學新編**。北京：北京大學。

劉玉玲（2003）。**教育人類學**。臺北：揚智。

劉育忠（2002）。自覺、批判與轉化——從批判教育學中「抗拒」概念之意涵論其在課程改革中之實踐途徑。載於中華民國課程與教學學會主編，**新世紀教育工程——九年一貫課程再造**（頁211-229）。臺北：揚智。

歐用生（2002）。披著羊皮的狼？——九年一貫課程改革的深度思考。載於中華民國課程與教學學會主編，**新世紀教育工程——九年一貫課程再造**（頁1-24）。臺北：揚智。

歐陽教（1988）。教學的觀念分析。載於黃光雄主編，**教學原理**（頁1-27）。臺北：師大書苑。

Angeles, P. A. (1981). *Dictionary of philosophy*. New York: Barnes & Noble.

Churchland, P. S. (2002). *Brain-wise: Studies in neurophilosophy*. Cambridge, Massachusetts: The MIT Press.

Noddings, N. (1998). *Philosophy of education*. Boulder, Colorado: Westview.

Suppe, F. (1979). The search for philosophic understanding of scientific theories. In F. Suppe (Ed.), *The structure of scientific theories* (pp.1-241). Urbana: University of Illinois Press.

第十一章

倫理學——「道德」與「關懷」

引言

　　教育哲學是對教育及其問題所從事的哲學性探究（Noddings, 1998）。西方哲學自古即以理則學爲基礎工具學科，並從事形上學和倫理學探討；而知識學和美學則分別於十七與十八世紀登上哲學舞臺。在美學尚未形成之前，對人類情意生活的考察，主要是倫理學的工作；換言之，傳統倫理學是兼顧知、情、意三方面的。不過西方哲學一向重理性輕感性，連蘇格拉底的「知德合一」都是以知識指導道德，但至少亞里斯多德所主張的德行倫理仍保持務實精神。直到啓蒙運動興起，理性高漲，要求普遍「應然」的倫理學就愈來愈不近「人情」了。

　　西方倫理學乃是道德哲學，是對於道德生活的「應然」規範，屬於「價值判斷」的問題。長期以來，西方人對道德推理和人格發展的看法都傾向於單一原則，亦即「正義倫理學」（ethics of justice），美國教育心理學家郭爾堡（Lawrence Kohlberg, 1927-1987）甚至提出了經驗證據。但是作爲郭爾堡學生的女性主義心理學家姬莉根（Carol Gilligan）在一九八〇年代卻發現，老師的證據只能算是男性觀點；女性所採用的態度可謂大異其趣，那便是「關懷倫理學」（蕭巍，1999）。

　　從傳統到現代，西方倫理學所走的都是一貫看重理性的正義倫理途徑，進入後現代卻受到偏向感性的關懷倫理之「不同的聲音」所質疑，如今雙方聲勢可謂旗鼓相當。另一方面，中國哲學雖然沒有明顯可見的性別意識，卻始終保持對陰陽和諧的關注，道家且推崇宇宙與人生的陰柔面，這或

許可以作為中國哲學與西方關懷倫理學對話交流的界面。倘若我們能夠成功地把「關懷」概念推廣至教育實踐中，大家所嚮往的「愛的教育」理想或許有可能實現。

第一節　中心議題

倫理學乃是道德哲學，因此自倫理學探究教育的問題，最常見的議題便是「道德教育」。此外「教育活動的價值」也被視為倫理課題，畢竟教育屬於好事才值得人們去做。教育價值曾被納入形上學問題，與教育本質、教育目的並列，這是因為形上學和倫理學在傳統哲學中是相互通透的。如今形上學、知識學、倫理學、美學形成哲學的基本分支，一般教育哲學教科書多將四者依序寫入專門篇章（伍振鷟等，1999；歐陽教，1999）。

不過當我們站在「中體外用論」立場，通過「華人應用哲學」取向的「後科學人文自然主義」反思，理想的倫理學不止是道德哲學，更應該說是「人生哲學」。哲學關切宇宙與人生之種種。如今宇宙問題交由科學處理，哲學則基於「後科學的」觀點對科學所處理的結果加以批判，這是「後現代科學哲學」的任務。至於人生問題長期作為倫理學的旨趣，卻難以擺脫正義原則的道德思維與推理，直到面臨關懷倫理的挑戰，才算走上「後現代人生哲學」的寬廣大道。

在華人社會中，「倫理」、「道德」二詞經常連用或互用，西方也是一樣。但進一步看，華人講的「倫理」其實是指「人倫之理」，也就是人際關係的共通規範；至於對「道

德」的看法，在儒家與「仁義」近似，在道家則與「自然」相通（韋政通，1977）。中國哲學儒道二家自始不是講「仁」、「性」，便是講「道」、「自然」，這些都屬於情意方面的觀照；至於講「理」則是宋代以後的事情，而且始終未發展出西方式純理方面的思維。

西方的「道德」是指分辨是非、對錯、好壞的價值判斷，也指具有德行、正義、善良等內涵的好的生活；而倫理學則是對道德內涵進行概念分析的學問（Angeles, 1981）。倫理學在亞里斯多德時代，還維持著實踐哲學的特質，關懷人間、貼近生活；近代以後逐漸步向概念分析的抽象思辨；至二十世紀上半葉達於顛峰，終於陷入「後設倫理學」咬文嚼字的窠臼中難以自拔。八〇年代初期，分析哲學家杜明（Stephen Toulmin）發表一篇宏文《醫學如何挽救了倫理學的命脈》，提出醫療活動中生死攸關的倫理抉擇，希望重建倫理學指點迷津的實踐意義和規範功能（鈕則誠，2004）。對照地看，中國哲學也有類似情形發生。先秦儒道二家開展出豐富的生命情調，卻在後世逐漸捲入抽象義理的爬梳，彷彿見樹不見林，終於遠離它的原始初衷。

正義倫理及其概念分析，在整個現代時期均成為西方倫理學的主流論述，直至後現代方才面臨挑戰。挑戰主要來自女性主義心理學家姬莉根和教育學家諾丁，她們兩位在一九八〇年代先後出版兩部以關懷為主題的論著，不但標幟出關懷倫理學的大旗，更對教育活動影響深遠（簡成熙，1997）。其中諾丁後來又寫了一部教育哲學論著，便將關懷倫理學融入其中，作為立場鮮明的全書結論（Noddings, 1998）。諾丁在該書導言內指出，她繼承二十世紀初期哲學

著作的寫作傳統，將「作者的哲學信念」（the writer's philo-sophical convictions）納入結論中。這對本書是種激勵，我們正是效法她的寫作體例，將教育哲學分為「哲學史」與「哲學概論」兩部分來發揮，並以「華人應用哲學」理念匯注其中。

諾丁作為教育學者，不但大力提倡關懷倫理學，更將之建構為一種新的教育模式。她闡述了自己的見解：「教育的主要目的應該是培養有能力、關心人、愛人也值得人愛的人。為了實現這一目的，關心必須主導學校課程。孩子們應該學會如何關心作為物質和精神結合體的自我，如何關心身邊和遠在他鄉的人，如何關心動物、植物和地球，如何關心人類創造的物質世界，以及如何關心各種學科知識。」（于天龍，2003：中文版序）這正是「從人生看宇宙」的思考途徑，可視為後現代的「教育學轉向」。

在關懷倫理的觀照下，「教育倫理學」呈現出兩層意義：「一階實踐意義」指向「教育活動應以關懷為核心價值」，「二階後設意義」則指向「教育學應通過關懷倫理來重構」。普通教育學自十九世紀初由赫爾巴特創立以來，即從倫理學觀點來決定教育目的，並以心理學觀點來發展教育方法（梁福鎮，2002a）。普通教育學的發展從傳統教育學、詮釋教育學、實證教育學、解放教育學演變到行動教育學，已經建立起可觀的教育理論（梁福鎮，2002b）。但這一切大都出現於重視理論發展的歐洲學界；我們樂見諾丁在美國建構「關懷教育學」，更倡議在華人社會開創適用的「華人哲學教育學」。

「華人哲學教育學」是由「中國人生哲學」主導的另類

教育學，它也擁有自己的教育哲學主張，亦即立足於「中體外用論」的「後科學人文自然主義」。在其中「中體外用論」為彰顯文化主體性，「後科學」標幟出時代精神，而「人文自然主義」則是以儒道二家思想為表裏的人生哲學。此種教育哲學重視情意面的教育倫理學和教育美學，而非知性面的教育形上學與教育知識學，更有意與注重概念分析的教育理則學保持一段美感距離，以充分體現中西文化的「差異性」（differentiation）。

第二節　課程應用

　　發現並強調「差異性」，是第二波女性主義的重要策略。第一波女性主義自十八世紀啓蒙，至二十世紀初期得到重大收穫，讓女性得以充分就業和參政。這些都是女性在男性主導的社會中，經過長期鬥爭而取得的權利，其意義可以「女男平等」概括。第二波女性主義則在一九六〇年代風起雲湧的民權運動、社會運動中興起，聯手粉碎人類三大偏見：種族主義（racism）、階級主義（classism），以及性別主義（sexism）。此時女性主義者與少數民族、普羅階級站在一邊，相互激盪而產生「意識覺醒」（consciousness raising），肯定自己與另一邊是不同的、是有差異性的，其意義可以「女男有別」概括。

　　後現代的一大特色即是「肯定多元化、尊重差異性」。我們據此拈出「中體外用論」，希望華人不盲目追隨外國事物與價值，而要經過深思熟慮後再為己所用。這是一種「御

物而不御於物」的自覺,在教育上尤其重要。臺灣乃是以西方爲主的外國文化之邊陲,卻不自覺地苦苦相隨,而無視於自家文化的生機。教育改革理應對此有所警醒而力圖突破。九年一貫課程似乎有些突破,但總的來說仍然弊多於利,原因即是主體性未能清楚彰顯。

　　教育改革破除了封閉的「政治中國」意識形態,卻未能創發出開放的「文化中國」生命情調,反而跌入「全球化」和「地方化」過與不及的偏鋒。小五開始學英語雖無可厚非,但是連漢語都落得膚淺無知,卻還要強調母語方言,可謂捨本逐末。臺灣是個以絕大多數漢人爲主的華人社會,教育改革應該確立此一立足點,再向外擴充包容,而非矯枉過正地一視同仁。後現代意義的多元化並非如墨家的「兼愛」,而是儒家式的「差等之愛」,後者才是符合人性、通達人心的價值觀。

　　九年一貫課程第一學習階段於九十學年度(二○○一年)自小一開始實施,其餘階段於九十一學年度自小四及國一同步起跑;在這以前的國小及國中修訂課程則分別於八十五和八十七學年度上馬。眞正新課程正式實施,其實是二十一世紀的事情。所謂「十年教改」的貢獻,部分明顯落在課程政治形態分析上面。九○年代前期的分析立場有「民主中國」、「溫和的現實臺灣」、「激進的現實臺灣」等三種意識,後期則逐漸建立「文化中國、現實臺灣」的共識(王前龍,2002)。教育界既然已具有「文化中國」的共識,接下去就看如何將之落實於「現實臺灣」之中了。

　　從道家「自然無爲」的立場看,體制下的生活也許是一種「必要之惡」(necessary sin)。我們認爲,既然如今的社

會已形成一個生活共同體，小國寡民的簡樸生活即不可能，「如何在現實環境中安身立命」便成為教育首要課題。「安身立命」一詞源自禪宗僧人間的對話，是指「在宇宙時空中安頓身心」；而人既無所逃於天地之間，就應學會如何在人世間頂天立地。這是一種負責任的人生之培養，用現在的話來講，是「培養公民意識」；而身為培養學生公民意識的教師，更應該自我期許成為「知識分子」（intellectuals）。

在一般人的觀感裏，尤其是為人父母的心態，總是望子成龍、望女成鳳。因此學習一技之長以便出人頭地，就成為社會大眾對教育的期待。但是我們相信「頂天立地的擔當」遠比「出人頭地的工夫」來得優先、來得重要；換言之，要成為有用的人才之前，先必須挺立有為的人格。這便是本書所認同的「倫理學優位」教育價值觀，而它正源自赫爾巴特主張的由倫理學來主導教育目的觀。

西方在現代化進程中出現兩種主導性的教育價值觀，其一為「個體本位論」包括人文主義、功利主義、自由主義、進步主義、存在主義等；另一為「社會本位論」，包括國家主義、民族主義、要素主義、改造主義等；二者一度對立衝突，如今已傾向相輔相成（王衛東，2002）。本著「民族主義」與「人文主義」攜手合作的原則，我們嘗試推動「漢語語境倫理學」的誕生。漢語語境倫理學是中國文化面對外國文化衝擊下，力挽狂瀾、推陳出新的產物（任劍濤，2003）；它反映出現代化的需要，卻可能在後現代土壤中滋長。像把關懷倫理融入儒家思想以推動當前道德教育便是一例，而中國傳統哲學通過關懷視角反思性別倫常也饒富意義（方志華，2000）。

道德教育雖然列為五育之首，卻在九年一貫課程中隱而未顯，僅於《國民教育階段九年一貫課程總綱綱要》內，納入兩性教育、人權教育、環境教育等與倫理相關重大課程聊備一格（教育部，1998），且在正式頒布的課程綱要中消失於無形。性別與人權等議題，既屬倫理學與道德教育方面的人本關懷（林兆衛、張錦婷，2000），理當成為正式課程，而非僅止於融入性的議題，否則一開始便會走向邊緣化的悲慘命運（范信賢，2002）。

第三節　教學應用

　　九年一貫課程的理想是統整課程、協同教學，這固然符合後現代的多元化、去中心化精神，但是實際執行起來卻可能因為眼高手低而出現走樣情形。連正式課程都有數不清的困難橫在眼前，更遑論一些等待「融入」各領域的重大議題。一九九八年《總綱綱要》所提出六大融入性的教育議題，包括資訊、環境、兩性、人權、生涯發展、家政等六項；其中除了資訊教育具有工具知識性質外，其餘多與情意教育相近。

　　情意教育與智識教育有所不同，在於後者緊密關聯於人心的理性面，而前者則大幅訴諸感性面。像道德教育就必須做到在情感上認同道德推理所做的價值判斷，並有意去實踐它，否則一切只是紙上談兵而已。情意教育指向人類的情緒性生命，也就是「感性生命」，廣義上包括情意、情緒、情感、熱情、情操、心境、感覺等概念在內（林建福，

2001）。它不易通過知性學習落實，必須採用與感性生命相
契合的方式完成。在這方面，方志華（2003）提出一套四種
以關懷倫理學為基礎的「道德教育教學方法」，可作為情意
教育的教學參考。

　　道德教育教學方法之一是「身教」。其理由為關懷應屬
創造而非告知，體現關懷的方式是開放地接納學生，而身教
的時機則是在教學上無時無刻不斷傳遞道德的訊息。這種身
教反映出教師在教育專業上的表現，對學生有示範作用的承
諾。由於與過去的教學方式大異其趣，有待教師自覺地進行
教學典範轉移。

　　道德教育教學方法之二為「對話」。它要求教師放棄父
親式的威權語言而改採母親式的關懷語言，在「柔性對話」
中發揮教導學生接納感情的功能，至於對話的內容則盡可能
突破禁忌並建立正當性。不過對話的前提是努力傾聽、尊重
異見，而且師生都必須把握原則，共同開啟以「人性」為主
題的對話。

　　道德教育教學方法之三是「練習關懷」。教師必須提供
機會讓學生學習關懷的技藝，並將關懷定位在沒有酬勞只有
精神的回報上。其性質類似家庭主婦勤儉持家，讓學生處於
擁有安全感的情況下持續練習關懷，並使學生了解「進入關
係」的女性化課題之意義。

　　道德教育教學方法之四則為「肯定」。其功能在於點出
學生可能的最佳動機，以培養道德理想。在肯定的運用上，
仍然必須指出學生的對或錯，以達成對學習關懷後結果的評
量。此種評量不像知識課程具有較為客觀的認定標準，而是
經由師生雙方協力達成的價值判斷。

　　將教育倫理學應用於課程與教學方面，除了有助於推動道德教育和情意教育外，更能透過對教育實踐所做的倫理反思而改善教育品質。但是我們在此還要提出第三種意義，也就是將倫理學應用於教育的最重要意涵，亦即回歸赫爾巴特，然後根據普通教育學的初衷，嘗試建構二十一世紀的「華人哲學教育學」。哲學在此不止是教育學的人文基礎，更是其科學基礎；後者指的是源於哲學的「人文科學質性研究方法」，用以取代源於心理學的「社會科學量化研究方法」。

　　華人學者曾經長期反思「社會科學本土化」的問題，像心理學本土化的定向：「是一種『用當地人經過當地文化、歷史、社會、環境的浸淫之後的心理及行為表現方法及方式，來觀察及研究當地人』的研究態度及作法。」（楊中芳，1997：51）而社會學家對本土化的認知則為：「『本土化』乃一具特定空間意涵之關係性的啟動式活動，指向的是一個地區之自主性的追求和肯定，也是主體性的形塑和展現。」（葉啓政，2001）我們認為，「文化中國」在本質上乃是感性的而非理性的，需要用感性方式體貼而非理性方式契入；換言之，質性方法較量化方法為佳，哲學取向較科學取向更適宜。量化方法和科學態度在「文化中國」面前只有「用」的意義，「中體外用論」的「後科學」真諦即在此。

　　我們不是站在華人立場質疑科學，如此作法不免阿Q；我們是受到西方「後現代女性主義科學學」的啟發和激勵而批判科學（鈕則誠，2004）。像哈丁即指出，羅蒂、李歐塔這些後現代主義者，都相信科學背負著「啓蒙」在智性上與政治上的「原罪」（江珍賢，1992）；而哈丁本人則是站在後殖民主義（postcolonialism）和女性主義立場來批判科學

（夏侯炳、譚兆民，2002）。我們沒有必要反對科學，只要科學能夠為己所用。我們反對的是科學霸權，以及由此而來的封閉式、宰制性教育理論與實踐。

教學是教師的基本職責，但長期以來教師只是課程的消費者，沒有發展課程的能力。近年教育改革提倡學校本位課程發展，使教師恢復課程研發能力，並提升其教育專業地位（陳伯璋，2001）。我們寄望華人社會的教師能夠正視並重視「文化中國」意義下的中華文化，以此為基礎來「開發個人感性生活」、「建構學校局部知識」。相信這才是「教育本土化」該走的方向與道路。

第四節　綜合討論

西方倫理學原本即有實踐性的目的，用以規範人們的思想和行為；而最具實踐性質的社會科學學科——法律學，更把道德原則視為法律的一部分（蘇力，2001）。然而倫理學走進二十世紀，受到分析哲學的影響，竟然步上純理的概念分析道路，這雖然有助於釐清觀念問題，卻無補於解決實際困局。好在後現代開展出應用倫理學，讓倫理學的實踐意義重新彰顯。應用倫理學主要包括生命倫理學、環境倫理學和企業倫理學三者，其他如資訊倫理學、傳播倫理學，甚至教育倫理學，都可以作為應用倫理學的新興課題。

不過無論是傳統或現代的西方倫理學，還是後現代的應用倫理學，它們皆以邏輯分析當工具，用理性的眼光去看問題，唯一例外大概只有關懷倫理學。在地球的另一面，中國

哲學則一向被視為是倫理導向的，有人甚至認為中國哲學只有倫理學意義。這或許是受到儒家哲學所具有的主流正統地位影響。但是長久以來，道家哲學始終足以與儒家分庭亢禮，而道家哲學並非以人倫關係作為主要關注。道家關心的是道體或自然下的人生問題，我們認為道家的世界才是最根本的，而倫理學也應該放在人生哲學的範圍裏加以考察。

西方哲學在現代與當代交會時期也有「人生哲學」（phi-losophy of life）的提法，最著名者當推諾貝爾文學獎得主、德國哲學家歐鏗（Rudolf Eucken, 1846-1926）。他曾著有《新人生哲學要義》一書，對西方歷史中的人生哲學體系進行評述，並試圖建立新體系（張源、賈安倫，2002）。只是他把解決社會性問題的辦法歸諸宗教性的靈感，同時相當推崇人類靈性自主（spiritual autonomy），這使得歐鏗的人生哲學成為基督宗教的哲學表述（Reese, 1980）。

然而遠在東方的中國，卻有一位出身基督教家庭的文學家林語堂（1900-1976），放下基督信仰，寫了一部以道家思想為中心的人生哲學論著《生活的藝術》，他闡述了理想的人生境界：「中國文化的最高理想始終是一個對人生有一種建築在明慧的悟性上的達觀的人。這種達觀產生了寬懷，……也使他產生了自由的意識……。一個人只有具著這種自由的意識和淡漠的態度，結果纔能深切地熱烈地享受人生的樂趣。」（林語堂，1948：2）這種道家式的人生哲學，屬於感性的「生活哲學」（philosophy of living），而與理性的道德哲學及靈性的人生哲學大異其趣。

回到現實的教育環境裏面來看，道家人生哲學雖然不易在中小學推廣，但是感性的學習態度卻可以藉由關懷倫理在

道德教育的課堂上擴散。要達到此目的，「教師專業素養」構成了重要因素。換言之，師資培育工作對轉化教育實踐的本質極具關鍵性。一旦教師心態有所調整轉換，順利建立起感性的教育信念，則教學的革新也將是水到渠成之事。

提倡「中國感性思維」不是跟「西方理性思維」或「印度默觀思維」唱反調，而是「中體外用」：一方面尋求建立「中華文化」的主體性，一方面融會「外國學問」相輔相成。我們不必然要把西方文明當作普世眞理，何況後現代的一大特色即是「質疑普世眞理、肯定局部價值」。其實西方理性思維對於全人類，還是有其一定的貢獻和意義。從「理性史」反思，像促進民主的誕生、強調話語的重要性、提出理念的假說，以及從說服到尋求眞理的過渡等等，都可以看出理性在政治、社會、哲學、科學等方面的不朽貢獻（冀可平、錢翰，2000）。

不過環視今日華人社會，西方理性思維不斷被提倡、傳播；尤其是在教育活動中，彷彿沒有中國感性思維的影子；而另一方面，民俗信仰雜糅佛道二教對身後的企求，更是深入人心、無所不在。面對此情此景，使我們深深覺得有必要重新發掘中國感性思維的活水源頭。

「中體外用論」之下的理想人格，乃是「具有知識分子視野和擔當的生活家」。儒家思想在此可作爲「知識分子」基本涵養中的中外學問之界面，而道家思想則構成「生活家」（philosopher of living）的身心靈泉。別的不說，教師生涯的底線即是成爲一個知識分子，也就是孔子時代的「士」。例如爲培養敢於反抗權威的解放公民，教師應自我期許爲「轉化型知識分子」（transformative intellectuals）（許誌庭，

2002）。這些都是提升教師專業素質可以努力的方向。

　　不過知識分子型的生活家要學得剛柔並濟、有為有守、知所進退，莫要陷入儒家的「憂患」或西方的「戡天」心態，因而斲喪了自身和宇宙的感性生命。要成為「轉化型生活家」，需要強化個人的陰性（feminine）思維，以情意作為道德的基礎，建立起關懷實踐下的師生關係（方志華，2002）。「轉化」原本是批判性的概念，而闡揚關懷倫理的女性主義也是一種頗具批判意識的觀點。經由西方後現代女性主義批判精神的洗禮，我們或許有機會奇妙地轉化為進退自如的知識分子型生活家。

——— 主體反思 ———

1.「有教無類」的教育同時也強調「因材施教」，你覺得性別在其中是一個重要的考慮因素嗎？為什麼？

2.道德哲學與人生哲學有何異同？人生之中除了道德之外，還有什麼重大議題？

3.正義倫理強調公平原則，關懷倫理主張寬容原則，你認為二者在本質上是衝突的，還是有可能互補？

4.你對女性主義有何看法？會不會聯想到女權運動、性解放等方面？她意味著何種時代風潮？

5.身處華人社會，「文化中國」的概念對你有何正面或負面意義？為什麼？

6.在你的教育生涯發展中，有沒有規劃如何推動道德教育？你的教師專業素質中，有否可能納入感性或情意的成分？

心靈會客室

人生的倫理

　　我是爲了人生解惑才選擇進哲學系的，結果學到的卻是宇宙解謎。平心而論，大一、大二時修的專門課程都有點硬，心想哲學如此生硬沒啥道理，倒不如去念更硬的科學，於是我又選了生物系當輔系。理學院的功課果然很吃重，與文科相比簡直不可以道里計；我唯有在進出實驗室的當下才覺得踏實些，畢竟二者的差別是哲學沒有機會做實驗。當年我的粗淺觀感是：念科學以吸收宇宙眞理，學哲學以體會人生存在。講人生存在的課到了大三才遇上，亦即「倫理學」。相信許多人對倫理學跟我有同樣的印象，那便是「老生常談」。的確，小學、初中、高中，哪一個階段沒有學過跟倫理有關的課程？心想倫理學不過是些道德教訓，跟人生存在恐怕相去甚遠。懷抱著這種心理，我修了整整一年的倫理學。

　　後來我逐漸感受到，倫理學其實在教導我們，從事道德判斷和倫理抉擇時所根據的道理。它也同其他哲學科目一樣，充滿了一個個「主義」，可以掛在嘴邊對別人炫耀。不過我還是從倫理學的學習中，感受到西方哲學家對於人生處境一絲不苟的理性分析精神。而系上的老師們，也正是用這種理性思維的態度，來教導我們中國哲學。這使得我們得以藉由西方哲學的框架，通過理性分析去理解中國古聖先賢的智慧結晶。十年的學習生涯，我學到許多西方哲學流派，懂得使用各種專門哲學術語，但總覺得這些跟中國的義理之學多少有些不相應。

　　讀博士班時有機會在母校大學部兼課，對非哲學系的同學講授「哲學概論」。有一回我從課表上發現他們還要修一門哲學課，叫作「人生哲學」。我很好奇也很疑惑：怎麼我念了六年哲學，卻沒聽說過這門課？原來這是專爲外系開授的柔性課程，讓年輕人學會對生活體驗做哲

學反思。如此有意思的課，哲學系學生卻學不著，難免有些遺憾。

結果我終於有機會在空中大學教到這門課，無奈課本所介紹的盡是古今中外偉大哲學家的人生大道理，我也沒有什麼發揮的空間。尤其當我看見期中考有一道是非題，只出了八個大字：「人不為己，天誅地滅。」標準答案是「錯」，但是人人都答「對」。人生哲學如果是這般二元思考下的黑白分明，我也不知該如何去教。十幾二十年過去了，我逐漸體會到有些哲學問題只能感受不能講授，「教育」也許正是如此「知其不可為而為」的擇善固執罷！

參考文獻

于天龍（譯）（2003）。致中國讀者。載於于天龍譯，**學會關心——教育的另一種模式**（N. Noddings著）（頁中序1-2）。北京：教育科學。

方志華（2000）。**諾丁關懷倫理學之理論發展與教育實踐**。臺北：臺灣師範大學教育學系博士學位論文。

方志華（2002）。關懷倫理學觀點下的教師專業素養。**教育研究資訊**，10（2），頁1-20。

方志華（2003）。關懷倫理學的道德教育方法。**鵝湖月刊**，29（4），頁33-43。

王前龍（2002）。臺灣中小學課程政治意識形態分析的回顧與省思。載於財團法人國立臺南師範學院校務發展文教基金會、臺灣教育社會學學會主編，**九年一貫課程與教育改革議題：教育社會學取向的分析**（頁101-118）。高雄：復文。

王衛東（2002）。**現代化進程中的教育價值觀**。北京：中國社會科學。

伍振鷟、林逢祺、黃坤錦、蘇永明（合著）（1999）。**教育哲學**。臺北：五南。

任劍濤（2003）。**道德理想主義與倫理中心主義——儒家倫理及其現代處境**。北京：東方。

江珍賢（譯）（1992）。女性主義‧科學與反啟蒙批判（S. Harding著），**島嶼邊緣**，1（2），頁57-76。

林兆衛、張錦婷（2000）。臺灣性別平等教育的推動。載於潘慧玲主編，**教育議題的性別視野**（頁317-342）。臺北：臺灣師範大學。

林建福（2001）。**教育哲學——情緒層面的特殊觀照**。臺北：五南。

林語堂（1948）。**生活的藝術**（第三版）。上海：西風社。

范信賢（2002）。「擁擠的樂園」：再思九年一貫融入議題課程。載於財團法人國立臺南師範學院校務發展文教基金會、臺灣教育社會學學會主編，**九年一貫課程與教育改革議題：教育社會學取向的分析**（頁393-406）。高雄：復文。

韋政通（1977）。**中國哲學辭典**。臺北：大林。

夏侯炳、譚兆民（譯）（2002）。**科學的文化多元性——後殖民主義、女**

性主義和認識論（S. Harding著）。南昌：江西教育。

張　源、賈安倫（譯）（2002）。**新人生哲學要義**（R. Eucken著）。北京：中國城市。

教育部（1998）。**國民教育階段九年一貫課程總綱綱要**。臺北：教育部。

梁福鎮（2002a）。普通教學內涵探究。**教育科學期刊**，2（1），頁98-122。

梁福鎮（2002b）。普通教育學歷史探究（下）。**中等教育**，53（2），頁92-115。

許誌庭（2002）。教師做為轉化型知識份子的可能性、限制與實踐方向。**教育研究集刊**，48（4），頁27-52。

陳伯璋（2001）。**新世紀課程改革的省思與挑戰**。臺北：師大書苑。

鈕則誠（2004）。**生命教育——倫理與科學**。臺北：揚智。

楊中芳（1997）。**如何研究中國人——心理學本土化論文集**。臺北：桂冠。

葉啓政（2001）。**社會學和本土化**。臺北：巨流。

歐陽教（主編）（1999）。**教育哲學**。高雄：復文。

冀可平、錢　翰（譯）（2000）。**理性史——與埃米爾・諾埃爾的談話**（F. Châtelet著）。北京：北京大學。

蕭　巍（譯）（1999）。**不同的聲音——心理學理論與婦女發展**（C. Gilligan著）。北京：中央編譯。

簡成熙（1997）。關懷倫理學與教育——姬莉根與諾丁思想初探。載於簡成熙主編，**哲學和教育——二十世紀末的教育哲學**（頁197-232）。高雄：復文。

蘇　力（譯）（2001）。**道德和法律理論的疑問**（R. A. Posner著）。北京：中國政法大學。

Angeles, P. A. (1981). *Dictionary of philosophy*. New York: Barnes & Noble.

Noddings, N. (1998). *Philosophy of education*. Boulder, Colorado: Westview.

Reese, W. L. (1980). *Dictionary of philosophy and religion: Eastern and Western thought*. Atlantic Highlands, New Jersey: Humanities.

第十二章

美學──「美」與「藝術」

引言

　　西方哲學探討眞、善、美，其歷史可以溯源至古希臘時代，但是眞正以美感經驗爲研究對象的美學，卻遲至十八世紀才得以誕生，並成爲哲學的一門分支學科。美學係由德國哲學家包佳頓（Alexander Gottlieb Baumgarten, 1714-1762）所創，他所使用的「美學」（aesthetica）一詞來自希臘文「審美」（aisthētikos），意指一個人通過感受、感覺、直覺去把握事物（Angeles, 1981），其字源「美感」（aisthēsis）反映出一種直接的感受，而與反思式的「眞知」相對（Peters, 1967）。由此可見，美學所關注的對象實與傳統哲學的焦點大不相同。

　　作爲哲學基本分支學科的美學，在哲學共同體裏所受到的待遇，卻與跨學科的教育哲學相似；一般哲學學者不太涉足此一領域，反倒是藝術學者相當看重它。美學與教育的關聯至少可以表現在兩方面：「美感教育」與「教育美學」；前者指的是美育或藝術教育，後者則指將教育活動體現爲一種藝術表現（林逢祺，2001）。本章將首先分辨「美」與「藝術」的異同，再探討「藝術教育」與「教育藝術」相輔相成的可能。

　　西方教育起初爲富裕及權貴家庭子女的特權，但討論藝術於教育中地位的問題，則早在柏拉圖與亞里斯多德時代即已開始，因此藝術教育的歷史長達兩千五百年（邢莉、常寧生，2000）。另一方面，赫爾巴特的教育哲學中也具有美學論述，亦即他看待「教育藝術」的立場。他視美學爲「對於快樂與痛苦的評價及判斷之研究」，美學從而成爲倫理學與

心理學的中介；美學以心理學議題爲基礎，向上開展出倫理
學探究（Reese, 1980）。赫爾巴特受到包佳頓影響，對美學
的看法是取其廣義，而非如黑格爾只談藝術哲學的狹義觀點
（林逢祺，1999）。本書同樣採用廣義觀點，並嘗試將「中國
人生哲學」融會貫通於美育與教育美之中。

第一節　中心議題

　　從常識面看，「美」指的是美感體驗，而一般美感體驗
的基本條件乃是「愉悅」與「和諧」。當愉悅的心情與和諧
的氣氛交相爲用下，人們便會產生賞心悅目、心曠神怡的感
受。其對象無論是大自然、藝術品，或是一個人、一件事，
只要能引發我們的愉悅與和諧感受，都可以視之爲美。像孔
子說：「里仁爲美。」（〈里仁篇〉）老子說：「美言可以市
尊，美行可以加人。」（第六十二章）都顯示出一些美好、
和諧的意象。西方哲學中眞、善、美原本是相通的，中國哲
學也有這種傾向（馮滬祥，1990）。只是現代以後美學討論
集中於藝術美，而忽視了自然美、生活美、道德美，以及各
種事物所帶來的和諧美感。

　　美學之父包佳頓其實並未忽視藝術以外的美感體驗。他
追隨理性主義傳統，將知識分爲理性與感性兩種；由於理性
認知依據邏輯而成，他乃創立美學作爲感性認識的依據。與
美學有關的三個主要概念乃是「藝術」、「美」，以及「感性
認識」（劉昌元，1986）。由於他所提出的美學思想指向人們
的感受與直覺，可說是相當主觀的價值判斷，因此面臨與倫

理學同樣遭受到的疑慮，便是「可不可以教」的問題。如今德育與美育，或道德教育與藝術教育，已被納入情意教育加以推廣。在「情意教育」的脈絡裏，至少「善」與「美」可以彼此通透。我們本於此點，希望將人生哲學的精神融入美學的討論中。

既然美感體驗是一種喜悅與和諧的感受，則談論美感實屬多言無益，有時甚至會破壞美感。這般情形有點像信教，信不信由你，何須多言。難怪波普要諷刺「神學乃是信仰不堅定的表現」，而臺灣的藝術教育學者蔣勳甚至認為「美學謀殺了美」！不過在現實中美育仍舊必須開展，教師也不能光憑直覺進行教學，因此對於美感體驗、審美活動的反思與考察便在所難免。

平心而論，美學探究美，而從教育立場看，美育必須同時探究美學；美學以美為對象，美育則兼以美學為對象，二者各屬於一階與二階的後設觀點。「美學」關注於「美的本質與形態問題」；美的本質可歸於「和諧」，其形態則包括「現實美」、「藝術美」、「形式美」。至於「後設美學」或「元美學」的主要課題，則是「反思美學的歷史，並對其加以學科定位」（莫其遜，2000）。本章即主要在從事後設美學的反思，希望將其應用於教育實踐上。

美的形態可以分為現實美、藝術美和形式美三方面，這些包括前述的自然美、生活美、道德美、藝術美，以及多采多姿的形式和諧美感。像愛因斯坦（Albert Einstein, 1879-1955）簡潔有力的相對論方程式，便展現出形式化的美感。目前的美育大都指向藝術教育，而藝術美屬於人為的創作，是人類精神性的高度表現，難怪會得到德國唯心論哲學家黑

格爾的青睞。現代及當代哲學受他的影響，逐漸將美學等同於「藝術哲學」，美學遂以「藝術作品」和「創作活動」爲研究對象。而這也正是時下社會大眾把有關美的事物都賦予藝術性，例如美容美髮，以及各種設計等，這些在教學上常歸入「應用藝術」的範疇。

藝術作品通常有空間藝術、時間藝術，以及綜合藝術之分。「空間藝術」表現爲平面或立體形態，不受時間之流影響，可以讓人駐足欣賞；主要包括繪畫、雕塑、建築三者。「時間藝術」受時間之流影響，欣賞者必須掌握作品所呈現的先後秩序，即使在空間中也不例外；主要包括音樂、文學、舞蹈三者。「綜合藝術」則指戲劇和電影，尤其是被稱爲「第八藝術」的電影，集聲光電化於一身，予人目眩神移之感。近年則將這些藝術形式分類爲文字藝術、視覺藝術、聽覺藝術、表演藝術、影視藝術等（蔣勳，2002），並反映在大學系所的名稱上。

嚴格地說，藝術創作並不一定直接而必然地連接上美，世間存在著大量不美的藝術作品；尤其在後現代所體現的藝術形式，甚至包括醜的作品，因此美並非藝術存在的先決條件（王柯平，1988）。果眞如此，人類從事藝術創作活動所爲何來？通過歷史性考察，可以歸結出藝術的三種功能：儀式、魔法、遊戲；尤其是以藝術符碼來進行遊戲，構成藝術發展的首要條件（徐慶平，2002）。

本章主要在談美，且希望將自然美和生活美融入藝術美，因此撇開不美的藝術形式不談。美學關注藝術與人們的審美態度、審美感受、審美理想與心理結構之關係（李澤厚，1988），這就涉及「接受美學」的考察，亦即著眼於欣

賞者的接受上（周寧、金元浦，1987）。藝術作品的意義是在欣賞者欣賞的具體過程中不斷生成，接受活動對於作品價值的確立實具有重要作用（尙學鋒、過常寶、郭英德，2000）。此點對於維繫學習者主體性的教育實踐大有啓發。

第二節　課程應用

　　美學屬於哲學的一支，探討美感體驗之種種。美感體驗的對象至少包括現實美、藝術美、形式美三大類，當今美育重視的是藝術美，本書則倡議「藝術美」與「現實美」融會貫通、相輔相成。九年一貫課程中有「藝術與人文」學習領域，前兩年融入生活課程，自小三至國三共學習七年。此一領域乃係「藝術學習與人文素養，是經由藝術陶冶、涵育人文素養的藝術學習課程」，可視爲「通過藝術形式、體現人文精神」的學習活動。領域中包括視覺藝術、音樂及表演藝術等方面的學習。

　　由於「跨世紀教育改革的精神，在於重視人的生命自身，並以生活爲中心，建立人我之間與環境之諧和發展」，因此「藝術與人文」領域的藝術教育，「應該提供學生機會探索生活環境中的人事與景物；觀賞與談論環境中各類藝術品、器物及自然景物；運用感官、知覺和情感，辨識藝術的特質，建構意義；訪問藝術工作者；瞭解時代、文化、社會、生活與藝術的關係；也要提供學生親身參與探究各類藝術的表現技巧，鼓勵他們依據個人經驗及想像，發展創作靈感，再加以推敲和練習，學習創作發表，豐富生活與心

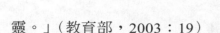

靈。」（教育部，2003：19）

由上段引文可以發現，教育改革下的中小學藝術教育，乃是現實美與藝術美兼顧、欣賞與創作並行的參與式學習活動，其課程目標包括「探索與表現」、「審美與理解」、「實踐與應用」三方面，至於課程設計原則是以「主題」統整視覺藝術、音樂、表演藝術等方面的學習，及其他學習領域。而在依主題統整的大原則下，可採用六個概念去思考課程設計的方向：相同的美學概念、共同的主題、相同的運作歷程、共同的目的、互補的關係、階段性過程的統整（教育部，2003）。

原則和方向都已齊備，實際執行的結果呢？葉榮文（2003）以臺北市一所國中的試辦經驗為例說明，指出若依相同的美學概念、相同的運作歷程、互補的關係等三者進行統整，在現階段對音樂及美術教師難度較高，因此建議宜從「共同的主題」或「共同的目的」入手，去構思可統整的主題架構。亦即將「主題」視為一道認知窗口，讓音樂、美術、表演藝術透過此窗口，去篩選並組織與主題相關的教材，以建構一個完整的領域主題教案。

藝術與人文學習領域包括視覺藝術、音樂、表演藝術三者，另由語文學習領域介紹文字藝術，這兩大領域幾乎已涵蓋所有藝術形式。然而各種形式雖然皆以「藝術」為名，彼此是否相通且得以統整？這不僅是現任中小學教師的困難，也是大學師資培育必須正視的課題。就目前教育現場的情況考察，所有藝術與人文領域的教師皆分別來自美術與音樂科系，師資結構中幾乎完全沒有表演藝術人才。這就表示美術及音樂教師當下必須承擔表演藝術的教學任務。從「術業有

專攻」的立場看，不免強人所難。

　　九年一貫課程強調「課程統整、主題設計、協同教學、合作學習」的教育實踐，在學校本位前提下，教科書被定位為「參考書」，教師因此需要具備自編教材的專業知識和能力。其專業知識和能力培養的責任，無疑落在師資培育大學身上。主修藝術類科的學生倘若一入學即分系學習，根本難以學得統整工夫；而各系類型相近，也不符專門與通識教育互補的條件。我們認為根本改善之道，即為「大學前兩年不分系」；若難以落實，至少也要採用「一主修、二副修」的方式，滿足對三種藝術形式普及涉獵的要求。

　　雖說「術業有專攻」、「隔行如隔山」，但在後現代情境中，沒有什麼是不可能的，何況「後現代」的理念原本即從藝術圈向外擴散（羅青，1989）。對於各種藝術類型的統整教學，郭美女（2003）在師資培育大學內提出四種操作方式，並舉出範例以利教學：「環境聲音感知的教學活動」、「圖像和聲音符號的連結表現」、「姿態和多種語言的統整與表現」、「戲劇化故事的統整和創作」；其中採用「漫畫」來引導教學，相信會受到學生和教師的普遍歡迎。

　　不過後現代雖然許諾一塊「海闊天空」的拼貼園地，卻絕非做一道毫無章法、難以下嚥的大拼盤。究竟美術、音樂、舞蹈、戲劇這些藝術形式，除了擁有藝術的「共名」外，是否具備《綱要》所揭示的統整條件：相同的美學概念、相同的運作歷程、互補的關係等等？即使真的具備這些條件，教師能否充分把握？把握之餘能否順利傳授？傳授之後學生能否如實學習？這一連串問題都是教改推陳出新的結果，亟須通過美學及後設美學加以釐清。一如前述，課程統

整也許可以紙上談兵，課堂教學則屬於戰場操兵，必須有周詳的規劃，否則就會敗下陣來，如此不免斲喪了教育改革的良法美意。

第三節　教學應用

　　各種形式的藝術是否需要分門別類地教，還是放在一個籃子裏全面傳授？大學通識課程裏的確有「藝術概論」一科，教一學期二至三學分，這種情況下籠統地講無可厚非。但是國民中小學就不同了，藝術與人文領域自小三至國三每週都要上三到四堂課，不可能從頭到尾都在籠統地講，勢必要深入其中，如此一來便面臨分類的問題。藝術與人文領域作為主要的美育課程，而與智育課程平起平坐，對實現「五育並重」的教育理想無疑有其貢獻。不過把藝術當成一個學習領域，並不意味必須把課程一律加以統整後方能教學。以目前師資結構不齊、條件不足的情況看，堅持課程統整下的協同教學，恐怕會出現矯枉過正的弊病。

　　以目前流行的教科書為例，即可看出上述問題之所在。康軒版共十四冊《藝術與人文》課本的〈編輯要旨〉第六點均清楚載明：「以科際統整方式進行視覺藝術、音樂、表演藝術的統整。為使三科目的學習內涵清晰，便於學校教師的教學，在課本上將三科目的內容分別呈現。另外在教師手冊的學習活動中，則列出三科目之各項學習活動交互搭配方式的建議方案，以提供學校作為實施協同教學之參考，並協助課程達到另一種層面的統整。」而在教師手冊〈使用說明〉

中更點出：「目前表演藝術師資普遍匱乏，故本書就表演藝術教學的補充資料盡可能詳細提供，以協助非此專長的教師，於進行表演藝術教學之前，充實相關知識，以利教學。」

這類說明反映了國民中小學藝術與人文領域的教學現況，整個教學似乎陷入「上有政策，下有對策」的窘境。面對此景，我們不禁要反思教育改革所走的路是否為歧途而非正途？平心而論，華人社會教育改革的確有其必要，連海峽對岸都在如火如荼地推行，但如何改方能做到「衝擊最小、效益最大」則有待商榷。

以藝術與人文領域為例，將美術、音樂、舞蹈、戲劇等藝術形式統整教學，並不見得能夠讓學生充分瞭解「藝術」的真諦。尤其從「多元智能」觀點考察，更可以發現問題的複雜性（陳瓊森，1999）。像視覺藝術、音樂、表演藝術三門科目，分別涉及一個人的「視覺空間智能」（visual-spatial intelligence）、「音樂智能」（musical intelligence），以及「肢體動覺智能」（bodily-kinesthetic intelligence）；這些智能可能經由大腦不同部分操控，彼此並不必然具有很強的相關性（鄭博真，2003）。如何協調智能以統整課程，有待學者專家深入探究。

「課程統整」是從西方國家引進的教育概念，早在一九三○年代起即由美國進步主義教育哲學所提倡迅速傳播，卻也隨著進步主義思想的式微而消散。其後在六○及九○年代分別出現復興之勢，主要係針對「學科本位課程」無法因應時代需求而發（周淑卿，1999）。如今臺灣教改既然已經採用「課程統整」作為核心概念，其後續發展值得我

們進一步推敲。

　　就各學習領域而言，統整具有兩層意義：「領域內學科統整」、「領域間統整」。七大領域中，語文領域不易進行內部統整，因此仍保留分科教學。其餘各領域除數學和綜合活動自成一格外，涉及人文、社會、自然三大知識範疇的三大領域和健康與體育領域的內部統整，其實有難有易，因此我們建議不須勉強為之，而將改革重點轉向「領域間統整」。這也正是大學實施「通識教育」的初衷。

　　以藝術與人文領域為例，藝術類科與其他領域課程的統整，可歸納為四種模式：附屬性統整、對等式知性統整、感性統整、社會性統整；其中除了附屬性統整不易掌握領域主體性外，其餘皆可由教師充分發揮（林小玉，2003）。此種發揮仍是以教師本身的專門訓練為基礎，例如美術教師以透視技法同物理學對話、音樂教師以音韻律動同數學對話、舞蹈教師以肢體展現同生物學對話等；而在行有餘力的情況下，當然還是可以用整個藝術與人文精神去貼近社會及自然世界。

　　討論至此，大家也許要問：究竟教育哲學對美育有何裨益？我們的看法是：美學可以為包括藝術教育在內的審美教育奠定哲學基礎，而教育哲學則可以站在應用哲學立場，後設地檢視美學對美育的作用。一般而言，根據「美感形態、歷程及特性」來建構的美學理論，可用以指導美育的實踐（黃濟，1991）。目前學校裏的美育，主要表現為藝術教育；國民中小學九年一貫課程中尚涵蓋現實美（包括自然美、生活美）與藝術美，高中以上則大都集中對藝術美的介紹。

　　藝術教育的主要目的，在於提高學生對於欣賞與創造藝

術作品的能力，而藝術作品乃是具有審美價值的人造物；美學即針對「審美價值」深入探討，以此指導美育的實踐（劉昌元，1988）。本書倡議「中體外用論」立場下的「後科學人文自然主義」，下節即嘗試開發自然美、生活美與藝術美之中的中國美學精神，希望有助於開創具有文化主體性的教育實踐。

第四節　綜合討論

　　本書標幟出「後科學人文自然主義」的「華人應用哲學」取向，以「自然境界」為最終歸宿，因此核心價值乃是道家思想中的「自然無為」。現實中的自然雖然不斷遭受破壞，我們卻可以在心境上反璞歸真，自「無為」出發，通過「無所為而為」走向「為而不有」，以至「無為而無不為」。「無為」反映出一種「生活美」，由此發掘內心並捕捉外界的「自然美」，以及欣賞人為的「藝術美」。

　　教育哲學反思教育實踐，即以美學反思美育，情況類似於以倫理學反思德育，德育與美育教導學生去過道德及美感生活，這些皆可歸於情意教育。情意教育讓人們瞭解如何恰當地流露自己的情感，使生活充滿愉悅與和諧。從此處看，美育較德育更為根本，這或許正是赫爾巴特要以美學作為倫理學的基礎，以及蔡元培（1868-1940）主張以美育取代宗教信仰的原因罷！

　　中國人受到儒道二家思想影響，希望安頓個人的倫理生活與美感生活，卻無意發展西方式的倫理學的美學。我們在

此只是以「外學」為用，類比地去觀照「中學」之體，勉強將儒家思想歸於「倫理學取向的人文主義」，而道家思想則屬「美學取向的自然主義」，二者且具有表裏關係。

道家的美感境界在於「生活美」，可以莊子為代表：「獨與天地精神往來而不敖倪於萬物，不譴是非，以與世俗處。」（〈天下篇〉）莊子既不以世界為虛幻，又不認為諸事萬物有理可循，其主體性乃投射出一種人生的美感情趣，近情意而遠德性（勞思光，1980），這便是我們把道家思想歸於美學而非倫理學的理由。

中國美學基本上是一種「生活美學」，由此契入藝術美，其價值取向包括四點：「詩性的人」、「御物而不御於物」、「為人生而藝術」、「自然境界」（潘知常，1993）。這種生活美學無疑傾向道家思想，但於現實生活中，儒家仍在倫理規範方面扮演了重要角色。因此眼前若要把這種生活美學落實於華人社會的教育實踐中，講儒道互補、肯定二者互為表裏的關係，仍有其必要。孔子說：「知者樂水，仁者樂山。」（〈雍也篇〉）是指知者達於事理似於水，仁者安於義理似於山。這兩種修養皆為儒家所重，更引用自然界的山水為譬喻，卻不若受道家影響的山水畫，把人物融入山水中，由此可見儒道二家著眼之不同（李澤厚，1989）。而這點也正透顯出以「後科學人文自然主義」為內涵的「華人應用哲學」之包容精神。

美感包含愉悅感與和諧感，它是通過感官知覺的審美功能所形成，雖然多半表現為直覺，卻可視為一種積極主動的價值取向活動，人們因此能夠從欣賞走向創作（丁楓，1992）。長期以來，美育或藝術教育都在嘗試讓學生通過欣

賞走上創作之途，《九年一貫課程綱要》更指向藝術的「鑑賞與創作，及其與歷史、文化的關係；評價、反思與價值觀的建立；實踐和應用生活藝術；以及聯絡其他學科等範疇」。由此可見藝術教育足以朝兩方面落實：創作的藝術、生活的藝術，同時也會體現出兩個層次的成果：美感教育、教育美學；其中教育美學長期以來皆為教育界所忽視。

「美感教育」理當包括「藝術美」和「生活美」，而「教育美學」也應該呈現「教育的藝術」並走向「教育生活化」；正如一本書的書名所顯示的：《經歷藝術——生活的第二張面孔》（朱暢，2000）。一般人經歷藝術可能只當作是個人修養，藝術教師則是以此為志業，美學的價值之一正是「為藝術教師提供生涯的使命和意義」（熊蕾，2003）。以當前的中小學教師為例，由於升高中的基本學力測驗不考藝術與人文領域，如此一來，好處是可避免升學主義的考試引導教學，藝術教師得以充分發揮所長；壞處則是學生不免受到功利心態影響，把不考的課程不當一回事。在這種情形下，師資培育大學該如何為師資生提供願景？

我們的體察是：爭一時，也爭千秋。教師生涯不只是職業，更是專業、事業和志業，不管大家將來教的是哪一科，把教育活動當作一系列藝術創作來揮灑，可避免過於患得患失。中國哲學在此提供一套「修養美學」，以儒家的「內聖外王」和道家的「反璞歸真」為目標（王建疆，2003），這兩點是足以讓師資生了解如何有為有守。

尤其是未來的藝術教師，更要有一種「雖千萬人吾往矣」的執著。正如諾貝爾文學獎得主高行健所宣示的：「你選擇的是在這社會和時代的限制下盡可能大的自由，你選擇的是

不理會市場行情的自由，你選擇的是不追隨時髦的藝術觀念的自由，你選擇的是你自己最想做的藝術的自由，你選擇的是做合乎個人藝術趣味的自由……。爲此，你得給自己找尋另一種美學作爲根據，好心安理得超然於時代的潮流之外。」（2001：1）或如蔣勳的感動：「我高興自己在『美』和『孩子』間找到了一種自在，使我重有了觀看一切美麗事物的單純之心。」（1999：序）但願大家都能由此獲得啓發。

── 主體反思 ──

1. 請根據自己的體驗去分辨美與藝術的異同，並舉例說明非藝術性的美與不美的藝術。

2. 九年一貫課程列有「藝術與人文」學習領域，並強調這是「經由藝術陶冶、涵育人文素養」的學習，請問藝術與人文有何關係？

3. 試舉一個「主題」式的課程設計，將視覺藝術、音樂、表演藝術加以統整，並想像自己如何呈現給學生。

4. 反思自己是否具有「多元智能」觀點所提出的八項基本智能，並且辨識這些智能可否充分協調？

5. 中國美學的價值取向，乃是由一個「詩性的人」，秉持「御物而不御於物」的原則，去「為人生而藝術」，終至臻於「自然境界」。請對此加以評論。

6. 你理想中的教育美學為何？有沒有可能存在一種包含教育倫理學在內的教育美學？

心靈會客室

美的小吃

　　我是個不美的人，人長得不體面，生活也缺乏品味，只是在長期讀書和教書的生涯中，不時感受到某種愉悅與和諧，就這麼甘之如飴地走過半生。說來好笑，我念哲學系從未修過美學和教育哲學，卻在空中大學先後教過這兩門課，邊教邊學，算是為自己補課。記得那時候講授的還是「中國美學」，講到園林建築，我照本宣科卻不解其中味，直到有一天走進蘇州著名的「拙政園」，才略為體會箇中奧妙。原來美學必須擁有美的體驗，方能印證所學，這與一般哲學的玄思臆想可說大異其趣。

　　年輕時候的我同時也是個不善寫作更不敢輕易提筆寫作的人，不像現在我可以兩天寫上萬把字，眼前〈美學〉這章便是利用週末一氣呵成的。由於我對於寫作沒有信心，卻又有一股衝動想寫，因此在大學時代我除了勤寫日記外，文藝創作只敢嘗試寫詩，因為詩句比較短，可以在短時間內完成。我是從二十一歲開始寫現代詩，十一年間共得小詩六十首，此後便無以為繼，至今猶然。

　　如果愉悅與和諧代表美感，那麼我所創作的第一首詩可說一點也不美，發表後甚至引起同學的不悅。因為那首詩是這樣寫的：「癩皮狗從黑色中現形／它坐下來／右抓抓／抓抓抓／抓抓抓抓抓抓／左抓抓／抓抓抓／抓抓抓抓抓抓／延續的／無奈的／欲罷不能的／癢／癢癢癢／癢癢癢癢癢癢」，同學讀了紛紛說全身發癢。其實靈感只是來自一個雨夜在臺大對面等公車，車子久等不來，卻從黑巷中搖擺出一隻癩皮狗，坐在我跟前傘下便不停地搔抓起來。我出神地觀望許久，甚至差點誤了搭車。上車後我看見窗外癩皮狗的身影漸遠，一股詩意油然而生，回家立即寫就，也不知美是不美。

　　人家説藝術欣賞與創作是美的饗宴，我可沒有如此大的胃口，只能嚮往美的小吃。我不會畫畫，不會演奏樂器，甚至連五線譜都看不懂。勉強跟創作沾上邊大概就是寫作了。年輕時我一連寫了十年詩，中年後偶然有機會又一連寫了十個月專欄登載的散文。爲了不讓小吃斷炊，我決定持續爲之，因此近年我寫教科書都會附上這個名爲〈心靈會客室〉的情意教育專欄，就算是在追求生活美之餘，也給自己增添幾分藝術美的雪泥鴻爪罷。對於我這個原本即不美的人而言，抓住一些美感便多了一份喜樂，希望年輕朋友都能提起筆來「我手寫我心」，讓源源美感自塊壘中潺潺流過。

參考文獻

丁　楓（1992）。引論。載於丁楓主編，**西方審美觀源流**（頁1-17）。瀋
　　陽：遼寧人民。

王建疆（2003）。**修養‧境界‧審美──儒道釋修養美學解讀**。北京：中
　　國社會科學。

王柯平（譯）（1988）。**藝術哲學新論**（C. G. Ducasse著）。北京：光明日
　　報。

朱　暢（譯）（2000）。**經歷藝術──生活的第二張面孔**（E. Booth著）。
　　北京：知識。

李澤厚（1988）。**美學四講**。臺北：人間。

李澤厚（1989）。**華夏美學**。臺北：時報。

邢　莉、常寧生（譯）（2000）。**西方藝術教育史**（A. D. Efland著）。成
　　都：四川人民。

周　寧、金元浦（譯）（1987）。**接受美學與接受理論**（H. R. Jauss著）。
　　瀋陽：遼寧人民。

周淑卿（1999）。論九年一貫課程的「統整」問題。載於中華民國課程
　　與教學學會主編，**九年一貫課程之展望**（頁53-78）。臺北：揚智。

尚學鋒、過常寶、郭英德（2000）。**中國古典文學接受史**。濟南：山東
　　教育。

林小玉（2003）。課程統整理念與二十一世紀中小學音樂教師的新挑
　　戰。載於教育部編印，**藝術與人文學習領域基礎研習手冊**（頁47-
　　54）。臺北：教育部。

林逢祺（1999）。美學與教育。載於歐陽教主編，**教育哲學**（頁121-
　　143）。高雄：麗文。

林逢祺（2001）。教育的藝術向度。載於伍振鷟、林逢祺、黃坤錦、蘇
　　永明合著，**教育哲學**（第二版）（頁323-394）。臺北：五南。

徐慶平（譯）（2002）。**西方藝術史**（J. Debichi等著）。海口：海南。

高行健（2001）。**另一種美學**。臺北：聯經。

教育部（2003）。**國民中小學九年一貫課程綱要──藝術與人文學習領**

域。臺北：教育部。

莫其遜（2000）。**元美學引論**。桂林：廣西師範大學。

郭美女（2003）。「藝術與人文」課程統整的教學設計——聲音、圖像與肢體的統整和表現。載於教育部編印，**藝術與人文學習領域教學示例手冊**（頁19-40）。臺北：教育部。

陳瓊森（譯）（1999）。MI——**開啓多元智能新世紀**（H. Gardner著）。臺北：信誼。

勞思光（1980）。**中國哲學史（第一卷）**（第三版）。香港：香港中文大學。

馮滬祥（1990）。**中國古代美學思想**。臺北：學生。

黃　濟（1991）。**教育哲學**。北京：北京師範大學。

葉榮文（2003）。藝術與人文領域統整課程主題架構探索與試辦。載於教育部編印，**藝術與人文學習領域基礎研習手冊**（頁138-164）。臺北：教育部。

熊　蕾（譯）（2003）。**音樂教育的哲學**（B. Reimer著）。北京：人民音樂。

劉昌元（1986）。**西方美學導論**。臺北：聯經。

劉昌元（1988）。藝術教育的美學基礎。載於杜祖貽、劉述先合編，**哲學、文化與教育**（頁217-240）。香港：香港中文大學。

潘知常（1993）。**中國美學精神**。南京：江蘇人民。

蔣　勳（1999）。**寫給大家的中國美術史**（第三版）。臺北：東華。

蔣　勳（2002）。**藝術概論**（增訂二版）。臺北：東華。

鄭博眞（2003）。Gardner多元智能理論與教學應用。載於張新仁主編，**學習與教學新趨勢**（頁507-554）。臺北：心理。

羅　青（譯）（1989）。後現代主義繪畫（S. H. Madoff著）。載於羅青編著，**什麼是後現代主義**（第二版）（頁41-129）。臺北：五四。

Angeles, P. A. (1981). *Dictionary of philosophy.* New York: Barnes & Noble.

Peters, F. E. (1967). *Greek philosophical terms: A historical lexicon.* New York: New York University Press.

Reese, W. L. (1980). *Dictionary of philosophy and religion: Eastern and Western thought.* Atlantic Highlands, New Jersey: Humanities.

第十三章

宗教哲學——「佛教」與「道教」

引言

　　哲學的基本內容至少包括哲學史、理則學、形上學、知識學、倫理學、美學等六部分，此外尚有兩大議題與哲學息息相關，那便是「宗教」和「科學」。宗教的歷史比哲學還要久遠，許多哲學論述都有宗教的影子；至於科學則由哲學中創生，至今且反過來影響哲學的發展。

　　本書依西方哲學所反映的時代精神，將其分為「前科學的」或「傳統的」、「科學的」或「現代的」、「後科學的」或「後現代的」等三類特性，以及上古、中古、近代、現代、當代等五時期。其中「前科學的哲學」涵蓋古代至近代科學革命以前，哲學即是科學；「科學的哲學」則由十七世紀科學革命一直延伸至一九七○年代，哲學不斷受到科學逼退；此後在後現代思潮影響下，「後科學的哲學」陸續展開對科學的反撲與批判。

　　西方哲學從走出科學籠罩到批判科學，是拜「科學哲學」之賜。科學哲學自十九世紀下半葉開始發展，起先看重「邏輯分析」，是為「內在論的邏輯主義」，仍屬「科學的哲學」。自一九六○年代以後「外在論的歷史主義」興起，著眼於「脈絡考察」，逐漸走向「後科學的哲學」。「脈絡考察」是站在外面看問題，可以產生「旁觀者清」的效果，這點對考察宗教問題可能顯得更為迫切與重要。

　　宗教信仰固然有勸人為善的效果，但也可能出現怪力亂神的弊病。尤其在臺灣，宗教力量無孔不入，宗教亂象層出不窮，實在有必要從教育上正本清源。把宗教哲學納入教育哲學的一環，目的並非傳播宗教教義，而是正視宗教現象。

臺灣各級學校有不少爲宗教團體所創設，可視爲社會大眾藉由宗教信仰對教育文化所做的貢獻。我們在此希望通過哲學思維持平地看待宗教，並探究其對教育實踐的可能與限制。

第一節　中心議題

「宗教哲學」（philosophy of religion）不同於「宗教的哲學」（religious philosophy）；宗教哲學是從一般哲學觀點看宗教，宗教的哲學則屬於採取特定宗教觀點的哲學。尤有甚者，馮友蘭更認爲：「每種大宗教的核心都有一種哲學。事實上，每種大宗教就是一種哲學加上一定的上層建築，包括迷信、教條、儀式和組織。這就是我所說的宗教。」（2003:2-3）此種看法把教義也視爲哲學，不免忽略了哲學的批判功能。

但是西方中世紀使哲學成爲神學的婢女，哲學爲宗教服務，這種情形同樣出現在中國的道教中。道教轉化道家哲學思想爲宗教信仰，形成唯一源自中國本土的大型宗教，另一方面，源自印度的佛教卻在傳入中國以後，開展出各門各派佛學思想。千百年來，佛教與道教已經普及民間，並形成佛道雜糅的現象。至於佛學思想，更是融會於儒道二家哲學中且深植人心，形成華人社會生活信念的三大支柱。本書標幟「華人應用哲學」取向，因此在討論宗教哲學課題時，將主要集中探究對華人社會影響深遠的「佛教」與「道教」。至於基督宗教部分，由於第一篇引介西方哲學史時已有所論及，在此便不多著墨。

佛教源生於印度教，一如基督宗教源生於猶太教，屬於一種信仰的突破與創新。這些後起的宗教超越了民族與地域的限制，皆成為今日關係著十億以上人口信仰的「普世宗教」。由於印度傳統中的宗教與哲學界限相當模糊，使得佛教一開始即充滿了豐富的哲理（勞思光，1980）。事實上，佛教創始人釋迦牟尼最初所提出的可說是一套「宗教的哲學」，但是經過兩千五百年的演變，也免不了產生崇拜儀式、迷信禮節以及權威教條（廖世德，1984）。由於本書主要關注教育問題，雖無法對博大精深的佛教哲學加以闡述，卻也不能忽視它在華人社會裏的深遠影響。因此我們嘗試從佛道二教於華人生活的潛移默化中，尋索它們對今日教育實踐的積極意義。

宗教信仰大都具有指點人生、安頓身心的功能，佛教在此更像一套人生哲學。信仰佛教必然要採行它所提供的修行工夫；只要勤於修行，人人可以成佛。而佛的境界乃是覺悟的人；「佛」的本意即是「覺者」。佛教流傳千百年難免眾說紛紜，我們認為要了解其中真諦，最好回溯本源，也就是回到釋迦牟尼的生命裏去考察，因為他正是第一位偉大的「覺者」（鈕先銘，1976）。

佛教的最高境界可以在釋迦牟尼身上得到印證，道教卻不能輕易地回溯至老子；雖然道教宗奉老子為教主，但是老子並無意開創一門宗教。「道教」與「道家」基本上是兩件事，不應混為一談。然而西方人把「道家」和「道教」都稱為 "Taoism" 或 "Daoism"，以致造成二者的混淆。事實上，道教的出現有一部分原因，正是針對佛教傳入的反制。它延續了原始巫祝傳統，並結合道家和陰陽家的思想與作

　　爲，模仿佛教而發展出新宗教，這是在東漢時代的事情。南北朝以後二教出現嚴重鬥爭的局面，一直延續至唐代，甚至由皇帝帶頭發起，武宗滅佛便是一例（馮友蘭，1991）。

　　簡單地說，華人社會自從漢末以來，才開始形成普遍的宗教信仰現象，一直延續至今，時間長達一千八百年，主要活動的兩大教團則是佛教與道教。作爲佛道二教教義的理論思想繁複駁雜，本書不擬處理；而我們所關心的乃是民族文化中，這兩大宗教傳統對今日教育實踐的影響。雖然當前海峽兩岸許多年輕學子都不信教，但是以佛教、道教以及西化後傳入的基督宗教，三者所構成的華人主要信仰形態，仍須通過教育加以了解。

　　仔細區分，「宗教」與「信仰」其實是兩件事；宗教爲「團體活動」，信仰則屬「個人抉擇」。社會上有各式各樣的宗教團體在宣傳教義，人們有所感動而決定加入任何一個教團，或者選擇不信教，這些作法都反映出宗教信仰的自由。進一步看，在華人社會裏，一個人不必然要有宗教信仰；但是站在教育立場反思，我們還是認爲人生信念不可少。在臺灣，「宗教信仰」、「民俗信仰」以及「人生信念」，呈現出鼎足而三的局面。「宗教信仰」集中在佛教和基督宗教兩大系統，「民俗信仰」是道教的延伸擴充，「人生信念」則以儒家及道家思想爲主。

　　社會上眞正皈依道教的人並不多，但是常到廟宇裏燒香拜神的人卻不少。道教是一套有容乃大的宗教系統，它繼承了中國古代對於天神、地祇、人鬼的崇拜，並開發出各種成就「人體」的養生技術，鬼神崇拜乃環繞於「人體」消災解厄與得道成仙的心理上（鄭志明，2000）。一般人縱使不志

在得道成仙，但是追求名利富貴和趨吉避凶的要求，卻經常反映在宗教活動上，形成明顯的「功利信仰」。對此加以消融的思想，則來自「儒家道德觀」和「佛教無常觀」。於是源自道教的民俗信仰，其實雜糅了儒、道、佛等多重元素（鄭志明，1996）。

第二節　課程應用

　　在教育哲學的脈絡裏談論「宗教」，目的是爲了與「科學」相提並論，對照地考察。本書主張「中體外用論」的「後科學人文自然主義」，是嚮往一種簡約樸實的人生境界，因此也包括「後宗教的」非宗教思維。此種境界在現實中雖不易得，卻可以通過對宗教與科學意識形態的批判，去蕪存菁、推陳出新，而在精神層面反璞歸眞。「制度化的宗教」和「器用性的科學」，對中國人而言都是外來事物。在「中體外用」的前提下，須學會善用這些事物，但也要盡量避免爲其所用。

　　宗教和科學均屬於能夠自圓其說的意識形態，後現代的宗教哲學與科學哲學，即針對這些源自傳統或現代的意識形態系統加以批判和轉化；批判以去蕪存菁，轉化爲推陳出新。以宗教信仰爲例，宗教雖表現爲團體活動，信仰卻可以落實在個人生活中。像愛因斯坦、林語堂等人，即是信上帝卻不上教堂的人；而華人中更有許多嚮往禪境卻不涉佛事者，這些都可視爲個人的存在抉擇。

　　現今的教育實踐很看重科學教育，卻無視於宗教教育，

可能是因為宗教信仰莫衷一是且爭議性高，不易在一般教育活動中發揮。不過臺灣各大學多開授有引介宗教的通識課程，普通高中也將於二〇〇六年開始實施的從幼兒園到高中十三年一貫課程中，設置「宗教與人生」、「生死關懷」和「人格統整與靈性發展」等選修課程，納入「生命教育」學習，這使得討論宗教哲學的課程應用具有實質意義。

　　宗教哲學一如教育哲學，可以視為應用哲學的一環。尤有甚者，正如教育學以歷史學、哲學、心理學、社會學及人類學為基礎，宗教史、宗教哲學、宗教心理學、宗教社會學、宗教人類學等分支學科，同樣得以共同構成一門整合性學科——「宗教學」（religious studies）（鈕則誠，2004a）。

　　宗教哲學關心「靈性」問題，靈性乃是個體對自我心靈活動的反省，意識到有一股「精神性」的存在，基督宗教把這種精神性指向「超越的神性」而嚮往回歸上主，佛道二教及儒道二家卻都不約而同地安頓為「內在的圓滿」，像佛教的「不生不滅」、道教的「長生不死」、儒家的「內聖外王」、道家的「自然無為」等。人們對靈性的肯定反映出自身的「宗教感」（religiosity），但是光有信仰卻缺乏精神性反省的人，容易步向迷信與獨斷。我們在此藉由宗教哲學的批判功能，對宗教現象與靈性體驗加以探究，希望有助於情意教育的普及化與深徹化。

　　普通高中「生命教育類」選修課程共含八科，除「生命教育概論」一科屬導論性質外，其餘七科分別為「哲學與人生」、「宗教與人生」、「生死關懷」、「道德思考與抉擇」、「性愛與婚姻倫理」、「生命與科技倫理」、「人格統整與靈性發展」。二〇〇三年底教育部公布這八科的課程綱要，以

下我們即根據與宗教課題直接關聯的「宗教與人生」、「生死關懷」、「人格統整與道德發展」等三科課程綱要為文本，從「華人應用哲學」觀點予以批判，並在下節中提出教學方面的建議。

「宗教與人生」課程綱要對該科的目標有所說明：「宗教之所以為宗教，而不同於其他的學科領域，是因為其扣緊了宇宙生命的終極關懷，以及人心、人性的淨化與提升。無論古今中外，宗教都是人類文化與個人生命中不可或缺的要素，因此，宗教文化若是在教育中缺席，是教育的損失與不足。」這些道理對基督宗教、伊斯蘭教、印度教以及中國以外的佛教世界大致適用，唯獨在以漢民族為主的華人社會可能是例外，因為源自儒道二家的「中國人文自然主義」，足以扮演宗教思想相同的角色，華人大都相信道德良心卻不信教便是明證。

「生死關懷」的教材綱要第四項「省思宗教文化的生死觀」中有所說明：「應以開放而公正客觀的立場，介紹各宗教文化的生死觀及對死亡現象的宗教觀點，包括對死後生命的說法。提醒學生具多元文化尊重的態度來理解各種生死觀，進而選擇適合自己的生死看法，形成積極的生命信念。」我們同意這種開放態度，因此希望指出：只有「外用」的佛教與基督宗教相信「死後生命」，如輪迴與永生等；「中體」的儒道二家皆持現世主義有為有守，道教則為追求不死而修身。但無論是「中體」還是「外用」，都可視為多元文化下的生死觀，值得年輕人認真體會選擇。

而在「人格統整與靈性發展」教材綱要第六項「增進心靈的成長」的說明中，強調了西方學者的說法：「靈性

（spiritual）是與『宗教』有所不同的，靈性的經驗更爲寬廣，是指對我們個人的情緒、人格、諾言及對生命不同所賦予以意義等層面的沉思與探索……。」這也正是對本書一貫倡議的「精神性」之恰當詮釋。當代新儒家唐君毅在其「三向九境」的分判中，將儒家境界列在佛教與基督宗教之上而登峰造極（顏炳罡，1998），便是一種視「精神性」高於「宗教性」的提法。雖然唐君毅認爲道家思想屬於「超凡入聖的過渡境界」，但是我們站在人間立場看，還是要肯定「生命情調」之於「宗教信仰」的優位性。

第三節　教學應用

　　自從人們有意識地對「現代」事物進行質疑與批判，「後現代」的種子便逐漸萌芽。西方「現代性」世界觀的發展，可以分爲兩個階段：十七世紀笛卡兒理性主義標幟出第一階段的開始，十九世紀馬克思（Karl Marx, 1818-1883）唯物主義則標幟出第二階段的開始，這些都對西方宗教信仰有所衝擊。至二十世紀尼采與沙特的「無神論存在主義」出現，人文學界以其爲「後現代心境」（postmodern mood），宗教界卻視之爲「極端現代主義」（ultramodernism）（孫慕天，2003）。因此當西方文明已經邁入後現代之際，宗教界卻仍舊在現代的氛圍中爭論不休。

　　問題出在西方世界的「神聖」與「世俗」二分觀點。存在主義雖然走出「理性思辨」與「經驗唯物」的對立，卻不曾回歸「傳統」宗教信仰，因此仍然被視爲停留在「現

代」。這種情形讓我們反思，當前的文明處境其實乃是「現代與後現代並存」的狀態，教育亦可作如是觀。

在教學論方面，教導學生形成個人的世界觀，不但要學會把握自然、社會與人文各種現象的本質與關係，並且還要引伸出對這些現象所應採取的終極態度與見解（鍾啓泉，2002）。在教學的過程中，有關現象探究的各種科學與人文知識具有現代性格，而引伸出相關的態度和見解則屬於後現代的價值判斷。教師於教學之際必須隨時對此有所覺察。

「中體外用論」所反映出來的，正是「華人應用哲學」裏的後現代與現代思想之間的體用關係。在這層考察上，教育哲學的探究也屬於現代式的「外用」，畢竟連「教育哲學」的提法都是外來的觀點。其實站在二十一世紀的華人社會，於具體生活內的確無法清楚分辨中外，我們只能訴諸精神性，以此來主導安身立命的實踐。

在臺灣近年所推行的教育政策中，我們認爲「生命教育」饒有意義，而它在香港實施得更早，值得向所有華人社會推廣。國民中小學生命教育的教學方法包括：「透過一些簡明有效的活動，讓學生彼此間共同合作完成目標，或設計安排一些設身處地、感同身受的課程活動，爲學生營造一個互助合作、共同學習討論的校園及教室環境，讓每位學生都能尊重並珍惜彼此的生命。」（教育部，2001：1）而普通高中的教學，更規定「學理」與「活動」各占六至七成與三至四成的比例，並要求教師把握「態度必須開放，立場不必中立」的原則來授課。這些作法都對宗教哲學的教學應用帶來啓發。

由於政府長期以來對宗教皆抱持疑慮的態度，因此臺灣

的宗教教育始終呈現空白課程（null curriculum）的局面，近年始稍有改善（郭維夏，1992）。不過我們認為中華文化在源頭上並沒有制度化的宗教信仰，佛教、基督宗教、伊斯蘭教皆是後來由境外傳入，道教則係受到佛教衝擊而興起，所以以教義為內容的宗教教育並非必要，倒是兼具經驗性與批判性的「宗教學」可酌情講授。這種兼具經驗性與批判性的宗教學，分為社會科學與人文學兩大方面（Whaling，1984; 1985），教師須清楚分別掌握，再如實教給學生。

　　不過無論是科學或人文的宗教學都比較專門，由小學至大學的宗教教育最好還是定位成通識教育，而以生命教育課程的形態來傳授。然而生命教育的概念模糊、內容駁雜，也是不爭的事實。想要藉由生命教育全面改善人類生活，恐怕不切實際也沒有必要（但昭偉，2002）。像臺灣已正式實施六年的生命教育，先後背負了學生自殺防治、災區心靈重建、個人情緒管理、提升生命境界等任務，使其顯得失去焦點而難以落實（鈕則誠，2004b）。為改善此一困境，我們建議將「華人生命教育」聚焦於「中國人生哲學」，以適用於全球華人社會。

　　「生命教育」的提法始於一九八〇年代的澳洲，目的是為防止毒品、暴力與愛滋病進入校園，原屬民間自發的教育活動。九〇年代末卻在臺灣被拿來作為「倫理教育」的新名稱，進而成為官方教育政策的一環。生命教育除了具有倫理教育取向和生死教育取向外，還包括宗教教育、健康教育、生涯教育、生活教育等取向（黃德祥，1998）。我們主張將這些取向融會貫通為一個整全的（holistic）「人生教育」取向，採用一體五面向的「生物／心理／社會／倫理／精神模

式」（bio / psycho / social / ethical / spiritual model）來從事教學，如此將可面面俱顧，無所偏廢（鈕則誠，2003）。

凡人皆有死，人死必須進行殯葬活動，殯葬業在日本甚至成為僅次於保險業的第二大服務業，在臺灣卻被污名化而在教育實踐中無人聞問。以「殯葬教育」為例，上述一體五面向模式，可分別就遺體處理、悲傷輔導、蓋棺論定、慎終追遠、終極關注（ultimate concern）等方面從事教學（鈕則誠，2002）。而在精神性的「終極關注」方面，多少會涉及亡者與家屬的宗教與民俗信仰或人生信念，這點幾乎可以在每個人的生活經驗裏發現，教師便可據此就地取材，進行學生本位的生命教育。

第四節　綜合討論

宗教哲學至少包括宗教形上學、宗教知識學和宗教倫理學三部分；其中宗教形上學與宗教的終極關注相互呼應，不免涉入信仰對象內；宗教知識學則退一步想，希望認清宗教體驗是否足以為信仰提供論據（evidence）？至於宗教倫理學乃要確認，人類之中善與惡的本性及根源為何？宗教哲學因此不必然要根植於任何宗教傳統，卻絕非事不關己（鈕則誠，2004a）。

宗教哲學一如教育哲學，是以應用哲學成員的身分，參與建構一門整合性學科——宗教學。宗教學從人文學與社會科學整合的觀點，對人類的宗教信仰從事六個方面的探究：宗教本質、宗教起源、宗教描述、宗教功能、宗教語言、宗

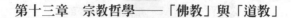

教比較（Capps, 1995）。不過全球雖有普世宗教流行，卻也存在著一些民族性、地域性的新興宗教、本土宗教或民俗信仰，無法一概而論。因此採取西方觀點下的宗教學來分析東方宗教現象，必須先對學理進行「本土化」與「地方化」的過程，方能產生實質效益。

針對華人社會應用的「學理本土化與地方化」原則便是「中體外用論」，中心理念則為以儒道二家思想為表裏的「後科學人文自然主義」，目的即在落實後現代的「中國人生哲學」或「華人人生觀」。以此觀之，人文學與社會科學「本土化」的底線乃是「中國化」，而落實於不同文化或政經環境中，例如臺灣、香港、西藏等地，始有「地方化」問題；這點是大家在考察教育實踐及宗教現象時，首先應具備的基本認識。

臺灣大致歸於閩南地區的漢民族文化，與大陸的差異主要是在政經方面。而由於兩岸經濟活動相當頻繁，且水平愈拉愈近，真正待解決的問題，似乎只有宏觀政治。臺灣近年於教育活動內出現「去中國化」的現象，此一策略在信仰上卻很難做到。例如民俗信仰中，最常受到社會大眾頂禮膜拜的兩位神明——關公和媽祖，都屬於整個漢民族的主要崇拜對象。

宗教學者鄭志明（1999）即從儒道佛三教關係來看民俗信仰，認為其有促進族群和諧的作用。他並提出一套宗教教育的策略，希望落實「由無而有」、「由遠而近」的學校教育，並通過成人教育以達到「成人」教育的目的，亦即儒家式的個人人格完成。我們認同這樣的思維方向，更建議教師及學生能夠明辨華人社會中，「儒道人生信念」、「道教民

俗信仰」、「外來普世宗教」三足鼎立的多元現象，多予了解與尊重。

　　本書的寫作秉持教育部推動生命教育的「態度必須開放，立場不必中立」原則，通過「中體外用論」反思，拈出「後科學人文自然主義」的「華人應用哲學」，作為行文指導綱領。它可以應用於華人社會的教育哲學、宗教哲學、科學哲學，以及法政經社、文史藝術等各方面。此一立場將在本書最後一章加以闡述，現在先回到宗教與教育相關的問題上。

　　國人一聞及「宗教」的反應，經常與「迷信崇拜」及「怪力亂神」聯想在一道，這是對宗教信仰的偏見。產生這種心理，或許跟華人社會缺乏明顯強勢的宗教力量，卻充斥著紛雜多樣的信仰活動有關。世界其他國家或地區，大都擁有深具影響力的宗教系統，像基督教之於北美、英國國教之於英國、天主教之於南歐與南美、東正教之於東歐與俄羅斯、伊斯蘭教之於中東與北非、印度教之於印度與孟加拉、佛教之於東南亞、神道教之於日本等，而占全球五分之一人口的華人社會卻屬例外。兩岸四地雖有不少寺院廟宇，佛教與道教文化現象也隨處可見，但是大多數華人的確是不信教。

　　宗教信仰有六大構面（dimension）：儀式構面、神話或敘事構面、體驗與情感構面、倫理與法律構面、社會構面、器物構面，政治狂熱亦可據此分析（Smart, 1996）。在這層意義下，儒道交融的人生觀根本算不上宗教信仰，卻深植在廣大華人心目中。從「修養美學」角度看，唯一具有宗教背景的人生哲學，大概只有在中土萌生的禪宗思想（王建疆，

2003）。

　　印度佛教傳至中國後，醞釀出本土化的中國佛教與佛
學，包括天臺、華嚴、禪宗三大宗派（吳汝鈞，1995）。
「佛教中國化」可視爲「華人思維方法」的體現（徐復觀，
1991），與印度人的知與行逐漸出現差異。像茹素、不能殺
生的觀念，便於南北朝以後在中國普遍流行，甚至影響了道
教（康樂，2001）。

　　兩岸分治半個多世紀下的臺灣，對人民生活影響最大的
宗教系統，乃是包括民俗信仰在內的廣義的道教（任繼愈，
1991）。不過自一九六〇年代起，經濟發展不斷上揚後，以
信徒捐獻爲經濟來源的臺灣佛教也開始蒸蒸日上。佛光山、
慈濟、法鼓山、中臺山等四大道場，通過現代化經營管理而
成功轉型，可視爲佛教的復興（江燦騰，1997）。此外靈鷲
山和中國佛教會的系統也相當具有影響力。佛教團體在臺灣
最明顯可見的教育成就，即是在十四年間，先後創辦了七所
大學。光是這一點，就值得我們認眞思考宗教與教育的關聯
了。

── 主體反思 ──

1.在你的經驗裏有沒有接觸過正式或非正式的宗教教育？你覺得那像是傳教還是有其他意義？

2.宗教裏的虔信與迷信有何差別？你能舉出生活中的實例說明嗎？

3.有人說儒、道、佛三家思想，構成了中國文化的骨、肉、血，你能舉出一些古今人物或事物做例證嗎？

4.道教有容乃大，臺灣大部分廟宇皆屬道教系統，尤其是神明多由有德之人轉化而來，請舉關公與媽祖以外的神祇說明之。

5.如果學校推行談生論死的生命教育，你贊成嗎？一旦專長符合，你會去講授這方面的課程嗎？

6.生命教育的教學原則是「態度必須開放，立場不必中立」，請加以闡述。

心靈會客室

反身而誠・心誠則靈

　　我是一個經歷皈依、受戒儀式的佛教徒，但是海青、縵衣至今只穿過一次。我信佛教與其說是對宗教團體的認同，倒不如說是一償長久以來的心願。家父與民國同庚，半生行伍生涯，抗戰爆發那年正好戍守南京城，碰上城破日軍進入大肆屠殺。父親走投無路，只好遁入城外一座小寺化身出家人，卻因此奇蹟式地躲過一劫，日後才有我的誕生。

　　父親能夠以出家人裝扮不被識破，甚至還會念上幾段經文，緣於祖母為虔誠佛教徒。禮佛念經是她的日常功課，父親耳濡目染之餘，似乎也就心有靈犀一點通。或許因為有過這番出生入死的遭遇，日後父親始終維持親近佛法的習慣，並且開始鑽研佛學。當他老人家半百以後從軍中退伍，轉入文化機構任職，更是寫作不輟，先後將自己的戰場閱歷和學佛心得撰成《還俗記》與《釋迦牟尼新傳》二書。相信父親的寫作動機裏，多少有著還願的意義。

　　我習哲學三十餘載，選擇走西方哲學的道路，與中國哲學漸行漸遠，更無緣深究佛教哲學了。但是當年在高中時代下決心念哲學，主要是受到四種思潮的影響：存在主義、心理分析、道家，以及禪宗。記得那時候喜讀「新潮文庫」叢書，鈴木大拙幾本頗有禪味的譯作，伴我走過慘綠少年歲月，再加上讀到父親的著作，都使我易於對佛教產生親切感。雖然後來我念了十年天主教大學哲學系，這份親切感卻始終未減。

　　真正的機緣出現在我四十歲那年，一位曾經擔任過專科學校校長的哲學系學長，意外地成為我的教學單位同事。有天他很慎重地徵詢我，是否有意協助他為一所佛教大學籌辦哲學系。受寵若驚之餘我表示有興趣，於是展開了往後三年彼此的合作關係。雖然那所學校後來改弦更張設立宗教學研究所，設所計畫也同樣出於我之手，但我自忖對宗教完全

外行，婉謝前往任教任職，而到另外一所佛教大學去辦生死學研究所，從而走向生命教育的生涯發展途徑。

我先後接觸過兩個佛教團體所創辦的大學，跟教團中的出家眾和在家眾共事了七年，始終覺得因緣未具足，乃毅然離開團體，學作自了漢。我相信宗教是團體生活，信仰卻屬個人抉擇；個人在事業道路上應努力實踐人生信念，堅持「道不同，不相爲謀」的處世原則。如今我仍肯定自己的世俗宗教信徒身分，卻對任何神聖宗教團體敬而遠之。宗教信仰對我而言，乃是個人的事不假外求。反身而誠，心誠則靈，如是而已。

參考文獻

王建疆（2003）。**修養・境界・審美——儒道釋修養美學解讀**。北京：中國社會科學。

任繼愈（主編）（1991）。**中國道教史**。臺北：桂冠。

江燦騰（1997）。**臺灣當代佛教——佛光山・慈濟・法鼓山・中臺山**。臺北：南天。

但昭偉（2002）。**思辯的教育哲學**。臺北：師大書苑。

吳汝鈞（1995）。**中國佛學的現代詮釋**。臺北：文津。

孫慕天（譯）（2003）。**後現代宗教**（D. R. Griffin著）。北京：中國城市。

徐復觀（譯）（1991）。**中國人之思維方法**（中村元著）。臺北：學生。

康　樂（2001）。**佛教與素食**。臺北：三民。

教育部（2001）。**教育部推動生命教育中程計畫（九十至九十三年度）**。臺北：教育部。

郭維夏（1992）。宗教與教育。載於房志榮主編，**宗教與人生（上冊）**（第二版）（頁174-200）。臺北：空中大學。

勞思光（1980）。**中國哲學史（第二卷）**（第三版）。香港：香港中文大學。

鈕先銘（1976）。**釋迦牟尼新傳——經典文學研究**。臺北：商務。

鈕則誠（2002）。生死管理。載於鈕則誠主編，**生死學**（頁207-226）。臺北：空中大學。

鈕則誠（2003）。**醫護生死學**。臺北：華杏。

鈕則誠（2004a）。**生命教育——倫理與科學**。臺北：揚智。

鈕則誠（2004b）。**生命教育——學理與體驗**。臺北：揚智。

馮友蘭（1991）。**中國哲學史新編（第四冊）**。臺北：藍燈。

馮友蘭（2003）。**中國哲學簡史**。北京：北京大學。

黃德祥（1998）。生命教育的本質與實施。**輔導通訊**，55，頁6-10。

廖世德（譯）（1984）。**印度教・佛教・禪**（N. W. Ross著）。臺北：星光。

鄭志明（1996）。**臺灣民間的宗教現象**。臺北：大道。

鄭志明（1999）。**臺灣新興宗教現象——傳統信仰篇**。嘉義：南華管理學院。

鄭志明（2000）。**以人體為媒介的道教**。嘉義：南華大學。

鍾啓泉（譯）（2002）。**教學原理**（佐藤正夫著）。北京：教育科學。

顏炳罡（1998）。**當代新儒家引論**。北京：北京圖書館。

Capps, W. H. (1995). *Religious studies: The making of a discipline.* Minneapolis: Fortress.

Smart, N. (1996). *Dimensions of the sacred: An anatomy of the world's beliefs*. Berkeley: University of California Press.

Whaling, F. (Ed.)(1984). *Contemporary approaches to the study of religion. Volume I : The humanities*. Berlin: Mouton.

Whaling, F. (Ed.)(1985). *Contemporary approaches to the study of religion. Volume II: The social sciences*. Berlin: Mouton.

第十四章

科學哲學——
「教育科學」與「科學教育」

引言

本章屬於第二篇〈「哲學概論」途徑〉最後一章，探討與哲學息息相關兩大議題之一的「科學」，另一議題則是作為前章主題的「宗教」。一如教育哲學可以放在教育學的脈絡裏談、宗教哲學可以放在宗教學的脈絡裏談，科學哲學也可以列入科學學的一支。「科學」探究自然、社會或人文世界，「科學學」則對科學探究活動進行後設探究，主要包括科學史、科學哲學、科學社會學三方面。

過去以「科學哲學」對「科學理論」進行「思維理路」與「事實陳述」的內部分析，而以「科學史」及「科學社會學」對「科學活動」進行「社會實踐」與「知識權力」的外部考察。一九六〇年代以後的「新科學哲學」，愈發受到科學史與科學社會學影響，乃從邏輯主義走向歷史主義。本章即採用「新科學哲學」觀點看問題。

科學與教育的關聯可以發生在兩個層面：建構「教育科學」的理論層面，以及推行「科學教育」的實踐層面。「教育科學」也可以稱為「科學教育學」，與「哲學教育學」相對，二者在教育實踐的理論基礎上有著明顯差異，當然也會對科學教育採取不同的策略。本書自〈導論〉中較為客觀的「教育學哲學」寫起，將終於〈結論〉裏相對主觀的「哲學教育學」論述。

從思想史的角度看，宗教與科學都屬於「獨斷式」的意識形態，哲學則是「懷疑式」的意識形態。「意識形態」（ideology）的原意為「觀念的學問」，宗教與科學思想傾向於堅持本身的觀念，哲學多以批判他人的觀念為主，波普的

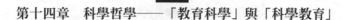

貢獻則是提倡自我批判，並要求科學家也能夠從善如流。本書希望走得更遠，走到西方主流路線之外，嘗試以女性主義所主張的「陰性哲學」（feminine philosophy）去貼近中國哲學，從而彰顯出「華人應用哲學」。

第一節　中心議題

　　兩岸四地以及新加坡的華人學界，都把研究教育問題的學問當成一門應用性社會科學，名之爲「教育學」或「教育科學」。社會科學是十九世紀下半葉模仿自然科學而形成的一塊重要的知識領域，在英語國家呈現與自然科學和人文學鼎足而三的局面。目前華人學界普遍受到英美等國影響，在知識分類與學術研究上皆以西方觀點的馬首是瞻。須知西方觀點除英美學派外還有歐陸學派，後者對「科學」的界定相當開闊，幾乎與「知識」同義，而知識僅分爲「自然知識」以及「人文知識」。

　　由於二次世界大戰以後美國成爲世界強權，也使其順利成爲學術霸權。眾多留美學生將其知識生產向全球擴散，許多開發中國家或地區的大學都是美式大學，連課程與教學都一成不變地模仿美國，像臺灣學界一味要求研究論文必須登載在美國人認可的、列入SCI或SSCI的學術期刊上，即爲例證。美式科學尚有一個特色便是高度量化，社會科學論文充滿著符號數字，以示其科學客觀性。唯近年採用歐陸哲學爲方法學的質性研究方法漸受重視，總算打破量化方法唯我獨尊的現象。

　　學習歐美長處是中國自清末以來的一貫作法，方向雖無可厚非，作法卻顯得矯枉過正，結果演成重科技輕人文的弊病。科學揭露事實，人文決定價值；事實上可能的事情並不代表價值上一定對，原子彈、複製人即是例證。像赫爾巴特在創立普通教育學時，即明示以科學標幟方法、以哲學決定目的。但是兩百年來教育學愈來愈走向教育科學，而無視教育哲學的存在。尤有甚者，哲學與科學如今已無法平起平坐；科學逐漸匯集成龐大的學科群組，哲學卻不斷萎縮為不受重視的單一學科。此與科學革命以前，無所不包的「哲學」涵蓋所有科學議題的恢宏氣象，可說是全盤逆轉。

　　好在情況已有所轉變。西方世界從現代走進後現代，現代的科學精神被後現代的多元精神所顛覆（汪霞，2003）。這種「歷時性的」（diachronic）與「共時性的」（synchronic）同步地變遷，讓現代追隨科學腳步的「科學的哲學」得以抽身，朝向「後科學的哲學」大道自主發展。擺脫掉科學影響後的哲學，辯證地找回自己的自主性，得以從「批判科學」的角度再出發。後現代哲學的任務之一正是合情合理地質疑科學。在教育學術上，教育哲學責無旁貸地應當批判教育科學，目的並不是削弱它，而是善用它。

　　本書的根本理念為通過「中體外用論」反思所形成的「後科學人文自然主義」，這是一套適用於華人社會的應用哲學。其教育哲學面向的目的，是讓教育豐富人生。雖然如今大家都生活在科技時代與社會之中，但是我們希望提醒人們：御物而不御於物；是科技為人生服務，而非人生受科技擺布。欲達此目的，首先要做的便是推廣具有批判意義的科學教育。

　　科學技術是經濟發展的重要作用，是第一生產力，連實施社會主義的大陸領導人都承認這一點。英國科技史學家李約瑟曾指出，中國的科技在十五世紀以前，一直居於世界領先地位。古代「六藝」中的「書」、「數」二藝，即蘊藏有科學教育的種子（徐仲林、徐輝，1997）。廣義的「科學教育」，包含「技術教育」及「數學教育」在內，我們在此即取其廣義。雖然古今中外都有各種不同形式的科學教育出現，但是對現今教育而言，制式化的科學教育卻是典型西方的產物，其教育思想的源頭可以追溯至培根。

　　培根是十六世紀倡導科學實驗精神的英國經驗主義哲學家，本書曾在第四章第一節對其思想加以引介。他最為人所熟知並稱道的一句話便是「知識即力量」，此後科學知識逐漸凌駕哲學知識，乃走上現代「科學的哲學」道路。作為哲學家，培根對後世科學發展與科學教育的最大貢獻，首推提倡從事實驗工作的歸納方法。他認為歸納法是獲得事實證明的方法、是掌握自然力量的科學。這種現代的「科學方法」與傳統以演繹法為主的「哲學方法」大異其趣，也標幟著西方教育從中世紀受宗教影響掙脫而出的思想力量與具體行動。

　　稍晚於培根的捷克教育學家夸美紐斯提出泛智教育思想，可視為科學教育的另一重要里程碑。他對泛智思想基礎之一「泛智論」（pansophia）的解釋為：「從所有個別的科學中能形成一種統一的、包羅萬象的科學的科學和藝術的藝術，即泛智論。」（謝水芬，2001）而另一個思想基礎則為「教育適應自然」，亦即教育必須以自然法則為依據，找出教育的普遍規律，同時也要根據人的年齡和天性設計教育活

動。這些都屬於教育學的嚆矢。

　　科學教育的另外一個源頭乃是「科學社團」，大都出現於十七世紀的歐洲，其中有些由民間發起，有些則爲政府所創。科學社團以「從事科學研究」爲主、「普及科學知識」爲輔，後來逐漸分化成大型的科學研究機構如「科學院」、「研究院」，以及遍布各地的中小型科學共同體如「學會」、「協會」等，這些組織在華人社會也已落實生根。

第二節　課程應用

　　教育學發展至今大約兩百年，在華人社會已被列爲一門應用性的社會科學學科，因此就本書以「教育學哲學」作爲「教育哲學」核心的情況下，我們其實是在探討一門科學哲學，至少爲「社會科學哲學」。對於社會科學哲學與教育研究的關係，諾丁（Noddings, 1998）做過清晰的說明。她所引用的觀點來自波普、拉卡托斯、孔恩（Thomas Kuhn, 1922-1996）等三人，而這三位科學哲學家曾於一九六五年一次在倫敦舉行的學術研討會上相遇，彼此心靈碰撞所產生的智慧火花，對反思社會科學的可能與限制可謂影響深遠（周寄中，1987）。

　　本書曾在第三章及第八章引介過波普與拉卡托斯的論點。簡單地說，波普認爲科學研究的精神在於自我否定，亦即不斷推翻自己的理論假設。問題是很少有科學家是如此做研究的，絕大多數人都希望找證據來支持自己的假設。作爲波普學生的拉卡托斯，爲了修正老師學說中的困難，乃指出

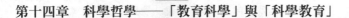

任何理論均有一不能質疑的「硬核」部分，其外則存在著可以修正的「保護帶」。

　　這種「局部修正」的理論，構成孔恩所稱的「常態科學」，在其中具有研究者共同遵守的「典範」，其意義接近「研究方法」背後的「方法學預設」。一般而言，自然科學各學科中大致保持單一典範，同行間對於研究方法爭議不大。社會科學卻可能出現多元典範並存的局面，有時立場彼此衝突，連帶影響及研究者所使用的方法，像教育學之中量化與質性研究的爭議便是例證（Noddings, 1998）。

　　由科學哲學所揭示的教育學面貌，並非定於一尊而是多元呈現的，因此有機會在後現代的華人社會進行「本土化」與「地方化」的努力。葉啓政（2001）指出，與「本土化」相對立的概念，乃是「外來化─西化─現代化─全球化」一系列概念；因此「本土化」在華人社會的下限，乃是文化意義的「中國化」。至於發展適於臺灣的教育實踐方案，並非「本土化」而是「地方化」的問題。「地方化」也可以稱爲「在地化」，是指在地方情境下，對相關的價值、知識、技術和行爲規範，進行傳遞、調適及發展（鄭燕祥，2003）。爲通過「華人應用哲學」去建構「華人哲學教育學」，「臺灣地方化」必須放在「中國本土化」的脈絡中進行。

　　至於現今「全球化」所帶來最大的全球危機，正是環境污染、生態失衡的問題，它涉及「人與自然」、「人與社會」以及「人與自身」的關係，目前對此的改善策略即是「永續發展」（sustainable development）（馮建軍，2001）。以下便由此出發去看科學教育的課程與教學。

　　以臺灣現行九年一貫課程的內容來看，廣義的科學教育

應包括自然與生活科技和數學兩大學習領域、健康與體育學習領域中的健康教育，以及六大議題中的資訊教育、環境教育與家政教育等。在如此多元面向中確立一個核心，我們的考量是通過對天、人、地三才的反思，認定人既無所逃於天地之間，就應該負責地學習如何頂天立地；科學教育因此理當從「環境教育」開始。

　　九年一貫課程《綱要》有所界定：「環境教育是概念認知和價值澄清的過程，藉以發展瞭解和讚賞介於人類、文化，和其生物、物理環境相互關係所必需的技能和態度。」其課程目標有五項：環境覺知與環境敏感度、環境概念知識內涵、環境倫理價值觀、環境行動技能、環境行動經驗。它和自然與生活科技學習領域的內容相互呼應：「物質與能、生命世界、地球環境、生態保育、資訊科技等內容。注重科學與科學研究知能，培養尊重生命、愛護環境的情操，善用科技與運用資訊的能力，並能實踐於日常生活中。」這一切都需要通過學生的八項「科學素養」來落實：科學過程技能、科學與技術認知、科學本質之體驗、科學發展的認識、科學態度、思考智能、科學應用、設計與製作（陳文典，2003a）。

　　後現代科學觀與現代科學觀有一個重大差別，即是瞭解到所有科學都是「理論載負的」（theory-laden）（Noddings, 1998）。此一看法的引伸意涵乃是：科學對事實的揭露，其實也屬於價值判斷。難怪哈丁會認為「自然科學是一種特殊的社會科學」（Harding, 1991）。後現代科學哲學在課程應用上所帶來的可能啟發，即是打破以簡馭繁的「化約主義」（reductionism）之迷思，讓科學論述呈現多元風貌。

　　化約主義原本曾在科學哲學界被大力提倡，一九三〇年代「維也納學圈」推動「科學統一運動」，便是希望建構一套數學邏輯化的人工語言，把各種科學語言都化約爲物理學語言，最終把一切科學都化約爲物理學（江怡，2001）。過去學校教育對自然科學學科重視的程度依序爲：數學、物理學、化學、生物學；生物學被視爲科學性不足，多少與化約主義觀點有關。如今大家瞭解到我們的「生活圈」才是最重要的，因此以生物學之中的「生態學」爲核心來開發科學教育，正反映出科學教育已經朝人文關懷轉向。

第三節　教學應用

　　科學哲學是從哲學立場考察科學理論與實踐，具有後設性和應用性。但是一九六〇年代以前的科學哲學主要站在「擁護科學」一邊，對科學進行邏輯主義方面的支持；其後則開始有愈來愈多的學者反對過去的作法，逐漸匯集成一股「批判科學」的力量，對科學進行歷史主義方面的檢視。批判科學並非否定科學，而是希望如實地瞭解科學、掌握科學。自從培根提出「知識即力量」以倡導科學方法、推動科學發展，三百年來科學技術已經鋪天蓋地改變了整個世界，甚至把力量伸向宇宙。生活在二十一世紀的我們，可以做的事情乃是以冷靜的頭腦和清晰的思維去善用科學，而非一味地任其擺布。

　　善用科學的前提爲「瞭解科學」，科學教育因此不可或缺。雖然我們主張從「環境教育」的宏觀視野契入科學教

育，但是大多數人成長經驗中的科學教育都是從「數學教育」啓蒙。嚴格說來，數學作爲所有科學的基礎學科，但它本身並不屬於科學；數學和邏輯常被視爲「形式理論」（formal theory），以示它們所研究的對象乃是抽象空靈的「概念」或「符號」之間的關係。由於數學具有相當的抽象性，對一般學生而言常望而卻步，社會大眾則著眼於其在資訊工具上所表現的實用性。我們對此贊成數學教育生活化與資訊化，至少讓學生先親近數學再談進一步瞭解它。

前面曾提到，在現今九年一貫課程之內，可以列入科學教育的至少包括六方面：數學領域、自然與生活科技領域、健康與體育領域、資訊教育、環境教育、家政教育。這些領域和議題除了涉及自然科學外，更反映在當前整合自然與社會科學所產生的新興學科，例如健康科學、資訊科學、環境科學、生活應用科學等，它們已經成爲大學裏的院系。不過儘管院系分化如此多樣，人類知識的分類仍然只有自然科學、社會科學、人文學三大範疇。

知識三分法是英美學派的觀點，歐陸學派尚有「自然科學」與「人文科學」相對的二分法（鈕則誠，2003），其實後者更符合本書所倡議的「中體外用論」精神。我們認爲智識教育及情意教育所面對的不外乎宇宙與人生，而核心問題則是：「如何在宇宙時空中安頓人生？」科學教育若能落實以「中體」的「人生安頓」來指引「外用」的「宇宙探索」，當是最理想的實踐方向。以下我們分六部分來考察上述領域及議題的教學。

「數學學習領域」規劃了五大主題：數與量、圖形與空間、統計與機率、代數、連結，其中「連結」分爲內部與外

部連結；「內部連結」是指貫穿前面四大主題，「外部連結」則是培養數學與其他領域及生活議題的統整能力。近年爭議不斷的建構式數學，希望引導學生從實際經驗中主動去理解和建構數學概念（李威進、楊德清，2003），其實是有相當教學意義的作法，值得積極推廣。

「自然與生活科技學習領域」的教學內容同樣包括五項：物質與能、生命世界、地球環境、生態保育、資訊科技，其中後二者與六大議題中的環境和資訊議題相關，前三者則涵蓋物理學、化學、生物學、地球科學等基礎學科。如何把這些學科從「學院型課程」轉變成「生活化課程」，專家建議教師在教學活動中採取引導輔助角色，讓學生可以自然地而非邏輯地習得相關知識（陳文典，2003b）。

「健康與體育學習領域」共統整為七個主題軸：生長與發展、人與食物、運動技能、運動參與、安全生活、健康心理、群體健康，是各領域中唯一與「生命的延續」息息相關的領域。由於健康教育與體育在過去是兩種不同性質的教育活動，如今統整在一道，多少會引起教師忐忑不安，因此學者專家建議以平常心去進行融入、統整或協同教學（林錦英，2003）。

列入六大議題首位的「資訊教育」議題，希望培養學生五種核心能力：資訊科技概念的認知、資訊科技的使用與概念、資料的處理與分析、資訊的溝通與表達、資訊的搜尋與應用。其六項教育目標中有一項是：「導引學生瞭解資訊與倫理及文化相關之議題。」在教學上可適時指點學生反思網路倫理，因為當前網路究竟是處於民主或無政府狀態亟待釐清（江淑琳，2003）。

　　至於「環境教育」的課程目標已於前節提及，其中與哲學反思直接相關的一項「環境倫理價值觀與態度」，其內涵乃是：「藉由環境倫理價值觀的教學與重視培養學生正面積極的環境態度，使學生能欣賞和感激自然及其運作系統，對環境議題具有獨立思考及判斷的能力，欣賞並接納不同文化，關懷弱勢族群，進而關懷未來世代的生存與發展。」這種理想無疑與中國傳統講究「生生不息」的「人文自然主義」不謀而合。

　　最後我們要提出「家政教育」在科學教育中的重要性。家政議題透過對飲食、衣著、生活管理和家庭等四方面的教學活動，讓學生學習基本生活知能、體驗實際生活、增進生活情趣。其議題建構除反映教改基本理念外，還包括具有統整IQ與EQ的特質，以及根據諾丁式「關懷典範」所做的課程設計，這些都是非常貼合本書主旨所開展的科學教育方向。

第四節　綜合討論

　　本書認同諾丁在其《教育哲學》所揭示受到女性主義啟蒙的「新科學哲學」，亦即對既有科學哲學所強調的「科學的性質」，包括「客觀中立性、主客分離觀、個人客體化、科學的方法、無視其脈絡」等，皆予以挑戰與批判（Noddings, 1998）。諾丁所標榜的「新科學哲學」，與我們所肯定的「後科學的哲學」意義相近；我們不提倡價值中立，反而希望落實豐富的倫理與美學意涵及規範意義。

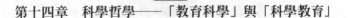

　　依此判準檢視科學哲學家的言行，理當超越現代與後現代的時代差距。例如波普被視爲最後一個現代舊式科學哲學家，而孔恩則可視爲第一個後現代新科學哲學家；但是波普始終堅持捍衛社會正義，孔恩卻在面臨全球「軍事—工業複合體」（military-industrial complex）多行不義的情境中，選擇保持緘默，難怪創立「社會知識學」（social epistemology）的新科學哲學家富勒（Steve Fuller），要質疑孔恩乃是「美國的海德格」了（Fuller, 2003）。

　　海德格是著名的德國存在主義哲學家，近年更被歐美社會科學界推崇爲替「質性研究方法」的「現象學—詮釋學方法學」奠定基礎的重要人物。但是他在二次大戰前夕公開擁護納粹黨，並在納粹政府授命下出任大學校長的不光榮記錄，至今仍被世人視爲知識分子失節的顯著例證（蘇友貞，1997）。由此可見，富勒質疑孔恩喪失知識分子良知，並列舉出波普、拉卡托斯、費若本（Paul Feyerabend, 1922-1994）、杜明等人的不平則鳴作爲對照，是頗具道德規範意識的。

　　教育哲學中的「教育學哲學」屬於科學哲學的一環，而科學哲學在本書中則列爲教育哲學的一環，彼此相輔相成，得以讓教育工作者通過較爲寬廣深邃的視野，反思自身的教育實踐。中小學教師過去長期屬於教育理論及研究的追隨者，如今在教育改革的賦權（empower）下，已有機會建構自己的教育學。而教育學在其歷史發展中同時兼具哲學與科學面向，我們視之爲「體用合一」，二者不可偏廢。

　　「體用關係」即是「主從關係」。爲落實「華人應用哲學」，我們彰顯出華人文化的主體性，並將外來思想學問視

爲器用之學。這並不是百年之前華人面臨西方挾其船堅炮利大舉入侵時的義和團心態，而是百年辯證下的「後殖民論述」（夏侯炳、譚兆民，2002）。根據哈丁的分析，以「後殖民時期科學技術研究」爲內涵的「後殖民科學學」，作爲一種「局部知識傳統」，早在一九四○年代即已出現，這點適足賦予我們一種知識正當性，以通過本土化「華人應用哲學」去建構「華人哲學教育學」。

「教育學之父」赫爾巴特認爲「教育經驗」涵蓋「責任的理念」、「人性的經驗認識」，以及「單一科學的認識」三種要素；前二者具有哲學思辨的色彩，後者則得以讓教育學經驗科學化（楊深坑，1998）。我們不反對教育學的經驗科學化，但是認爲經過兩百年的科學發展，如今理當重拾教育學的哲學慧命，強調教育的社會責任與人性體認。

以科學教育爲例，近年科學教育已經與技術教育結合，提出「科學—技術—社會」（science-technology-society; STS）三合一的教育。「STS教育」以科學、技術與社會的相互聯繫爲教學的中心，針對解決生活中遇到的實際問題，而不像一九六○年代片面看重學科的結構和理論知識（單中惠、龔兵、陳秋蘭，2003）。

科學知識也許表現爲事實的陳述，但這並不表示科學所反映的乃是「沒有顏色的思想」。後現代「新科學哲學」受到科學史與科學社會學的影響，著眼於科學知識形成與應用的時空脈絡。換言之，即使科學陳述看似客觀，我們仍應追問它是如何形成的，以及它被運用在何處。這些科學知識的「景深」，應該在科學教育中隨科學知識一併傳授給學生。

有關科學的背景問題，科學史和科學社會學各自觀照了

科學知識形成的時間與空間背景。臺灣化學史學家劉廣定
（1997）建議將科學史納入科學教育中，以達到引發學生興
趣、瞭解科學精神和學習科學方法等目的。而通過科學史的
理解，更能讓人們體察「自然先於人、人先於自然科學」的
真諦（林安梧，2004）。

　　本書所倡議「後科學人文自然主義」的思路正是「自然
先於人、人先於自然科學」。而後現代科學社會學有時卻不
免矯枉過正地認為，科學知識完全屬於「社會建構」；這點
不免忽略了「自然的實在性」（林建成、王毅，2001）。在我
們東方人看來，西方世界由於宗教與科學先後占據人心甚長
時間，引起思想反動實屬必然。而我們則可以站在「中體外
用論」的立場，將來自印度與西方的宗教「納入括弧」存而
不論，同時避免捲入反科學的漩渦中。

　　在本卷末尾，我們還是要再一次宣示本書的寫作信念：
用古典儒道二家思想為表裏融會貫通而成的「中國人生哲
學」，去指引華人教育理論與實踐。這是一種「華人哲學教
育學」建構的嘗試，其意涵將於下章結論中加以闡述。

—— 主體反思 ——

1. 修習教育學程或是念教育研究所的學生，是否認為自己是在學科學？你能說出科學的特徵嗎？

2. 每個人自小學至大學都受過程度不等的「科學教育」，請依大學主修科學或非科學的不同經驗，對自己所受的科學教育加以闡述。

3. 教育學當中的量化研究與質性研究爭議為何？請舉例說明之。

4. 你有沒有接受過「環境教育」？請說明「生物多樣性」與「永續發展」的概念。

5. 女性主義科學哲學家哈丁認為，自然科學是一種特殊的社會科學，你對此有何評論？

6. 「關懷典範」除用於家政教育外，是否還可以引伸至其他學習領域或議題中？請嘗試加以建構。

心靈會客室

我的志願：科學家？

　　小時候寫作文，「我的志願」一如大多數孩子，決定要做一名科學家。我進小學是在一九五九年，距此兩年前，楊振寧與李政道兩位物理學家方才得到諾貝爾物理學獎，而且是華人世界首創記錄者。相信這便是激勵我們那個時代的兒童以及青少年嚮往科學的主因。

　　受到這股社會風氣的影響，志願當科學家竟然內化成爲我的人生價值觀一部分，而且一直延續到三十出頭。老實說我並不太具備科學細胞，中學時數學、物理學、化學都念得很爛，唯有對生物學還保持著幾分興趣。功課差考理組當然無望，加上高中時開始迷上哲學，於是決定考文組，把科學家的夢拋到一邊去。

　　沒想到進入哲學系一開始念得並不順，老師講的跟我所想的相去甚遠，一度想打退堂鼓。上大二前我打算轉入教育心理系未果，科學家之夢又開始蠢動，便選擇生物系當輔系，結果發現全校只有我一人有此意願。我在生物系浸淫三年，粗淺嘗到科學的滋味，雖有些許體認，但並未得箇中三昧。不過這段經歷卻在日後的哲學生涯中，產生了潛移默化的效果。

　　不知是否補償心理作祟，我雖未成爲科學家，卻走上研究科學哲學的道路，碩士與博士論文分別處理生物學哲學與物理學哲學，甚至連後來教授升等論文寫的都是護理學哲學。有一陣我還在醫學院及護理學院兼課，當不成科學家卻當上準科學家的老師，到底算不算部分實現了自己的志願？這點的確耐人尋味。

　　反思自己的科學觀，似乎一直在追隨主流價值，直到四十歲左右才有所轉折。過去我長期相信科學是客觀實在、價值中立的，後來因爲研究護理學哲學，開始接觸到女性主義，因此有所啓蒙，從而步上後科學

的道路。後科學意味對科學抱持批判質疑的態度，但絕非輕易否定。像我現在坐在電腦前面寫作，雖然仍然使用紙筆，但是桌上的螢幕卻不時望著我，讓我對這個無所逃其中的科技世界不敢或忘。

　　年過半百後，科學家的夢逐漸遠去，卻在無意間踏入教育學科的行列，教起教育哲學來。臺灣的教育學術沾染上深厚的社會科學色彩，研究生不是走量化的路便是做質性研究，鮮有人關心哲學議題，偏偏教育哲學成為必修課。在課堂上同一群未來的社會科學家對話，我發覺自己已經能夠秉持平常心，這或許就是所謂「主體際性」的彰顯罷！

參考文獻

江　怡（2001）。分析哲學（上）。載於劉放桐主編，**新編現代西方哲學**（頁247-273）。北京：人民。

江淑琳（譯）（2003）。**網路的哲學省思**（G. Graham著）。臺北：韋伯。

李威進、楊德清（2003）。從九年一貫數學領域的觀點談連結的重要性。載於教育部主編，**數學學習領域基礎研習手冊**（頁13-24）。臺北：教育部。

汪　霞（2003）。**課程研究：現代與後現代**。上海：上海科技教育。

周寄中（譯）（1987）。**批判與知識的增長**（I. Lakatos 與 A. Musgrave合編）。北京：華夏。

林安梧（2004）。「自然先於人、人先於自然科學」：記一段科學史的學問因緣。**鵝湖月刊**，29（8），頁25-29。

林建成、王　毅（譯）（2001）。**科學的製造——在自然界與社會之間**（S. Cole著）。上海：上海人民。

林錦英（2003）。教師對健康與體育領域之省思入門。載於教育部主編，**健康與體育學習領域基礎研習手冊**（頁19-25）。臺北：教育部。

夏侯炳、譚兆民（合譯）（2002）。**科學的文化多元性：後殖民主義、女性主義和認識論**（S. Harding著）。南昌：江西教育。

徐仲林、徐　輝（1997）。科學技術與教育。載於孫培青、任鍾印主編，**中外教育比較史綱（古代卷）**（頁645-702）。濟南：山東教育。

陳文典（2003a）。「自然與生活科技」學習領域課程簡介。載於教育部主編，**自然與生活科技學習領域基礎研習手冊**（頁7-11）。臺北：教育部。

陳文典（2003b）。「生活化課程」的特質、功能與設計。載於教育部主編，**自然與生活科技學習領域基礎研習手冊**（頁27-41）。臺北：教育部。

單中惠、龔　兵、陳秋蘭（2003）。比較教育。載於葉瀾主編，**中國教育學科年度發展報告・2002**（頁243-281）。上海：上海教育。

鈕則誠（2003）。**護理科學哲學**。臺北：華杏。

馮建軍（2001）。**當代主體教育論**。南京：江蘇教育。

楊深坑（1998）。**理論・詮釋與實踐——教育學方法論論文集**（甲輯）。臺北：師大書苑。

葉啓政（2001）。**社會學和本土化**。臺北：巨流。

劉廣定（1997）。**科學史與科學教學**。科學史通訊，16，頁45-50。

鄭燕祥（2003）。課程的地方化和全球化：範式轉換與多元理論。載於鍾啓泉主編，**課程範式的轉換——上海與香港的課程改革**（頁3-28）。上海：上海科技教育。

謝水芬（2001）。泛智教育思想。載於單中惠主編，**西方教育思想史**（頁150-174）。太原：山西人民。

蘇友貞（譯）（1997）。**女哲學家與她的情人：漢娜・鄂蘭與馬丁・海德格**。臺北：麥田。

Fuller, S. (2003). *The struggle for the soul of science: Kuhn vs. Popper*. Cambridge: Icon.

Harding, S. (1991). *Whose science? Whose knowledge? : Thinking from women's lives*. Milton Keynes: Open University Press.

Noddings, N. (1998). *Philosophy of education*. Boulder, Colorado: Westview.

結論

引言

本書主要作爲在臺灣地區提供大學師資生及碩士生學習「教育哲學」一科的教材，而其附加價值則可視爲在「中國本土化」脈絡下建構適用於華人的「局部知識」。我的努力是希望通過教育哲學的講授，來從事更寬廣的「華人應用哲學教育」；同時也嘗試從教育哲學的教學中，反思建構一套「華人哲學教育學」。閱讀過全書的讀者也許會發現，我從較爲客觀的哲學思想寫起，漸次達到較爲主觀的哲學建構，這一系列思辨結果，其實反映出我的心路歷程。我無意坐井觀天認定自己所言皆眞，但是願意邀請讀者一道來進行情意分享與知識對話。

在眾多以知識傳授爲主的同名著述中，本書寧願選擇感性的情意取向，雖然在形式上仍舊採用知性表達呈現。由於本書設定的主要閱讀對象是現職及未來的華人教師，因此它具有一份倫理性與審美性的理想目的：寄望讀者們學做「知識分子生活家」，也就是儒道二家的融合。光做儒家會背負太多憂患意識，光做道家會逐漸變成閒雲野鶴，這些都有所不足；融會儒道二家形成典型人格表裏的「人文自然主義者」，才是本書所主張提倡的人生境界。

邀請老師們一道來落實每個人「生命情調的抉擇」，是我的寫作宗旨之一，也對我形成重大感性與知性的收穫。本書既然爲一哲學著作，免不了要談論一大堆「主義」。在這最後一章結論中，我要明白表示自己受到「存在主義、女性主義、社會主義、民族主義、人文主義、自然主義」一系列思想的啓蒙，用以質疑相對面的「本質主義、性別主義、資

本主義、世界主義、科學主義、超越主義」。

　　本書倡議「中體外用論」，「外用」用以「大破」，「中體」體現「大立」，大破爾後大立；上述「存在主義、女性主義、社會主義」三者指向「外用」，「民族主義、人文主義、自然主義」三者則歸於「中體」。策略上我希望開展出一套適用於華人的「中國人生哲學」，以應用於建構「華人哲學教育學」。本章分為起、承、轉、合四部分，即是一系通過「外用」以成全「中體」的學思歷程，提供華人社會的教師同道參考指教，進而共同開啓後代炎黃子孫的慧命。

　　作為全書的結論，我願意清楚陳述自己的哲學立場。哲學不是宗教，哲學嘗試提出「多元人生信念」，以作為「單一宗教信仰」或「多樣民俗信仰」的另類選擇。華人長久以來受宗教與科學影響甚深，有時不免隨波逐流。我楬櫫「後科學人文自然主義」的「華人應用哲學」之目的，便是一種正本清源、推陳出新的努力。

第一節　哲學教育──「外用」的啓蒙

一、中體外用論

　　「體用」之說在中國哲學內由來已久，可以追溯至東漢時期，但是一直到宋儒朱熹才開始大量使用這組概念，其意義則與「形上形下」相通。時近晚清，「體用」之說又被應用在中西思想的調和上，產生「中體西用論」（韋政通，

1977）。事實上，這類討論在華人社會已經延續一百多年，至今仍在進行。胡偉希（2002）歸納出知識界的六種反應：「全盤西化型」、「以中拒西型」、「以中學攝西學」、「援西學入中學」、「西體中用型」、「中西會通型」。其中「以中拒西型」最接近「中體西用論」，可以熊十力（1885-1968）為代表（張光成，2002）。

熊十力是港臺兩地當代新儒家的先驅人物，當代新儒家努力把前輩「以中拒西」的態度轉化成「以中攝西」，可視為思想上一大進展。熊十力對「體用」的哲學探討著力甚深，已擺脫清末次殖民地的反動情緒口號性質。他在一九五〇年代著有《體用論》一書，用中國哲學思想討論及批判西方傳統哲學中本體與現象的關係（陳來，2001），讓人們初次認識到面臨「西學」東漸之時，「中學」其實也能展現出充分的主體性。時至二十一世紀，我們推陳出新提倡「中體外用論」的後殖民論述，並不排拒「外學」思想，而是主張選擇性地為己所用。

二、存在主義

現今我們不言「中體西用」而論「中體外用」，是希望讓大家注意到它的文化景深。「外用」包括西方學問和印度思想，後者主要指佛教及其衍生的佛學思想。許多人只看見兩百年間西方人挾其船堅炮利不斷入侵中國而亟思改善之道，殊不知兩千年來印度佛教東傳中土已深深影響華人世界。這些都是外來思想與文化，雖然不必妄加拒斥，卻也不應視為理所當然而照單全收。我們認為在當前多元文化氛圍

中，後現代教育哲學應該回歸它爲教育實踐賦予目的的初
衷，將本身擴充爲一套「中體外用」的人生哲學，畢竟教育
活動占了人生很大一部分，尤其現今更是一個強調終身學習
的時代。

　　華人社會的宗教信仰以佛、道二教爲大宗，舉目望去，
寺院廟宇到處林立，便知所言不假。宗教關注生死，面對生
死大事，我們主張另類思考。其中西方存在主義可以是一種
無涉宗教信仰的人生信念，這與中國在佛教傳入以前的儒道
二家思想或能遙相呼應。以先秦儒道思想爲根源的中國傳統
文化最大特色正是「無涉宗教性」，而存在主義對於哲學教
育的重要啓蒙則爲「自由與責任」。只有當個人肯定老子所
言「天地不仁」，方可能擁有沙特所指「被判定的自由」，並
且背負自己全部的人生責任。

三、女性主義

　　「自由與責任」或許是生命中難以承受之重，卻是教育
最需要傳達的深刻訊息。教育實踐貴在教導學生「於不疑處
有疑」，而非對任何教誨都深信不移。尤其在現實世界中，
傲慢與偏見無處不在，許多人卻視而不見或習以爲常。以階
級、種族、性別三大人類偏見而言，前二者已先後通過社會
變革與民族自決而有所改善，後者則需要更積極的意識覺醒
方能竟其功。對性別意識覺醒提倡最力的女性主義，發端於
十八世紀的西歐，大興於二十世紀的美國，後來且表現出
「女男平等」與「女男有別」兩個階段。

　　女性主義具有三大核心概念：「女人」、「體驗」、「個

人政治」（Grant, 1993），即以作爲個別女人的體驗，去對抗傳統中始終由男性主導的性別權力宰制。換言之，「性別與權力」乃是女性主義對於哲學教育的啓蒙。哲學教育長期以來有一個很大的盲點，亦即忽略哲學理論的形成脈絡。哲學一向只看邏輯論證，而不辨是何人在何時何地所言。女性主義揭示出，許多哲學或科學理論背後，其實潛藏著大量性別偏見和權力宰判。尤有甚者，女性主義以「關懷倫理學」擴充了長期以來蔚爲西方哲學主流的「正義倫理學」，更是哲學發展上的一大創見。

四、社會主義

從政治權力和公平正義的議題上進一步發揮，國家的「宏觀政治」與個人的「微觀政治」同樣有理由在哲學反思中占一席之地，並且應該經由哲學教育傳授給學生，讓年輕一代瞭解「獨善其身或內聖」與「兼善天下或外王」同樣重要。「公平與正義」即是社會主義對於哲學教育的啓蒙。平心看今日以漢民族爲主的華人社會，除新加坡在特殊歷史因緣下成爲一獨立國家外，其餘政治現狀仍存在著有待解決的兩岸問題。兩岸分治雖然源於五、六十年前中國一場內戰，但是在意識形態上實繫於孫中山逝世後國民黨的路線分裂。而孫中山所提倡的「三民主義」，直接激勵了本書對關注民生、民權的社會主義，以及對提倡華人自主的民族主義之肯定。

孫中山既是中國建立民主共和政體的第一人，其革命思想更屬於中國當代哲學重要的一環；馮友蘭（1991）寫中國

哲學史，即視孫中山爲中國民主革命的最高領導人和最大理
論家。站在中國儒家理想和西方應用哲學立場看，孫中山都
是哲學的實踐者。而哲學實踐可以作爲一種「生活藝術」
（techne tou biou）加以推廣，將審美生活轉化成倫理理想
（彭鋒，2002）。通過羅蒂式後現代新實用主義檢視，孫中山
的民族、民權、民生三大主義都代表倫理實踐；它們分別反
映出西方國族主義、民主主義、社會主義在中國的「外
用」，是哲學教育不能忽視的倫理議題。

第二節　教育哲學──「外用」的開展

一、後科學人文自然主義

　　本書以「華人應用哲學取向」爲副題，即爲彰顯教育哲
學的實踐意義。一般人多以教育哲學爲教育學的理論基礎之
一，而與教育史、教育心理學、教育社會學並列。本書除了
滿足此一需求外，更希望發揮其附加價值，即落實杜威所提
出的「教育是使哲學特性具體化和檢驗的實驗室」之理想
（王川，2000），將教育哲學建構成更具有教育實踐特性的
「華人哲學教育學」。讓教育哲學體現爲「哲學教育學」，是
西方「科學教育學」出現以前長期的哲學傳統。我們希望使
之轉化應用於後現代的華人社會，其理論轉化即屬於「外用」
的開展。

　　爲建構「後科學人文自然主義」的「華人哲學教育

學」，需要朝三方面運思：「從社會主義到民族主義」、「從存在主義到後科學人文主義」、「從女性主義到人文自然主義」。正如前節所述，社會主義具有「公平與正義」的理想內涵，可以對教育資源分配和民族文化認同等方面有所作用；存在主義具有「自由與責任」的兩面觀照，可以在個人自我實現和人文精神提倡等方面有所助益；至於女性主義則具有「性別與權力」的另類視角，可以為關懷倫理實踐和塑造和平社會等方面帶來活力。

二、從社會主義到民族主義

經濟學之父亞當·斯密（Adam Smith, 1723-1790）同時也是位道德哲學家，他先後以《道德情操論》和《國民財富的性質和原因的研究》二書，探討人類道德生活與經濟生活融合的可能。在他看來，「德行倫理」和「自由經濟」必須相輔相成方能造福人類。當他預見日後被稱為「資本主義」所可能帶來的「非人化力量」（dehumanizing force），乃提供以「自由人教育」和「組織化宗教」作為未雨綢繆之計（Griswold, 2001）。由此可見，自由經濟不必然要走向資本主義。

以人類本性中的「同情」作為道德基礎和正義感根源，其實可以發展出其他可能（余湧，2003），後來證明那便是「社會主義」。雖然社會主義在自由主義經濟學家海耶克（Friedrich Hayek, 1899-1992）眼中是一種「致命的自負」（馮克利、胡晉華，2000），但是它卻可能落實為自由主義政治學家羅爾斯（John Rawls）兼顧權利平等和機會平等的「公平的正義」（justice as fairness）（姚大志，2003）。而當

資本主義在社會學家華勒斯坦（lmmanuel Wallerstein）的分析中顯示，充滿著從西歐、北美等「核心」向亞洲、非洲、拉丁美洲等「邊陲」擴散的野心宰制（陸先恆，1989），身處亞洲地區華人社會的我們，確實有必要拿出孫中山所揭櫫的「民族主義」來形成自主能力以及主體性。

三、從存在主義到後科學人文主義

社會主義標幟出社會中的「分配正義」，但是它卻不必然要走向集體主義。我們推崇社會主義在經濟及社會方面的理想，並且相信它可以跟政治上的民主主義相結合，形成為「民主社會主義」。民主社會主義自十九世紀下半葉，就已逐漸發展成歐洲許多國家的主要政黨，甚至有機會執政，像德國的社會民主黨和英國的工黨即是例證。而民主社會主義的理論基礎之一，甚至包括波普的批判理性主義（徐覺哉，1999）。這是因為波普哲學具有反教條、反權威的自由傾向，適用於西歐尊重個人自由的傳統。

在西歐尊重個人自由傳統的土壤中醞釀形成的「存在主義」，在二次世界大戰中對反對集權的法西斯主義進行了積極的抗爭。沙特更強調在德國占領下的法國人，可以擁有充分的心靈自由。這是因為存在主義具有當下自我抉擇的重要特質，沙特因此宣稱「存在主義是一種人文主義」。在現代時期，一些具有知識分子道德良心的科學家和哲學家，紛紛表明自己是科學人文主義者。走進二十一世紀的後現代，我們希望站在超越科學的後科學批判立場，重新尋求以人文主導科學發展的本土道路，此即受到中國哲學啟蒙的「後科學

人文主義」。

四、從女性主義到人文自然主義

西方人文主義在前現代是推動基督宗教改革的力量，踏
進現代則與科學精神結合並相互激盪（董樂山，1998）。如
今既已邁入後現代，人文主義與「科學」的結盟，有充分理
由和發揮空間，轉化爲更基本的人文主義與「自然」之聯
繫。在上一章中，我們曾提及「自然先於人、人先於自然科
學」的觀點，適可作爲「後科學人文主義」融入「人文自然
主義」的前提。

源於西方的「人文自然主義」，主張價值乃是「基於自
然情境而爲人類所建構」，通過經驗研究則可以肯定「由人
性形塑倫理與審美價值」的看法，自此激勵人們「通過互助
快樂地生活」；而這種「自然而然的」價值觀，並不需要任
何超自然力量的支持或認可（Angeles, 1981）。換言之，西
方的「人文自然主義」是善用科學並揚棄宗教的，但是轉化
到中國來，並沒有需要被揚棄的宗教。

「人文自然主義」提供了一幅不同於傳統嚴肅圖像的另
類人性面貌，即是基於情意而非理性的感性生活，「女性主
義」關懷倫理也許較傳統正義倫理更能描繪刻劃這種感性生
活。關懷倫理與正義倫理乃是「女性主義倫理學」的中心議
題，它反映出女性與男性在道德思維上的重大差異（Held,
1995）。放在較大的倫理學範圍裏看，關懷倫理學可以視爲
具有「陰性倫理」性質的德行倫理學（McLaren, 2001）。這
些不同於主流的另類視角，目前已經在「性別主流化」

（gender mainstreaming）的潮流中，把關懷倫理學融入教育
研究之中（方志華，2004）。

第三節　中國人生哲學
──「中體外用」的奠基

一、華人民族主義

　　在一本教育哲學的教科書中討論「民族主義」的目的，
是希望藉此樹立「中華文化主體性」。民族主義屬於西方世
界的觀點，它起源於歐洲各民族對「世界主義」的不滿，從
而形成一股信念，認為每個民族都有權利和義務去組成「民
族國家」。民族國家以「有別於其他民族的獨特之共同文化」
為凝聚力量，這使得教師和其他知識分子能夠從民族主義思
想中，找到當下的身分和未來的憧憬，它也因此產生足以推
動人們採取行動和樹立信念的力量（盧明華，1989）。

　　為建構以「文化中國」的中華文化為主體的「中體外用
論」，我們拈出「華人民族主義」作為出發點。標榜「中華
文化」必須落實知識學問的本土化，而在當下華人社會的脈
絡中，「本土化」的相對意義乃是「外來化─西化─現代化
─全球化」；本土化意味一個「族國社會共同體」的發展具
有「自賴、自足、自尊、自主、自立」的特性。話雖如此，
我們仍然不能罔顧「外學」早已在本土深化的現實，而必須
在繼續接納外來學術思想傳統的條件下進行本土化；本土化

因此是一種「具有自我反省性的象徵創造轉化活動」（葉啓政，2001）。

　　以整個「中華文化」而非更局部的地域文化作為本土化的基準，這是我們在地方上推廣「鄉土教育」不可忽略的前提。對本書所從事的哲學教育進行哲學反思，我們肯定「人生哲學」是中華文化的精華。方立天（2001）指出，中華文化的人生哲學包括四項要義：「人與自我的關係」、「人與他人的關係」、「個人與民族和國家的關係」、「人與自然的關係」。這些正呼應了「後科學人文自然主義」的諸面向。

二、中國後科學人文主義

　　臺灣所實施的九年一貫課程明示：「國民教育階段之課程應以個體發展、社會文化及自然環境等三個面向，提供語文、健康與體育、社會、藝術與人文、數學、自然與生活科技，及綜合活動等七大學習領域。」其中綜合活動領域發展出的四大主題軸：「認識自我」、「生活經營」、「社會參與」、「保護自我與環境」，與前述中華文化的人生哲學四項要義不謀而合，足見我們的教育實踐所反映的人生哲學取向。

　　「中國人生哲學」的建構基礎乃是「後科學人文自然主義」，這又可分為表裏兩層，表層為以儒家思想為主的「後科學人文主義」，裏層則是以道家思想為主的「人文自然主義」。「中國後科學人文主義」屬於「西方科學人文主義」的本土創造轉化；西方是以「後宗教的」人文主義去肯定、吸納科學，中國則是以「非宗教的」人文主義去批判、運用科學。源自西方的科學與技術對人類文明的發展具有無比貢

獻，但也衍生出不少問題，有待用後科學的批判觀點去加以
改善。

「中國後科學人文主義」無意採用「非科學」的基進立
場，卻建議大家考慮「非宗教」的儒家人文關懷融會道家自
然素樸境界。身處科技無所不在的時代與社會，我們必須對
其加以批判和善用，而非盲目排斥；但是華人世界傳統上原
本即沒有系統化的宗教和教團，將宗教「納入括弧」存而不
論並不為過。單就信仰而言，將超越神聖的「靈性」轉化為
內聖外王的「精神性」，進而反璞歸眞為自然無為的「本
性」，或許是更適於華人「生命情調的抉擇」。以下我們將簡
單闡述「後科學人文自然主義」的眞諦。

三、後科學人文自然主義

融會儒道二家思想的當代哲學家王邦雄指出：「所謂的
哲學，就是開發我們生命內在的情意跟理想，支持我們天長
地久的活它一生，活出生命的價值來。」他更進一步引伸：
「情意理想，要通過愛本身的自我肯定來保護它自己，通過
『義』，它才能茁長壯大……，通過道家，你要能化解……。
我們還得積極地去開發體裏的人文心……，讓社會的管道，
來實現自然物的存在。人文心的開發，要通過儒道兩家。我
們要有愛人的心，這是儒家，我們要化解愛人的心所帶來的
負累與壓迫，這是道家。能化解才能夠擔當，有儒家還要有
道家，這樣的話，我們的心就是天地心了……。」（1987：
178-179）這種融合倫理與美感的人生取向之哲學實踐，與
西方純理知識取向的哲學思考，可謂大異其趣。

西方哲學志在「探究宇宙」，印度哲學傾向「默觀內

心」，中國哲學重視「提點人生」，以「中體外用論」把握中西印三方哲學之精華，相信有助於華人世界教育哲學的建構與哲學教育的推廣。西方哲學中存在主義關注人生抉擇、女性主義強調關懷倫理、源自印度哲學的禪宗思想教人明心見性，都對「後科學人文自然主義」的開創有所啓發。融會儒道思想的「後科學人文自然主義」是「中國人生哲學」根本義理，儒家講「理」是通過「禮」，六經中包括有《禮記》，其中第四十二篇〈大學〉被宋儒單獨擷取出來，配合《論語》、《孟子》、《中庸》等並稱「四子書」，亦即大家都學過的「四書」。《大學》開宗明義便討論「三綱」與「八目」：以「格物、致知、誠意、正心、修身」爲「明明德」工夫，發揮到「親民」的「齊家、治國、平天下」各階段，而達於「止於至善」的境界。「三綱八目」正是我們建構「華人哲學教育學」的起點。

第四節　華人生命教育
——「中體外用」的實踐

一、哲學教育學

本章分起、承、轉、合四部分，從「外用」啓蒙意義的哲學教育和教育哲學，走向「中體外用」建構意義的教育哲學與哲學教育。我們發現西方的哲學教育主要是知識取向的

教育，教育哲學則針對「科學教育學」而發。經過一番反思辯證，可以拈出以人生取向為主的華人哲學教育，並發展出為「華人哲學教育學」奠基的「華人應用哲學」。進一步看，我們主張的「華人應用哲學」，即是以「後科學人文自然主義」為核心的「中國人生哲學」；自此開出的「華人哲學教育學」，則是通過三綱八目來落實的「華人生命教育」。總而言之，「華人哲學教育學」的內涵係「三綱八目」，建構方法為「哲學反思」和「情意體現」，其方法學指導綱領正是「中體外用論」，至於背後的西方式「形上學──知識學意義」，則代之以中國式「倫理學──美學精神」。

　　「三綱八目」的觀點來自《大學》，「大學」是指「大人之學」，亦即博大精深的做人處世根本道理。「三綱」包括明明德、親民、止於至善，它們可分別指向人與自己、人與社會、人與自然諸學問；此處的「自然」同時涵蓋「自然世界」與「順應自然的態度」。至於「八目」不妨理解如下：「格物、致知」指「為學之道」（道問學），「誠意、正心」指「做人之道」（尊德性），個人「修身」的工夫便在於兼顧「道問學與尊德性」、結合「為學與做人」；做好「修身的」工夫（獨善其身），才得以一步步邁向「齊家、治國、平天下」（兼善天下）的理想。從「三綱八目」看，眼前備受重視的「智育」，只不過是「格物致知」方面的努力，所見甚小且偏於一隅。倘若沒有其他方面的配合與指引，則不過是些瑣碎知識，離培養知識分子的恢宏理想相去甚遠。

二、課程論

　　本書的寫作是一種創造轉化的歷程，以具現代西方科學背景的「應試教育」之「教育哲學」教科書起始，而以具後現代中國人文意義的「素質教育」之「哲學教育學」專書結尾。在各級學校推行「提升民族文化素質」的「素質教育」，以改善專為應付考試的「應試教育」之弊病，是中國大陸自一九八〇年代以來，所實施的最廣泛、最重要的教育政策（康寧，2001）。同類型的教育政策，在臺灣是以大學「通識教育」和中小學「生命教育」的方式推行。使「華人生命教育」與「民族文化素質教育」融會貫通，已成為新世紀中港臺兩岸三地教育合作的新契機（吳庶深、胥嘉芳，2003）。

　　兩岸合作其實具有課程論方面的依據，臺灣官方曾頒行一冊推動生命教育的中程計畫書，在主旨說明中要求：「各師資培育機構……應納入生命教育課程，提升教育人員人文素質。……各級學校應……建立以生命教育為教育核心之共識……。」（教育部，2001）大陸官方亦曾發布一項全面推進素質教育的決定，明白指出：「把提高教師實施素質教育的能力和水平作為師資培養、培訓的重點。……全面推進素質教育，是我國教育事業的一場深刻變革，是一項事關全局、影響深遠和涉及社會各方面的系統工程。」（國務院，2002）

　　兩岸不約而同地用心關注智育以外的生命教育或素質教育，的確對於我們嘗試建構「華人生命教育」或「民族文化素質教育」的課程論與教學論，提供了崇高的理想與目標。

接下去就要看我們如何有效去落實了。

三、教學論

　　回到臺灣的教育實踐脈絡裏來考察。由於「生命教育」的提法出現較晚，來不及列入九年一貫課程的重大議題內，僅在綜合活動學習領域最低要求的十項「指定內涵」中一筆帶過：「生命教育活動：從觀察與分享對生、老、病、死之感受的過程中，體會生命的意義及存在的價值，進而培養尊重和珍惜自己與他人生命的情懷。」至於六大議題的環境教育、兩性教育和家政教育，卻有機會同時列爲綜合活動領域的指定內涵。

　　時機差異所帶來的疏漏，在二○○四年有了轉機。最近教育部公布〈普通高級中學「生命教育類」課程綱要〉，在「教學方法」中指示：「授課教師必須把握『態度必須開放，立場不必中立』的原則來授課，並協助學生準此原則來學習。易言之，對於各種倫理或價值議題，授課教師一方面應引領學生以開放態度進行思辨討論，另一方面教師本身亦應有清楚而不模稜兩可的立場。當然，教師之立場應以可以服人的論據爲基礎，且對修正的可能性保持開放態度。」本書正是對此的回應。

　　臺灣生命教育的推行，大都由具有深厚宗教背景的學者專家在主導，此一現象甚至因爲受人質疑而見諸報端。本書倡議「華人生命教育」，認爲宗教信仰應與民俗信仰、人生信念等量齊觀。面對臺灣多樣民俗信仰普及流行、大陸強調人民有不信教自由的後現代多元狀況，我們乃揭櫫「後科學

人文自然主義」，作爲以「中國人生哲學」爲理論、「華人
生命教育」爲實踐的「華人哲學教育學」之基本論述，且以
「中體外用論」的清楚立場，對修正的可能性保持開放態
度。

── 主體反思 ──

1. 「中體西用論」從「以中拒西」走向「以中攝西」的途徑，開出港臺兩地當代新儒家的路線，請根據文獻加以闡述。

2. 存在主義和女性主義分別為西方哲學教育帶來「自由與責任」及「性別與權力」兩大啟示，請進一步說明。

3. 社會主義多與資本主義相對，請就過去兩百年間，二者的消長互動加以分析評論。

4. 請舉例說明臺灣在過去半個世紀間，受到「外來化─西化─現代化─全球化」一系列衝擊的影響。

5. 請根據自己所學、所思、所感，述說以「後科學人文自然主義」為「中國人生哲學」核心的「華人哲學教育學」之可能。

6. 試著用個人想法去詮釋傳統思想裏的「三綱」與「八目」。

心靈會客室

我的志願：哲學工作者！

年輕時基於一股「非如此不可」的「生命中難以承受之重」，毅然把哲學系填爲大學聯考第一志願，結果也如願考上哲學系，並且念到眞正的「哲學博士」（Ph.D.），更成爲大學哲學教授。在臺灣教哲學有時不免面臨一種尷尬的局面：不少人聽說我教哲學的第一個反應是問我會不會算命，我據實答以不會，對方立刻顯出對我不學無術的狐疑。還記得自己在軍校教國文時，再好的範文也引不起學生興趣，只好搬出中國文化「五術」中的姓名學爲學生「開示、解名、改運」，果然一炮而紅，如今想來不禁好笑。

還有一種情況也令我深覺汗顏。我曾經爲了工作需要去念政大企研所學分班，成爲班上唯一博士級學員，不免引起老師好奇。當時的企研所所長每次看見我便戲稱我爲「哲學家」，十幾年後我去參加所上聚餐，有兩、三位部長級人物在座，他卻仍在大庭廣眾前這麼喚我，令我大吃一驚！

學者在大學裏教各種學科，因爲必須不斷發表論著，稱呼「文學家」、「數學家」或「科學家」並不爲過。唯獨「哲學家」一詞另有深意，叫起來難免太沉重！我雖然教哲學至今正好屆滿二十年，卻始終以「哲學工作者」自視，有時甚至自我調侃爲「哲學從業員」。老實說這並不算一樁好差事，尤其當二十世紀最有影響力的哲學家之一維根斯坦，曾明確規勸他人莫當哲學教授，以免站在講臺上言不由衷，盡對學生講些連自己都不相信的空洞道理。

當初我是從進博士班開始教起哲學課的，前十三年間除了在哲學系講授過一門邊緣的科目「宇宙論」外，幾乎完全是教外系通識課程，經

歷乏善可陳。後來因緣際會體驗了四年「生死學」奧義，並有機會參與推動「生命教育」，進而反思其中的眞諦。接著在過去這三年踏進教育哲學領域後，更讓我有倒吃甘蔗、漸入佳境的感受，同時帶給我重新探究哲學的信心，願意通過建構「華人哲學教育學」來延續自己的哲學慧命。

　　三十多年前初入哲學系，主任是一位威儀的神父，他的頭一句話至今我仍謹記在心：「科學的終點是哲學的起點，哲學的終點是神學的起點。」於是注定讓我一涉足哲學便同科學與宗教糾纏不清，直到最近方才得以割捨。我在本書提出「中體外用論」，確定自己在未來的學問道路上將以哲學爲體、科學爲用，宗教則存而不論。我曾經爲了告慰父親而發願成爲佛教徒，此外我的志願將永遠是一名哲學工作者！

參考文獻

方立天（2001）。中國傳統文化的人生價值觀。載於馮天瑜主編，**中國文化的昨天、今天和明天：名家演講集**（頁47-52）。武漢：武漢大學。

方志華（2004）。性別主流化在教育研究方法論上的意涵——關懷倫理學觀點。發表於銘傳大學主辦，**2004國際學術研討會**。臺北：銘傳大學。

王　川（2000）。**西方經典教育學說——從蘇格拉底到蒙臺梭利**。成都：四川人民。

王邦雄（1987）。**再論緣與命**。臺北：漢光。

余　湧（譯）（2003）。**道德情操論**（A. Smith著）。北京：中國社會科學。

吳庶深、胥嘉芳（2003）。生命教育的意義與內涵——中港臺兩岸三地初探。**學生輔導**，88，頁126-131。

姚大志（譯）（2003）。**作為公平的正義——正義新論**（J. Rawls著）。上海：三聯。

胡偉希（2002）。**中國本土文化視野下的西方哲學**。北京：首都師範大學。

韋政通（1977）。**中國哲學辭典**。臺北：大林。

徐覺哉（1999）。**社會主義流派史**。上海：上海人民。

國務院（2002）。中共中央國務院關於深化教育改革全面推進素質教育的決定。載於教育部政策研究與法制建設司編，**現行教育法規與政策選編（中小學教師讀本）**（頁409-421）。北京：教育科學。

康　寧（2001）。試論素質教育的政策導向。載於陸炳炎、王建磐主編，**素質教育——教育的理想與目標**（頁21-44）。上海：華東師範大學。

張光成（2002）。**中國現代哲學的創生原點——熊十力體用思想研究**。上海：上海人民。

教育部（2001）。**教育部推動生命教育中程計畫（九十至九十三年**

度）。臺北：教育部。

陳　來（2001）。**現代中國哲學的追尋──新理學與新心學**。北京：人民。

陸先恆（1989）。**世界體系與資本主義──華勒斯坦（I. Wallerstein）與布賀岱（F. Braudel）的評介**。臺北：巨流。

彭　鋒（譯）（2002）。導言：哲學生活──一種復興的哲學詩學。載於彭鋒等譯，**哲學實踐──實用主義和哲學生活**（R. Shusterman）（頁1-17）。北京：北京大學。

馮友蘭（1991）。**中國哲學史新編（第七冊）**。臺北：藍燈。

馮克利、胡晉華（合譯）（2000）。**致命的自負**（F. Hayek著）。北京：中國社會科學。

葉啓政（2001）。**社會學和本土化**。臺北：巨流。

董樂山（譯）（1998）。**西方人文主義傳統**（A. Bullock著）。北京：三聯。

盧明華（譯）（1989）。民族主義（K. Minogue著）。載於A. Kuper與 J. Kuper合編，**社會科學百科全書**（頁509-510）。上海：上海譯文。

Angeles, P. A. (1981). *Dictionary of philosophy*. New York: Barnes & Noble.

Grant, J. (1993). *Fundamental feminism: Contesting the core concepts of feminist theory*. London: Routledge.

Griswold, C. L., Jr. (2001). Smith. In R. Audi (Ed.), *The Cambridge dictionary of philosophy* (2nd ed.)(pp. 852-853). Cambridge: Cambridge University Press.

Held, V. (1995). Introduction. In V. Held (Ed.), *Justice and care: Essential readings in feminist ethics* (pp.1-3). Boulder, Colorado: Westview.

McLaren, M. A. (2001). Feminist ethics: Care as a virtue. In P. DesAutels & J. Waugh (Eds.), *Feminist doing ethics* (pp. 101-117). Lanham, Maryland: Rowman & Littlefield.

後記 —— 學然後知不足

　　寫作本書是我年近半百前後生命情調的一大轉折，可視為個人學習成長的重要契機。去年九月二十日我結束在四川大學三週短期講學返臺，次日即開始執筆寫書。寫作進度曾因教學工作而稍有耽擱，但在寒假期間全力以赴又得以趕上，終於在今年三月二十一日大功告成，剛好費時半年。如今回想起來，動筆和停筆前夕，似乎都出現過令我心情複雜的經歷和際遇。

　　大陸跑了十幾趟，多半為旅遊或開會，只有去年那回是去講學，使我有機會用較長時間深入「民間」，瞭解對岸高等教育的運作情形，以及年輕大學生心之所嚮。印象裏整個大陸都在拼經濟，情況跟二、三十年前的臺灣十分類似，只是當時我們叫「三民主義」，如今對岸則稱「中國特色社會主義」。

　　十年河東十年河西，十年生聚十年教訓，二、三十年後的臺灣竟然愈來愈像過去的大陸文革時期，全民狂熱拼政治。寫就本書初稿的前一天正逢總統大選，勝負居然只差百分之零點二二，難怪輸的一方不服氣，號召群眾上街抗議，延續了近十年不斷被操作的「民粹主義」之精神。兩黨捉對廝殺的四張熟面孔，難道看不見老百姓衷心期盼在安定中求進步的渴望表情嗎？

　　上述這些景象都是「華人生命教育」落實生根的特定時空脈絡，是否可能開花結果就看眼前了。大陸上上下下一心拼經濟，人們想法不免功利，講究反思人生的生命教育並非

當務之急；臺灣南南北北二分拼政治，全民態度相當現實，對大談人生理想的生命教育恐怕也聽不進去。如此說來，「華人生命教育」豈不啻緣木求魚？我的心裏當然有數，但是在寫作期間卻不斷滋生一股「雖千萬人吾往矣」的「知其不可爲而爲」志氣。念哲學三十多年來，我從未像今日這般充滿著以哲學爲志業的強烈意願。

長期以來，哲學對我而言幾乎都是書本上的知識學問；讀書、寫論文、教學，無一不是「書本的學問」。一直到撰寫本書，我才逐漸感受到，哲學其實可以成爲「生命的學問」。整整半年的寫作，讓我逐漸體認出「學然後知不足」的眞義，並且下決心要重新擬定一套「自學方案」，用下半輩子好好沉潛於智慧的海洋中。三十年前我選擇了哲學，三十年後哲學選擇了我；我慶幸自己終於沒有遁入需要從眾的科學或宗教團體內，而甘心做一個出入自如的哲學自了漢。

教育叢書 3

教育哲學——華人應用哲學取向

作　　者／鈕則誠
出 版 者／揚智文化事業股份有限公司
發 行 人／葉忠賢
總 編 輯／林新倫
執行編輯／陳怡華
登 記 證／局版北市業字第1117號
地　　址／台北市新生南路三段88號5樓之6
電　　話／(02)2366-0309
傳　　眞／(02)2366-0310
郵撥帳號／19735365　葉忠賢
E-mail／service@ycrc.com.tw
網　　址／http://www.ycrc.com.tw
印　　刷／鼎易印刷事業股份有限公司
法律顧問／北辰著作權事務所　蕭雄淋律師
Ｉ Ｓ Ｂ Ｎ ／ 957-818-638-X
初版一刷／2004年9月
定　　價／新台幣400元

國家圖書館出版品預行編目資料

教育哲學：華人應用哲學取向／鈕則誠著. - -
初版. - -臺北市：揚智文化，2004〔民93〕
面： 公分. - -（教育叢書；3）

ISBN 957-818-638-X（平裝）

1. 教育-哲學，原理

520.11   93009477